생애 처음 만나는
부동산 교과서

생애 처음 만나는
부동산 교과서

서영천 지음

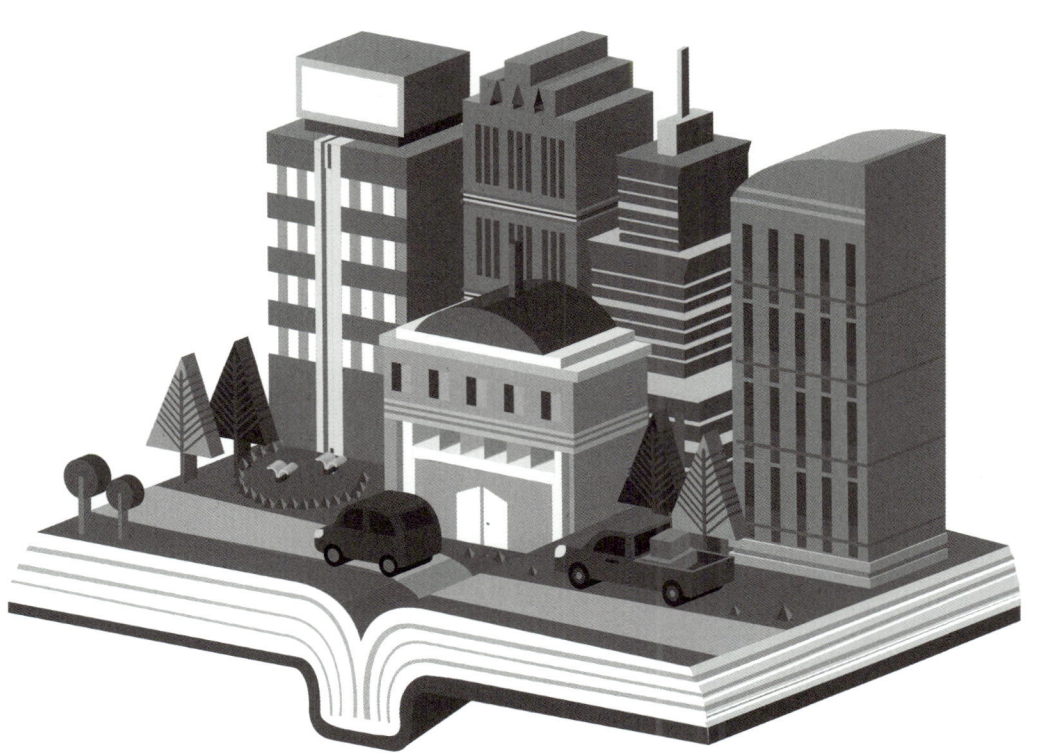

매일경제신문사

프롤로그

한동안 연락이 없던 오랜 지인이 부동산 문제로 상의를 요청해올 때가 종종 있다. 대부분은 이미 문제가 발생한 이후의 후속 대처에 관한 내용이다. 전세계약을 끝내고 이사하려는데 집주인이 보증금을 돌려주지 않고 새로운 세입자도 나타나지 않는 경우, 부동산 투자를 했다가 자금이 필요해 처분하려고 하지만 쉽게 팔리지 않는 경우, 유치권을 주장하는 부동산을 경매로 낙찰받았는데 잔금 대출이나 명도에 어려움을 겪는 경우 등 다양하다. 이 문제들의 공통점은 시작하기 전에 관련 지식을 찾아보거나 미리 전문가와 상담했더라면 피할 수 있었다는 점이다. 전세보증금 미반환 문제도 마찬가지다. 구조적으로 불가피한 사기도 있지만, 계약 단계에서 조금만 주의를 기울인다면 충분히 예방 가능한 경우도 많다.

대학의 부동산학 전공 교수로서 역할을 생각해보면, 학생들에게 이론을 잘 가르치는 것, 그들의 진로를 함께 고민하는 것, 소속 학교의 발전을 위해 노력하는 것, 부동산학의 발전을 위해 연구하고 정책을 제안하는 것이 기본 역할일 것이다. 하지만 전세사기나 투자사기 등 부동산과 관련된 다양한 사회 문제들을 접하면서, 부동산은 전공자들만의 영역이 아니라 모든 국민이 일상생활에서 꼭 알아야 할 필수 교양이자 '생활학'이기에 부동산에 관한 기본적 이해가 필요하다는 생각에 이르게 되었다.

2020년과 2021년부터 계약 갱신청구권, 전월세상한제, 전월세신고제로 구성된 이른바 '임대차 3법'이 시행되면서 임차인의 권리가 일정 부분 개선된 분위기가 있다고는 하지만, 이제 막 사회생활을 시작하거나 타지에서 대학생활을 하게 된 젊은이들은 여전히 임대차계약에서 약자의 위치에 서게 된다. 임대차의 개념도 생소한 데다 심지어 임차인과 임대인의 의미조차 헷갈리는 초보 세입자와 계약 경험이 많은 집주인과의 계약은 근본적으로 대등한 관계일 수 없다.

사회 초년생들이 적합한 주거지를 찾고, 자신의 보증금을 보호받으며, 임차인으로서의 권리를 제대로 행사하기 어려운 이유 중 하나는 학교 교육 과정에서 주택임대차보호법과 같은 생활밀착형 부동산 관련 내용을 단 한 번도 제대로 배워본 적이 없기 때문이다. 언젠가는 정규 교육 과정에 이러한 내용이 반영되기를 진심으로 기대한다.

부동산 투자의 첫걸음은 누구나 내 집 마련으로 시작한다. 하지만 초보 투자자의 경우, 어떻게 하면 내 집을 현명하게 마련할 수 있을지 구체적인 방법을 알기 어렵다. 주변에서 운 좋게 부동산 상승기에 집을 사서 연봉의 몇 배에 달하는 수익을 낸 사례를 보며 따라 해보지만, 대출 금리의 상승이나 부동산 가격 하락으로 오히려 손해만 보는 경우도 많다. 이는 부동산의 특성과 경기 흐름, 투자에 대한 기본적인 이해가 부족하기 때문이다.

이 책은 복잡하다고 느껴지는 계약서, 이해하기 어려운 부동산 법률, 자주 바뀌는 부동산 제도 등으로 부동산은 어렵다고만 생각하는 일반 독자들을 위해 실생활에서 바로 활용 가능한 부동산 상식과 꼭 필요한 법적 절차를 알기 쉽게 다루었다. 단 한 번의 실수가 큰 손해로 이어질 수 있는 부동산 거래에서부터 꼭 알아야 하는 주택청약, 임대차보호법 등 다양한 정책과 제도들을 초보자의 눈높이에서 쉽게 설명하는 데 중점을 두었다. 학교를 졸업하고 타지에서 처음 집을 구하는 청년들이나 이제 막 부동산 투자를 시작한 초보자들에게 꼭 필요한 내용을 13개의 장으로 나누어 구성했다.

주요 내용은 처음 집을 찾는 방법, 부동산 등기를 확인하는 법, 계약서 작성법과 주의사항, 부동산 거래 규정, 주택 및 상가건물임대차보호법, 청약 제도와 부동산 경매, 부동산 관련 금융 및 세금, 그리고 실생활에 필요한 부동산 상식들이다. 이 내용은 대학의 부동산학 이론 수업으로 따지면 각 장마다 한 학기 강의에 해당할 만큼 방대한 주제지만, 최대한 이론적인 부분을 줄이고 실제 경험을 바탕으로 실용성 있게 구성했다. 비전공 대학생 대상의 교양 수업, 일반 성인 대상의 시민대학 강좌, 국가평생교육진흥원에서 운영하는 한국형 온라인 공개강좌(K-MOOC) 등에서 축적한 강의 경험을 토대로 독자의 실생활에서 꼭 필요하다고 판단되는 핵심적인 내용을 담았다.

박사학위 논문을 쓰던 당시, 완성된 논문이 국회도서관에 영구히 보관된다는 사실을 알게 되면서 세상에서 가장 완벽한 논문을 써보겠다고 결심했던 기억이 있다. 하지만 시간이 지나 다시 보니 혼자 쓴웃음을 지을 만큼 부끄러운 내용이라는 것을 깨닫게 되었다. 이 책은 2018년 《사례와 판례로 알아보는 임대차보호법 - 주인이 나가래요》를 시작으로 네 번째 출간하는 저자의 부동산 관련 서적이다. 지난 저서들보다 훨씬 더 많은 시간과 노력을 쏟았음에도 여전히 부족한 점이 많을 것이다. 하지만 오늘날을 살아가는 독자들에게는 '생활학'으로서의 부동산 공부에 분명 유용한 안내서가 될 것이라 믿는다. 이 책이 많은 독자들에게 일상생활에서 마주치는 부동산 문제를 슬기롭게 해결하는 데 도움이 되기를 진심으로 바란다.

서영천

차례

프롤로그 ··· 4

제1장 난생처음, 내 집 찾기
1. 내 집 찾는 첫걸음 ··· 14
2. 매매가 좋을까? 전세가 좋을까? 월세로 살아볼까? ········· 19
3. 집은 언제 사야 좋을까? ·· 24
4. 계약 전 확인사항 ·· 27
5. 이사와 입주 생활 ·· 30
   | 에스크로 제도 | ·· 33

제2장 부동산 등기의 이해
1. 부동산 공적장부 ··· 36
2. 부동산 등기의 이해 ·· 46
3. 부동산 등기의 해석 ·· 49
4. 거래 시 주의해야 할 등기사항 ·· 55
   | 건폐율과 용적률 | ··· 66

제3장 계약서 작성과 특약
1. 계약서 작성 전 확인사항 ·· 68
2. 거래계약서 일반약정의 의미 ··· 70
3. 계약서 특약 ·· 75
4. 매수인에게 유리한 특약 ··· 77
5. 임차인에게 유리한 특약 ··· 79
   | 강행규정 | ··· 81

제4장 부동산 거래 관련 법

1. 계약의 일반 · 84
2. 부동산 계약의 종류 · 86
3. 계약의 효력요건 · 88
4. 계약의 무효 사유 · 89
5. 계약의 취소 · 91
6. 계약의 해제 · 93
7. 계약금과 중도금은 얼마가 적당한가? · 97
| 사적자치의 원칙 | · 99

제5장 주택임대차보호법

1. 주택임대차법의 성격과 적용 · 102
2. 대항력과 우선변제권 · 105
3. 임대차 기간 · 111
4. 차임증감청구권과 월차임 전환률 · 115
5. 보증금의 반환 · 117
6. 주택임대차 관련 잦은 문의사항 · 119
| 계약의 갱신과 재계약의 차이 | · 121

제6장 상가건물임대차보호법

1. 상가임대차법의 목적과 적용 범위 · 124
2. 대항력과 우선변제권 · 126
3. 계약 갱신 요구권과 차임증감청구 · 129
4. 권리금 · 132
5. 차임 연체와 계약 해지 · 138
6. 투자 시 확인해야 할 상가임대차법 · 142
| 과밀억제권역 | · 144
| 준대규모 점포의 권리금 회수 기회 보호 | · 145

제7장 부동산 경매

1. 부동산 경매란? ·· 148
2. 부동산 경매 진행 절차 ·· 152
3. 말소기준등기 ··· 154
4. 경매 시 주의사항 ··· 157
5. 초보 투자자를 위한 부동산 경매 ························ 162
| 무료로 경매 정보를 볼 수 있는 사이트 | ············ 164

제8장 임대주택의 모든 것

1. 공공임대주택 제도 ··· 168
2. 주택임대사업자 ·· 171
3. 임대주택과 보증금 반환보증 ······························ 182
4. 주택임대차계약 신고제 ······································ 186
| 부동산 정책이란 무엇인가? | ······························ 189

제9장 주택청약

1. 주택청약 제도의 이해 ·· 192
2. 청약통장 상품 ·· 193
3. 청약 신청 및 당첨자 선정 ·································· 195
4. 부동산 투자의 시작, 아파트 청약 ······················ 200
| 청년주택드림 청약통장 | ······································ 205

제10장 부동산 투자

1. 부동산 투자의 의의 ·· 208
2. 부동산 투자와 투기 ·· 210
3. 부동산 시장의 참여자 ·· 212
4. 부동산 투자 결정 시 고려해야 할 사항 ············· 214
5. 부동산 종류별 투자 특징 ··································· 218

6. 투자 유형별 특징과 장단점 ·· 232
| 임대 수익률과 레버리지 | ··· 252

제11장 부동산 소비자 금융
1. 기본 용어의 이해 ·· 256
2. 투기과열지구와 조정대상지역 ·· 259
3. 대표적인 정책자금 대출 ··· 264
4. 대출 관련 검토사항 ··· 268
| 부동산의 특성 | ·· 271

제12장 부동산과 세금
1. 세금의 분류 ·· 274
2. 취득세 ·· 275
3. 재산세와 종합부동산세 ·· 278
4. 양도소득세 ··· 281
| 공정시장가액비율 | ·· 286

제13장 알아두면 쓸모 있는 부동산 상식
1. 공인중개사 제도 ·· 290
2. 동네 부동산 활용 ·· 297
3. 업무보증(공제증서 등)의 의미 ··· 300
4. 알아두면 쓸모 있는 부동산 상식 ······································ 303
| 상권 | ··· 306

제1장
난생처음, 내 집 찾기

태어나서 처음으로 자신이 살 집을 찾을 때는 어디서부터 어떻게 시작해야 하는지 막막하다. 전세사기가 사회 문제일 때는 보증금을 받지 못하지는 않을까 두렵기도 하고, 월세방을 잘 살피지 않고 구해서 이사 나올 때까지 2년 내내 고생했다는 주변 지인들의 경험담도 많다. 지금 시점에서 집을 사야 할지, 아니면 전세로 이사해야 할지도 거주 주택 선택의 고민 대상이다. 이 장에서는 집을 구할 때 어떤 과정을 통해 구해야 하고, 단계별 주의점이 무엇인지, 또한 매매와 전세, 월세 중 무엇을 선택하면 좋을지 살펴본다.

내 집 찾는 첫걸음

　이사 갈 집을 찾을 때, 가장 먼저 결정해야 할 일 중 하나는 예산의 결정이다. 물론 집을 사서 이사 갈 것인지, 전세 혹은 월세로 이사 갈 것인지를 결정해야 이에 해당하는 예산의 범위가 정해진다. 부동산은 다른 물건과는 달리 가격이 높은 특성이 있다. 따라서, 예산을 먼저 정하고, 해당하는 예산의 자금 조달을 어떻게 할 것인가 고려해야 한다. 요즘은 매매뿐만 아니라, 전세와 보증부 월세(일반적인 월세를 가리키는 말로, 보증금과 월세가 있는 임대차를 의미하는데, 비슷한 의미로 흔히 '반전세'라는 표현을 사용하기도 한다)도 부족한 자금에 대해 은행 대출을 이용할 수 있다. 은행 대출 상품 등에 관한 사항은 11장의 '부동산 소비자 금융' 편에서 자세히 살펴보기로 한다. 다만, 대출을 활용하는 경우, 소득의 범위와 매월 상환하는 대출 원리금, 그리고 해당 주택 거주 시 정기적으로 지출해야 하는 관리비까지 포함한 계획을 세워야 한다.

　이처럼 예산이 결정되면 이사 가고자 하는 지역의 주변 시세를 확인해야 한다. 내가 이사 가고자 하는 지역의 시세가 예산 범위에서 적정한 지역인가를 살펴보는 것이다. 시세를 확인하는 방법에는 2가지가 있다. 먼저 실거래가를 확인하는 방법이다. 이는 시장에 매물로 나와 있는 호가(呼價: 시장에서 상품을 사거나 팔 때 거래하고자 하는 가격을 의미하는데, 부동산에서는 주로 매도인 또는 임대인이 얼마를 받아달라고 부르는 가격이다)가 아닌, 실제 거래된 가격을 확인하는 것을 의미한다. 실거래가는 시장가격을 가장 대표하는 지표로 볼 수 있다. 다만, 부동산 경기 호황기에는 가장 마지막 실거래가보다 다음 거래가가 더 높을 수 있고, 반대로 부동산 경기 침체기에는 실거래보다 이후 거래가가 더 낮을 가능성이 있다. 실거래가를 확인할 때는 이 부분을 감안해야 한다. 실거래가를 확인하는 가장 대표적인 사이트는 국토교통부 실거래가 공개시스템(https://rt.molit.go.kr)이다.

부동산 실거래가 확인 (출처 : 국토교통부 실거래가 공개시스템)

해당 사이트에서는 아파트를 비롯해 연립주택, 다세대주택, 다가구주택, 단독주택, 오피스텔 및 토지, 분양권 등 대부분의 부동산 거래에 관한 실거래가를 확인할 수 있다. 특히, 주거용 부동산으로 사용하는 아파트, 연립주택, 다세대주택, 오피스텔 등에 대해서는 매매가격뿐만 아니라 전세와 월세가격도 확인할 수 있다.

시세를 살펴본 다음에는 해당 지역에 매물로 나온 집을 직접 찾아본다. 매물은 인터넷과 스마트폰 애플리케이션 등으로 찾는 방법, 개업공인중개사사무소(공인중개사 자격이 있는 사람이 일정한 요건을 갖추어 관청에 등록하게 되면, 이를 '개업공인중개사 사무소'라 하고, 일반적으로 '부동산'이라고 통칭하기도 한다)를 방문해서 찾는 방법, SNS 등 직거래 시스템을 통해 찾는 방법 등이 있다. 인터넷을 통해 매물을 확인해볼 수 있는 대표적인 두 곳을 살펴보면, 네이버에서 운영하는 'NPay 부동산'과 한국공인중개사협회에서 운영하는 '한방 부동산'이다.

부동산 매물 검색 화면 (출처 : Npay 부동산)

Npay 부동산은 기본적인 매물 검색뿐만 아니라, 아파트 평면도 등 매물 정보와 매매, 전세, 월세 등의 시세와 실거래가를 확인할 수 있고, 해당 동 호수별 공시가격과 보유세 정보, 그리고 인근 학군에 관한 분석까지 확인할 수 있다. 한 번의 방문으로 해당 아파트에 관한 전반적인 사항을 확인할 수 있는 것이다. 또한, 일부 단지에서는 VR과 세대 내부 길이를 측정이 가능한 서비스를 제공하고 있다. 다만, 이는 아파트 매물에 대부분 적용되고 있어서 아파트 이외의 주택 및 부동산에 관해서는 다소 정보가 제한적일 수밖에 없다.

부동산 매물 검색 화면 (출처 : 한방 부동산)

한방 부동산에서의 기본적인 매물 검색 기능은 여타 매물 정보 포털과 비슷하다. 다만, 공인중개사가 매일 아침에 소개하는 급매물 정보, 무료로 확인할 수 있는 공·경매 정보뿐만 아니라 분양 정보, 한국공인중개사협회의 특성을 살린 부동산 뉴스와 라이브 현장 소식, 그리고 인근 중개사무소 찾기 등 다양한 옵션을 제공하고 있다.

인터넷 포털 등에서 검색해볼 수 있는 부동산 매물 관련 사이트는 거의 비슷한 구조로 되어 있다. 먼저 지역을 선택하고, 아파트, 다세대주택, 단독주택 등 매물의 종류를 설정해서, 상세 검색을 통해 거래가와 면적, 방 개수 등 다양한 부가 기능을 검색할 수 있는 구조다.

지난 2013년 공인중개사법의 개정으로 중개 대상물(공인중개사법에서 중개 대상물은 토지와 건축물, 그 밖의 토지 정착물, 입목, 광업재단, 공장재단 등으로 규정하고 있으며, 개업공인중개사사무소에서 거래하는 모든 매물의 종류가 이에 해당한다)의 표시 광고에 관한 법 조항이 신설되었다. 이에 따르면, 개업공인중개사는 의뢰받은 중개 대상물에 대해 표시·광고를 하려면 대통령령으로 정하는 일정 사항을 명시하도록 하고 있어 허위 광고 등의 피해로부터 소비자를 보호하고 있다. 다만, 직거래를 이용해서 집을 구하는 경우 매수인(買受人 : 부동산을 사는 사람)과 임차인(賃借人 : 부동산을 빌려 쓰는 사람, 보통 세입자라 표현한다)은 해당 주택의 현황과 권리관계에 대해 명확한 정보를 갖고 있지 않아 부동산 거래관계에서 상대적 약자에 해당하므로 보다 세심한 주의가 필요하다.

이사 갈 집을 언제 찾는 것이 가장 좋을까? 물론 이 부분은 각자의 상황에 따라 다를 수밖에 없다. 다만, 일반적으로 매물이 많은 시기를 참고하면 다음과 같다. 원룸의 경우 이사 시기로부터 2~4주 전에 매물이 가장 많고, 오피스텔은 이사 시기로부터 4~6주 전, 다세대주택과 연립주택의 경우 이사 시기로부터 1~2개월 전, 아파트는 이사 시기로부터 2~3개월 전 매물이 가장 많다. 그러나 매물의 특징과 대출 이용 여부에 따라 더 많은 시간이 필요할 수 있음을 인지해야 한다. 예를 들어, 버팀목 전세자금 대출은 1개월 이상의 대출 실행 기간이 필요하다. 따라서, 버팀목 전세자금 대출을 이용하려면 계약일로부터 최소 한 달 이상의 잔금 여유 기간을 두어야 한다.

매매가 좋을까? 전세가 좋을까?
월세로 살아볼까?

예산 범위가 결정되면 예산의 가능 범위 내에서 매매와 전세, 월세 중 무엇을 선택해야 할지 당사자 입장에서는 늘 고민되기 마련이다. 부동산 가격 상승기에 '누구는 무슨 아파트를 사서 얼마가 올랐다더라' 하는 이야기를 듣고 있자면 지금이라 집을 사야 할 것 같고, 또 '누군가는 상투에 집을 샀다가 금리가 상승해 이자 부담은 늘고 반대로 집값은 몇 년 치 연봉에 해당하는 금액이 떨어져 어려운 삶을 살고 있다'라고도 해서 집을 사면 안 될 것 같기도 하다. 그렇다고 전세나 월세로 이사 가자니 2년마다 집을 옮겨야 하는 불편함을 감수해야 하기에 선택하기 어렵다. 또한, 부동산 투자를 처음 시도하려는 사람에게 주변에서 '투자의 시작은 내 집 마련부터'라는 말을 듣고 내 집을 마련하고자 하는데, 내가 살 집을 정해 구입하면 다른 부동산에 투자할 여유 자금이 없어 고민되기도 한다.

매매를 선택할지, 전세나 월세를 선택할지는 각자 자신이 처한 상황에 따라 달라질 수 있지만, 다음 몇 가지 사항을 충분히 고려해 결정해야 한다.

먼저, 비용 측면의 계산이다. 같은 아파트 단지라 하더라도 담보 대출을 받아 매매하는 경우와 전세자금 대출을 이용해 임차하는 경우, 그 비용이 다르다. 전세의 경우, 보증금에 대한 이자 부분이 실제 사용·수익하는 비용으로 계산된다. 하지만 매매는 매매 금액의 원금을 매월 분할로 상환해야 하기 때문에 거주하는 동안 더 많은 비용 지출이 필요하다.

둘째, 주거 안정의 측면이다. 매매를 하면 내가 원하는 기간 동안 이사하지 않고 계속 거주할 수 있는 장점이 있다. 전세는 갱신 요구권을 이용해 최장 4년까지 거주가 가능하지만, 임대인이 직접 거주할 목적으로 갱신 요구권을 거절할 수 있어 2년 만에 이사해야 할 수도 있다. 그래서 교육 등의 목적으로 주거를 이전하고자 하는 경우 중요한 고려사항이다.

셋째, 양도차익의 실현 가능 여부다. 사실 주택을 사려는 경우 이 부분을 가장 많이 고려하기도 한다. 집을 사서 10년을 살았는데 집값이 한 푼도 오르지 않는다고 하면 대부분 집을 살 필요가 없다고 생각할 수도 있다. 또한, 재개발 등 개발 이슈가 있는 특정 지역을 제외하면 빌라를 사면 집값이 오르지 않는다는 인식이 있다. 일반적으로 빌라는 아파트에 비해 양도차익의 실현이 더 어려운 부동산이기도 하다. 지금 집을 사서 미래에 가격이 오를 것인가를 예상해 적중하기가 쉽지 않다. 하지만 과거의 주택가격 변화와 해당 지역 전체의 주택가격 변화를 파악해볼 필요는 있다. 예를 들어, 서울의 아파트 평균가격이 2024년 5% 인상되었는데, 해당 단지의 경우 이보다 높게 인상되었는지를 살펴보는 것이다. 반대로 가격이 하락한 시기도 비교해볼 수 있다.

넷째, 세제 혜택을 활용하는 것이다. 부동산은 살 때와 보유할 때, 그리고 팔 때 매 단계별로 세금이 부과된다. 다만, 일정한 조건이 되면 해당 세금을 감면받거나 면제받는다. 주택의 경우 1가구 1주택 양도소득세 비과세 제도가 가장 대표적이다. 집 한 채를 보유하다가 양도하면 그 차익에 대해 발생하는 세금을 면제해주는 제도다. 기본적으로 2년 이상을 보유한 1주택자에 대해 양도소득세를 면제해주는 것인데, 지역에 따라 2년 이상의 거주 요건이 추가되기도 한다. 2주택을 소유해 주택가격 상승분에 대해 양도소득세를 납부하는 것보다 1주택으로 양도소득세를 면제받는 것이 더 효율적일 수도 있다. 따라서, 전세가 아닌 매매를 선택한 경우, 이를 적극적으로 활용하는 방안도 취득 시 계산해야 한다. 다만, 이는 주택가격이 상승해야만 받을 수 있는 혜택이다. 살 때와 팔 때 주택가격이 같다면 양도소득세 자체가 발생하지 않는다.

마지막으로, 매각이 용이한지 살펴보아야 한다. 부동산은 다른 재화와 달리 몇 가지 특성이 있는데 그중 하나가 고가성과 환금성(換金性 : 현금으로 바꿀 수 있는 성질을 의미하는데, 해당 부동산이 현금으로 바꿀 만한 어느 정도의 가치 혹은 그 정도의 능력이 있느냐 등을 의미하는 용어다)이다. 부동산은 거래 금액이 커서 내가 원할 때 언제든지 바로 매각해 현금화하기 어렵다. 그나마 거래량이 많은 곳은 환금성이 더 좋은 편이다. 인근 단지와 해당 단지의 거래량을 비교해봄으로써 필요할 때 좀 더 쉽게 매각하고 나올 수 있는지도 살펴봐야 한다. 마찬가지의 개념으로 주택보다 토지가 현금화하기 어려운 이치다. 그렇기에 특정 시기에 현금이 필요하다면 매매보다 전세로 이사해서 계약 기간을 자금이 필요한 시기에 맞춰 보증금을 반환받는 것도 하나의 대안이다.

시기와 지역에 따라 달라지겠지만, 일반적으로 주택의 종류에 따른 가격 상승 폭은 아파트가 가장 크고, 빌라(다세대주택, 연립주택 등), 다가구주택, 오피스텔 순이다. 또한, 주택의 종류에 따라 구입자금 대출의 한도가 달리 적용된다. 따라서 대출에 대한 부분도 사전에 확인해야 한다. 대출에 관한 부분은 11장 '부동산 소비자 금융'에서 자세히 다루고 있다.

그렇다면 전세와 월세의 경우, 어떤 형태가 더 현명한 선택일까? 전세는 매월 지출되는 비용이 없어 월세보다 정기적인 비용 부담이 적은 장점이 있다. 그렇다고 해서 전세가 보증금을 내고 무료로 그 집을 사용하는 것은 아니다. 보증금에 대한 기회비용을 포기하고 선택하는 것으로, 적어도 보증금의 이자 비용에 해당하는 만큼의 보이지 않는 지출이 있다. 반면, 월세는 보증금이 적어 이에 해당하는 이자 비용도 상대적으로 적다. 전세를 선택할지, 월세를 선택할지는 비용에 대해 구체적으로 비교해볼 필요가 있다. 특히, 전세자금 대출을 받는 경우 한번쯤 고려해보아야 한다.

구분	전세	월세
거래가	보증금 250,000,000원	보증금 50,000,000원/월세 800,000원
대출금(80%)	200,000,000원 (이율 4.5%)	0
본인 비용	50,000,000원	50,000,000원
월 지출	750,000원 (이자)	800,000원 (월세)
보증금 반환보험	520,000원 (0.13%×2년)	0
중개보수	825,000원 (VAT 포함)	445,500원 (VAT 포함)
2년간 총 비용	19,345,000원	19,645,500원

위의 표는 2억 5,000만 원으로 전세로 사는 경우, 보증금의 80%에 해당하는 금액인 2억 원을 대출받았을 때 2년간 총 지출하는 비용과 보

증금 5,000만 원에 월세 80만 원으로 2년간 살았을 때 총 지출액을 비교한 예시 표다. 물론, 대출 금액과 금리 등에 따라 달라질 수 있겠지만, 보증금의 80%를 시중 금리로 전세자금 대출을 받는 경우 전세의 실익이 거의 없음을 알 수 있다. 또한, 이 경우 전세로 가면 대출금에 대한 DSR이 적용되어 타 대출에 일부 제한을 받을 수도 있다. 따라서, 무조건 전세를 고집할 것이 아니라 합리적으로 비용에 관한 부분 등을 검토해서 결정해야 한다.

집은
언제 사야 좋을까?

어떤 물건이든 사는 사람 입장에서는 싸게 사기를 원한다. 하지만 이전 시기와 비교해 가격의 차이만을 알 수 있을 뿐, 지금이 가장 싼 시기인지, 아니면 더 내릴 것인지는 알 수 없다. 유튜브나 언론을 통해 만나는 부동산 전문가의 이야기를 들어보면, 같은 시기에도 정반대의 의견을 내는 경우도 많다. 일반적으로 주택 구입의 적절한 시기는 부동산 시장 사이클과 자금 상황, 그리고 개인적 요인을 복합해 결정하게 된다.

부동산 시장은 일반적으로 다음과 같은 4단계의 사이클을 반복한다.

단계	특징	매수 적기 여부
① 회복기	가격이 바닥을 찍고 서서히 상승	적극적 매수 추천 (저점 매수)
② 상승기	가격 급등, 거래량 급증, 심리 과열	신중 매수 (실거주면 가능)
③ 과열/정체기	가격은 고점 유지, 거래량 감소 시작	매수 비추천 (리스크 증가)
④ 하락기	가격 하락, 거래 절벽	급매 매수 가능 (단, 추가 하락 대비 필요)

이러한 사이클에 따라 회복기는 가격 상승의 여력이 많아 가장 추천하는 매수 시점이 된다. 상승기는 가격이 급등하고 거래량도 급증하는 시기다. 대부분 초보 투자자들은 이 시기에 투자의 개념으로 매수하기도 한다. 하지만 상승기는 곧 정체에 접어들 수 있어 신중해야 한다. 과

열·정체기에 들어가면 더 이상 가격은 오르지 않고 거래량이 감소하기 시작한다. 이 시기에 주택에 투자하면 큰 손실이 발생할 수도 있다. 하락기에는 가격과 거래량이 모두 큰 폭으로 떨어지게 된다. 집이 팔리지 않아 점점 급매물이 등장하는 시기이기도 하다. 가장 저점이라고 판단되면 이 시기에 급매물을 매수하는 것도 한 방법이 된다.

처음 집을 사려는 경우라면 '회복기 초입'이 가장 이상적이다. 가격이 막 반등하려는 시점, 즉 정부 규제가 완화되거나 금리 인하 기조가 나타나는 때를 포착하는 것이 좋다. 다만, 이러한 사이클은 그 시점을 판단할 때, 정해진 법칙대로 정대칭의 그래프로 나타나지 않는 경우가 대부분이다. 따라서, 지나고 나면 언제가 무슨 시기인지 판단해볼 수 있지만, 현재가 어느 사이클에 해당하는지 판단이 모호하다. 이때는 가격보다 거래량을 중심으로 살펴볼 필요가 있다. 거래량이 많아지기 시작하는 것은 회복기의 신호가 되기도 하기 때문이다.

다음으로, 본인의 자금 상태에 관한 점검이 필요하다. 대출을 제외한 자기 자본을 최소 집값의 30~40% 이상 보유하고 있어야 한다. 대출의 원리금에 대한 감당 능력도 살펴야 한다. 원리금 상환액이 월 소득의 30% 이하를 차지하도록 설계할 필요가 있다. 그리고 집을 산 뒤 혹시 모를 상황에 대비해 6개월분 이상의 생활비를 비상자금으로 유지할 것을 권한다. 집을 매수한 지 얼마 되지 않아 갑작스러운 상황으로 큰돈이 필요하게 되면 결국 집을 산 가격보다 저렴하게 급매로 팔게 되어 손실을 볼 수도 있기 때문이다.

또한, 주택 구입 시기를 결정할 때 개인의 라이프 사이클을 고려해야 한다. 일반적으로 주거를 이전하는 대표적인 시기는 결혼과 출산, 그리고 이직의 경우다. 그리고 자녀의 교육 여건도 이사하게 되는 중요한 요소가 된다. 따라서, 적어도 4~5년 이내에 이러한 주거 이전의 계획이 없는지 살펴볼 필요가 있다. 2~3년 만에 이사할 가능성이 크다면 집을 사는 것보다 차라리 전세나 월세의 형태로 자금의 유동성을 유지할 필요가 있다.

정리해보면, 무리한 대출 없이 감당할 자금이 준비되었고, 부동산 시장이 회복기로 돌아설 때, 4~5년 이상 거주 계획이 확정적이라면 집을 사는 것이 좋다. 흔히 '주식은 무릎에 사서 어깨에 팔아라'는 이야기가 있다. '제일 쌀 때 말고 적당히 저렴할 때 사서, 제일 비쌀 때까지 기다리지 말고 적당한 수익을 보고 매도하라'는 의미다. 이는 주택에서도 비슷한 의미로 적용되지만, 결정적인 차이가 있다. 주택은 내가 거주해야 하는 문제가 있기 때문이다. 집을 싸게 사서 비싸게 팔면 좋겠지만, 1주택자의 경우 비싸게 판다 한들, 이사 가서 내가 거주할 집을 같은 시기에 다시 매수해야 하므로 비싸게 구매할 수밖에 없다. 마찬가지로 싸게 팔았다면, 같은 시기에 내가 거주할 집을 또 싸게 살 수 있는 것이다. 따라서, 1주택자의 경우 부동산 경기의 사이클도 고려해야겠지만, 그보다 먼저 본인의 소득으로 원만히 대출을 상환할 정도의 자금이 준비되었고, 4~5년 이상 거주할 집이 필요한 시점이라면 그 시기가 1주택자의 주택 구입 적기다.

계약 전
확인사항

 찾아본 집이 마음에 들었을 때는 바로 계약하지 말고 확인해야 할 사항이 몇 가지 있다. 가장 대표적이고 중요한 사항은 임대인(賃貸人 : 부동산을 빌려주는 사람, 주인)이나 매도인(賣渡人 : 부동산을 파는 사람, 소유자)이 실제 소유자인지의 여부를 확인하는 것이다. 자기 집도 아니면서 주인행세를 하는 사람이 있을까 하는 것이 일반적인 생각이지만, 살다 보면 일반적이지 않은 상황을 종종 마주치게 되어 당혹스러운 일이 생기기 마련이다. 계약서를 작성하면서 매도인 또는 임대인의 신분증 확인을 통해 등기상 소유자 본인임을 확인해야 하고, 계약금 등 대금 입금 계좌도 본인 소유 계좌인지 확인해야 한다. 임차인이 계약서를 작성하면서 임대인에게 신분증 제시를 요구하면 너무 버릇없어 보일까 봐 신분증 확인을 못 한다는 젊은 임차인들도 있다. 하지만 신분증을 통해 거래 당사자를 확인하는 것은 결코 예의에 어긋나는 행동이 아니다. 버릇없어 보일까 봐 확인하지 않는 것이야말로 그릇된 판단임을 분명하게 밝혀둔다.

 다음으로 확인할 부분은 권리의 하자 여부다. 부동산에 관한 권리사항은 등기사항증명서를 발급해서 확인할 수 있다. 등기사항증명서는 거래 단계별로 대금을 지급하기 전에 반드시 확인해야 한다. 예를 들면, 계약서를 작성하기 전, 중도금 지급 약정이 있다면 중도금을 지급하기 전, 잔금 지급 전에 반드시 확인해야 한다. 계약서를 작성할 때는 없었던 가압류나 근저당권이 등기에 설정되어 있다면, 중도금 또는 잔금을 지급하기 전에 해당 권리의 처리를 요구해야 하기 때문이다. 거래계약을 하는데 개업공인중개사사무소를 통해 진행한다면 해당 공인중개사에게 대금 지급 전에 등기를 발급해달라고 요구해서 이를 확인해야 한다. 직접 등기사항증명서를 발급하고 해석하는 방법은 2장의 '부동산 등기의 이해'에서 다루고 있다.

처음으로 집을 보러 다니는 사람들의 특징 중 하나는 인테리어를 중요하게 생각한다는 점이다. 물론 인테리어가 깔끔해 본인 취향에 맞게 되어 있다면 좋겠으나, 인테리어 못지않게 주택의 관리 상태도 확인해야 한다. 거실 또는 안방의 창 방향이 남향인지 북향인지의 여부는 주거 환경에 생각보다 많은 부분을 차지한다. 또한 충분한 일조가 있는지, 통풍은 잘되는 구조인지, 수압은 적당한지, 외부의 소음은 어느 정도 차단되는지도 꼼꼼히 살펴야 한다. 결로나 부식, 곰팡이 여부도 집을 볼 때 꼼꼼히 살펴야 하는 요소다. 예를 들어, 저녁에만 방문해 집을 본다면 해당 주택의 채광이 어느 정도인지를 알 수 없다. 따라서 적어도 두 번은 방문해 밤과 낮의 채광 정도, 방음, 단열, 결로, 파손이나 수리가 필요한 부분이 없는지와 주변 환경도 확인해야 한다.

해당 주택에 정기적으로 지출해야 하는 비용도 확인해야 한다. 특히 관리비에 관해서는 구체적인 확인이 필요하다. 임대차보호법 규정으로 인해 차임(借賃 : 빌려 쓰는 대가로 지불하는 금액, 보증금 또는 월세)의 인상 한도는 정해져 있다. 그래서 임대인이 임대료 인상의 한도를 초과해 인상하기 위해 임대료를 관리비로 전가해서 인상하려는 편법을 쓸 수 있기 때문이다. 특히, 관리사무소 등 관리비 징수 주체가 임대인이 아닌 제삼자로 정해져 있는 경우는 비교적 객관적인 관리비를 청구하는 데 반해, 임대인이 직접 관리하면서 관리비를 별도로 정하는 경우, 그 금액의 적당함이나 내용의 타당함에 대해서 미리 살펴보아야 한다. 일단 계약이 체결되면, 특별한 사정이 없는 한 당사자 약정으로 보아 나중에 관리비가 과도하다고 이의를 제기하기 어렵다.

마지막으로, 지리적 위치도 확인해보아야 한다. 직장 등의 문제로 잘 알지 못하는 낯선 지역에서 집을 찾을 때는 해당 지역에 대한 면밀한 조사가 필요하다. 집을 주말 낮에만 찾다 보면 평일 출퇴근 시간대의 혼잡도를 경험해보지 못해 후회하는 경우가 있다. 단순히 지하철 또는 버스로 몇 분이면 도착한다는 정보만 가지고 살 집을 결정하면, 막상 출퇴근 시간에 버스나 지하철이 혼잡해 바로 탑승하지 못하고 몇 대를 거르게 될 수도 있고, 매일 일반적인 혼잡이 아닌 극도의 혼잡도를 경험하면서 그 집에 사는 내내 후회할 수도 있다. 따라서, 낯선 지역에서 집을 구하는 경우 출퇴근 시간에 대중교통도 이용해보고, 지하철역까지 실제 걸어보고, 저녁에는 가로등이 훤히 비추는지 등 외부 요인에 대해서도 확인해야 한다. 간혹, 서울시 강남구로 출근해야 하는데 상대적으로 오피스텔 가격이 저렴한 강서구에 집을 구해 매일 지하철 출퇴근을 하며 이른바 '지옥철'을 경험했다는 이야기도 주변에서 자주 듣게 된다. 또, 낯선 곳에서 첫 집을 구할 때, 낮에 방문해 저렴한 원룸을 계약했는데, 밤에 가보니 유흥가 한복판에 위치한 집임을 알게 되어 결국 한 달도 살지 못하고 이사 나온 사례도 있다.

그 밖의 계약서 작성법과 특약사항 등 계약 시 주의해야 할 사항은 3장의 '계약서 작성 및 특약' 부분을 확인하기 바란다.

이사와 입주 생활

요즘은 예전과 달리 우편물 수령에 대한 중요도가 떨어지고 있다. 개인적인 중요한 고지 등은 대부분 이메일이나 문자 메시지, SNS를 통해 전달받을 수 있기 때문이다. 그럼에도 불구하고 꼭 받아야 하는 우편물을 놓쳐 낭패를 본 경험이 있을 것이다. 이사를 하게 되면 전에 살던 집으로 우편물이 도착해 반송되는 등 본인이 주소지를 변경 신청할 때까지 못 받는 우편물이 많다. 이처럼 우편물을 받지 못해 입을 수 있는 피해를 줄이고자 우체국에서는 '주거이전서비스'를 시행하고 있다. 이는 전입신고로 주소지가 변경된 경우, 이전 주소지가 기재된 우편물을 새로운 주소지로 배달하는 우편물 전송서비스를 의미하는데, 동일권역에서는 3개월간 무료로 이용할 수 있다. 신청은 인터넷우체국 사이트(https://www.epost.go.kr)에서 가능하다.

전기요금, 상하수도요금, 도시가스요금 등 각종 공과금은 이사 일에 정산하고 명의변경 하면 된다. 이전 집에서 사용한 공과금에 대해 자동이체를 신청해둔 경우에는 자동이체도 해지해야 한다. 관리사무소가 있는 집합건물의 경우 또는 공인중개사가 중개한 경우는 공과금 정산을 챙겨주지만, 그 외 경우는 본인이 직접 확인해야 한다. 그리고 집합건물일 때, 장기수선충당금을 관리비에 합산해 납부하는 경우 이는 건물의 소유자가 부담해야 할 부분으로, 계약 종료 시 임대인에게 정산받아야 한다.

외국과 달리 우리나라는 전 임차인이 이사 나가는 날과 새로운 임차인이 이사 들어오는 날이 대부분 같다. 그래서 이삿날은 그야말로 정신이 없다. 살고 있는 집의 이삿짐을 싸고, 집을 비운 상태에서 임대인에게 키를 돌려주며 각종 공과금을 정산하고 보증금을 반환받아야 한다. 게다가 이사 가는 집에 도착해서는 집 상태를 다시 한번 확인하고 등기를 확인해 잔금을 지급하고, 집합건물의 경우 입주자 카드도 써야 하고, 집을 청소하고, 이삿짐을 들여놓으며 정리도 해야 한다.

그래서 우리는 이삿날 집에서 밥을 해 먹는 경우가 거의 없고, 짜장면 등의 배달 음식으로 식사를 할 수밖에 없다. 배달 음식을 먹든 직접 음식을 해 먹든 관계는 없으나, 임차인이 이삿날 반드시 해야 하는 2가지 사항이 있다. 바로, 전입신고와 확정일자 받기다. 이는 주민센터에서도 가능하고 인터넷 정부24 홈페이지에서도 가능하다. 이삿날에 인터넷을 연결해서 온라인으로 신청하는 것보다는 시간이 좀 걸리더라도 직접 주민센터에 방문해 전입신고와 확정일자를 받는 것을 추천한다. 이는 임차인의 보증금과 권리를 지키는 가장 중요한 일이다.

집을 정리하고 하루이틀 지나다 보면, 계약할 때와 입주할 때 보지 못했던 하자를 발견할 수 있다. 사소한 것이라면 모르겠으나 수리비가 어느 정도 예상된다면 해당 파손 부분을 직접 사용하지 않을지라도 계약 종료 시 파손 및 수리비의 부담에 대한 책임을 면하기 위해서 사진을 찍어 중개사와 임대인에게 통고해둘 필요가 있다. 부동산 임대차계약 시 단계별 주의사항을 그림으로 정리하면 다음과 같다.

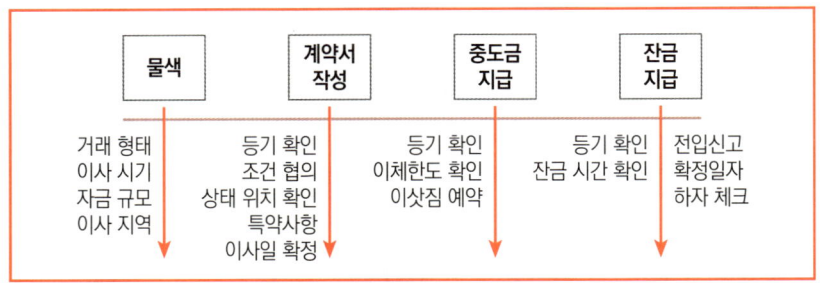

부동산 임대차계약 시 단계별 확인사항

정리해보면, 집을 찾는 물색 단계 전에 매매, 전세 등의 거래 형태를 정하고, 이에 맞춰 이사 시기와 자금의 규모, 이사 지역을 정해야 한다. 적합한 집을 찾아 계약을 진행하기 전에 제일 먼저 부동산 등기를 확인하고, 집의 상태와 위치를 확인한 후 계약 조건과 특약에 대해 합의하고 이사 날짜를 정한다. 부동산 거래는 다른 물건의 거래에 비해 금액이 크기 때문에 본인의 온라인 계좌이체 한도도 확인해 거래하는 데 문제없도록 상향해두어야 한다. 또한, 모든 부동산 거래에서는 대금을 지급(계약금, 중도금, 잔금 등)하기 직전에 반드시 등기를 확인해야 한다. 며칠 전에 확인했는데 이상 없다고, 거래 당일까지 그 등기상태라는 법은 없기 때문이다. 마지막으로 이사 후에는 전입신고와 확정일자 부여 및 해당 주택의 하자 여부를 다시 한번 확인할 필요가 있다.

에스크로(Escrow) 제도

거래의 안전성을 높이기 위해 중립적인 제삼자(에스크로 에이전트)가 구매자와 판매자 사이에서 거래대금을 보관하고 있다가 거래 조건이 충족되면 지급을 실행하는 제도다. 이 제도는 거래 과정에서 발생할 수 있는 부정행위나 사기 위험을 최소화하기 위한 안전장치 역할을 한다. 에스크로는 중세 유럽에서 처음 나타난 것으로 알려져 있으며, 당시 무역 상들이 서로 신뢰하기 어려운 상황에서 거래 안전을 보장하기 위해 중립적인 중개인을 활용했던 관행에서 시작되었다. 이후 미국과 유럽 등지에서 부동산 및 금융 거래에서 널리 사용되면서 공식적인 제도로 자리 잡게 되었다. 우리나라에서도 중고 거래나 온라인 거래 사이트 등에서 주로 많이 활용되고 있다.

에스크로 제도의 장점은 거래 당사자 간 신뢰 문제 해결, 금융 사기 및 분쟁 방지 효과, 거래 과정의 투명성 향상 등을 들 수 있다. 단점으로는 추가적인 비용 발생(에스크로 서비스 수수료), 거래 절차가 복잡해지고 시간이 소요될 수 있으며, 에스크로 서비스 제공자의 신뢰성에 대한 문제 발생 가능성이 있다는 점이다.

현재는 부동산 거래 시 계약금 및 잔금 보관, 온라인 쇼핑 및 전자상거래 결제 보장, 국제 무역 거래에서 대금 결제 보호, 프리랜서 서비스 등 계약 조건에 따른 대금 지급 보장 등의 기능으로 활용되고 있다.

향후 에스크로 제도는 특히 온라인 거래 시장의 급성장과 함께 더욱 확대될 것으로 기대된다. 블록체인과 같은 첨단 기술과 결합해 스마트

컨트랙트(Smart Contract : 블록체인을 기반으로 체결하는 계약) 형태로 발전할 가능성이 크며, 인공지능(AI)을 통한 자동화 서비스 제공으로 절차 간소화 및 비용 절감이 이루어질 수 있다. 장기적으로는 부동산 거래를 포함한 모든 거래 과정에서 투명성과 신뢰성을 높이는 필수 금융 인프라로 자리매김할 전망이다.

제2장
부동산 등기의 이해

부동산 거래의 기본은 등기사항증명서 등 공적 장부를 보고 현황과 권리관계를 파악하는 것으로부터 출발한다. 일반적으로 부동산 거래 시 공인중개사를 통해 등기사항증명서, 건축물대장, 토지대장, 토지이용계획확인서 등의 공적장부를 제공받고 설명을 듣지만 정작 설명해주는 것 외에는 잘 알지도 못할뿐더러 확인도 하지 않는다. 특히, 공인중개사를 통하지 않고 직거래를 할 경우, 해당 부동산에 관한 권리관계를 파악하는 데 어려움이 있을 수 있다. 이 장에서는 부동산 등기사항증명서 및 각종 공적 장부의 발급 방법과 그 특징 및 해석 방법을 확인해본다.

부동산 공적장부

　부동산 공적장부는 법령에 따라 부동산 관련 자료를 관공서에서 작성하거나 비치하는 장부를 말한다. 공공기관에서 누구나 볼 수 있게 함(공시)으로써 부동산의 권리와 현황을 명확히 알리는 데 그 목적이 있다. 예를 들어, 누군가 100㎡의 토지를 소유하고 있는데 이를 매도하면서 200㎡라고 속인다든지, 건물의 소유자가 A인데 B가 주인행세를 한다든지, 지은 지 30년 된 건물인데 20년 된 건물이라고 속여 매도한다면, 일반인은 이를 쉽게 알아차리지 못할 것이다.

　이처럼 거래 예정 부동산에 관한 권리 및 현황 등을 직접 확인하기 위해 부동산 공적장부를 활용한다. 공인중개사법에서는 이러한 공적장부를 '개업공인중개사가 의뢰받은 중개 대상물에 관해 권리취득의뢰인에게 권리관계 등을 설명하는 데 제시하는 공부'로 규정하고 있다. 대표적인 부동산 공적장부로는 등기사항증명서, 토지대장(임야대장), 지적도(임야도), 건축물대장, 토지이용계획확인서 등이 있다. 등기사항증명서 해석 방법 등을 포함한 자세한 내용은 뒤에서 살펴보기로 하고, 등기사항증명서를 제외한 부동산 공적장부 각각의 특성과 발급기관, 실제 구성 등을 살펴보자.
　토지의 물리적 현황은 토지대장을 통해 확인할 수 있다.

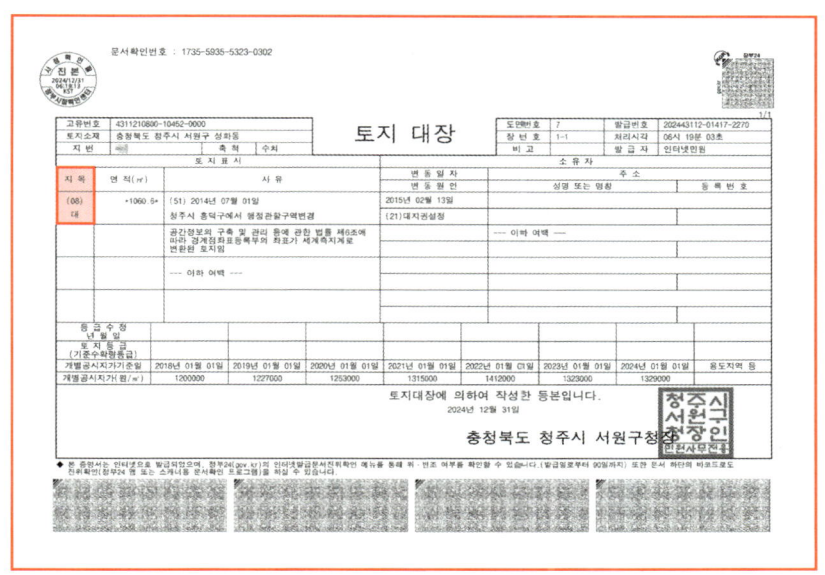

토지대장 (출처 : 정부24)

    토지대장을 통해 확인할 수 있는 대표적인 사항은 '지목'이다. 지목이란, 토지의 주된 용도와 목적에 따라 토지의 종류를 구분해서 지적공부에 등록한 것으로, 공간정보의 구축 및 관리 등에 관한 법률에 의해 28개로 정해져 있고, 지목의 줄임말을 부호로써 표시한다. 지목은 임의로 만들 수 없고 법령에 따라 정해진 28개 중 하나로 설정할 수 있다. 지목의 부호와 종류는 다음과 같다.

구분	지목	부호	구분	지목	부호
1	전	전	15	철도용지	철
2	답	답	16	제방	제
3	과수원	과	17	하천	천
4	목장용지	목	18	구거	구
5	임야	임	19	유지	유

구분	지목	부호	구분	지목	부호
6	광천지	광	20	양어장	양
7	염전	염	21	수도용지	수
8	대	대	22	공원	공
9	공장용지	장	23	체육용지	체
10	학교용지	학	24	유원지	원
11	주차장	차	25	종교용지	종
12	주유소용지	주	26	사적지	사
13	창고용지	창	27	묘지	묘
14	도로	도	28	잡종지	잡

인터넷을 통해 카카오맵 등 지번이 표시된 지도를 보면 지번 뒤에 위와 같은 지목의 부호가 있는 경우를 볼 수 있다. 예를 들어, 아래 그림에서 77-2번지는 지목이 답이고 77-8번지는 과(과수원), 77-10번지는 수(수도용지), 77-3번지는 창(창고용지)임을 알 수 있다.

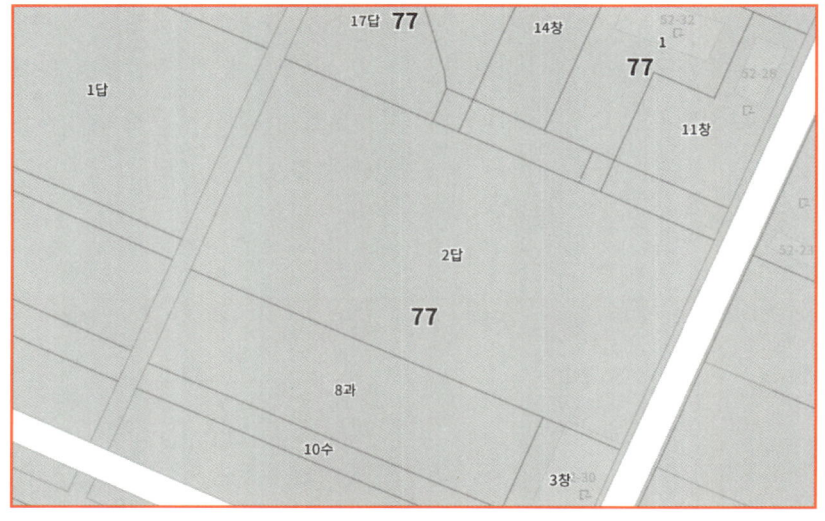

지목 부호가 표시된 지도 예 (출처 : 카카오맵)

또한, 토지대장에는 토지의 면적과 개별공시지가가 ㎡ 단위로 나타나 있다. 일반적으로 주택임대차계약에서는 잘 확인하지 않으나, 부동산의 매매 또는 일정 목적의 토지 임대차는 반드시 토지대장을 발급받아 토지의 지목과 면적을 확인해야 한다. 토지대장은 관할 시·군·구청 토지정보과에 방문해 발급받을 수 있고, 토지이음(http://www.eum.go.kr), 정부24(https://www.gov.kr)의 웹사이트를 통해 온라인으로도 발급받을 수 있다.

토지의 물리적 현황을 토지대장으로 확인할 수 있다면, 건축물의 물리적 현황은 건축물대장으로 확인할 수 있다.

건축물대장 (출처 : 정부24)

건축물대장에 표시되는 건축물의 현황은 층별 구조와 용도, 면적 등이고, 건축물의 연면적과 건축면적, 건폐율과 용적률 등도 확인할 수 있다.

간혹 다세대주택 건물 2층이나 6층에 있는 세대의 건축물은 용도가 주택이 아닌, 근린생활시설인 경우가 있다. 겉으로 살피거나 내부를 비교해보아도 일반 주택과 다름없이 주거용으로 사용한다고 해도 실제 건축물대장상 주택이 아닌 경우, 임차인에게 불리한 경우가 많다. 물론, 뒤에서 살펴보겠지만 근린생활시설을 주거용으로 사용하는 경우도 임차인은 주택임대차보호법이 적용되어 보호받을 수 있다. 다만, 근린생활시설을 주거용으로 사용하다가 임차인이 계약 종료 후 퇴실하는 경우, 후속 임차인을 구하지 못하는 문제가 발생할 수 있다. 근린생활시설을 주거용으로 사용하면 전세의 경우 전세자금 대출이 거의 불가능하고 보증금을 반환받지 못해 경매가 진행되면 동일한 면적의 주택에 비해 감정가 및 낙찰가격이 낮으며, 주택이 아니기 때문에 낙찰받은 사람은 취·등록세 4.6%를 납부해야 하고, 1가구 1주택 양도소득세 비과세 혜택도 부여받지 못한다. 따라서, 건축물대장상 그 용도가 근린생활시설인 경우, 될 수 있으면 주거 용도로는 임차하지 말아야 한다. 특히, 전세의 경우 아무리 조건이 좋더라도 문제의 소지가 많다.

해당 건축물이 건축 허가사항을 위반했다면 건축물대장에 위반건축물로 등재된다. 위반건축물로 적발되는 경우, 건축물의 소유자에게 원래 상태로 이행하라는 청구가 있고, 이를 이행하지 않으면 건축물의 소유자에게 이행할 때까지 이행강제금이 부과되며, 건축물대장에는 위반건축물로 표시되어 등재된다.

발급확인번호 : MAMD-AHBY-QAPB-KIFG-GGPN

■ 건축물대장의 기재 및 관리 등에 관한 규칙 [별지 제5호서식] <개정 2021. 7. 12.>

집합건축물대장(전유부, 갑) **위반건축물**

(2쪽 중 제1쪽)

고유번호	1150010300-3-03540079	명칭	[illegible]	호명칭	[illegible]
대지위치	서울특별시 강서구 [illegible]	지번 [illegible]		도로명주소	서울특별시 강서구 [illegible]

전유부분					소유자현황			
구분	층별	※구조	용도	면적(㎡)	성명(명칭) / 주민(법인)등록번호 (부동산등기용등록번호)	주소	소유권 지분	변동일자 / 변동원인
주	3층	철근콘크리트구조	제2종근린생활시설(기원)	34.24	[illegible]	충청남도 [illegible]	1/1	2016.8.22.
		- 이하여백 -			[illegible]			소유권이전
공용부분						- 이하여백 -		
구분	층별	구조	용도	면적(㎡)		※ 이 건축물대장은 현소유자만 표시한 것입니다.		
주	각층	철근콘크리트구조	계단실	6.4				
		- 이하여백 -						

이 등(초)본은 건축물대장의 원본 내용과 틀림없음을 증명합니다.

발급일자 : 2023년 8월 16일

서울특별시 강서구청장

담 당 자 :
전 화 :

※ 경계벽이 없는 구분점포의 경우에는 전유부분 구조란에 경계벽이 없음을 기재합니다.

297㎜×210㎜[백상지 (80g/㎡)]

발급확인번호 : MAMD-AHBY-QAPB-KIFG-GGPN

(2쪽 중 제2쪽)

고유번호	1150010300-3-03540079	명칭	현대블루잉 102동	호명칭	303
대지위치	서울특별시 강서구 [illegible]	지번	3□4-79	도로명주소	서울특별시 강서구 [illegible]

공용부분					공동주택(아파트) 가격 (단위 : 원)	
구분	층별	※구조	용도	면적(㎡)	기준일	공동주택(아파트) 가격
					「부동산 가격공시에 관한 법률」 제18조에 따른 공동주택가격만 표시됩니다.	

변동사항				그 밖의 기재사항
변동일	변동내용 및 원인	변동일	변동내용 및 원인	
2015.12.16. 2016.1.19.	건축과-34882(2015.12.16.)호에 의거 신규작성(신축) 건축과-1550(2016.01.19.)호에 의거 용도변경 : 303호도시형생활주택(단지형다세대) 34.24㎡ → 근린생활시설(기원) 34.24㎡	2020.3.6.	건축과-6710(2020.03.06.)호에 의거 위반건축물 표기 [102동 303호 근생을 주택으로 무단용도변경(위반면적 : 약 40.64㎡)]	

297㎜×210㎜[백상지 (80g/㎡)]

건축물대장상 위반건축물 (출처 : 세움터)

위반건축물로 등재된 건물의 건축물대장은 눈에 띄는 노란색으로 표시해 해당 건축물이 원래의 건축허가를 받은 대로 사용되지 않고 있음을 누구나 쉽게 확인할 수 있도록 하고 있다. 위반건축물로 등재되면 해당 건축물에서 인허가사업을 하는 경우 그 인허가가 제한될 수도 있어 반드시 행정관청에 문의해서 확인해야 한다. 예를 들어, 위반건축물이 등재된 건물에서 학원을 운영하려는 경우, 학원 인가가 되지 않아 운영이 불가능하다.

건축물은 건축 허가 시 그 용도를 정해야 하고, 만들어진 이후에는 본래의 용도대로 사용되어야 한다. 건축법에서 정하고 있는 용도별 건축물의 분류는 다음의 표와 같다. 각 용도에 속하는 건축물의 세부 용도는 건축법 시행령 별표1에 규정되어 있다.

구분	건축물의 용도	구분	건축물의 용도
1	단독주택	15	숙박 시설
2	공동주택	16	위락 시설
3	제1종 근린생활 시설	17	공장
4	제2종 근린생활 시설	18	창고 시설
5	문화 및 집회 시설	19	위험물 저장 및 처리 시설
6	종교 시설	20	자동차 관련 시설
7	판매 시설	21	동물 및 식물 관련 시설
8	운수 시설	22	자원 순환 관련 시설
9	의료 시설	23	교정 및 군사 시설
10	교육 연구 시설	24	방송통신 시설
11	노유자 시설	25	발전 시설
12	수련 시설	26	묘지 관련 시설
13	운동 시설	27	관광 휴게 시설
14	업무 시설	28	장례식장

건축물대장은 관할 시·군·구청 건축과에 방문해 발급받을 수 있고, 세움터(https://cloud.eais.go.kr), 정부24(https://www.gov.kr)를 통해 온라인 발급도 가능하다.

지적도는 토지의 소재, 지번, 지목, 면적, 경계 등을 나타내기 위해 만든 평면 지도다. 지적도는 도면을 통해 일반적인 지도 등에서는 살펴보기 어려운 구체적 경계와 도로와의 연결 여부를 정확히 판단할 수 있다. 특히, 대지·주택·산업단지·농지 등의 매매 시에는 지적도를 발급받아

지적도 (출처 : 정부24)

정확한 토지의 위치와 맹지(盲地 : 토지의 어느 부분도 도로와 접하고 있지 않아 건축법상 건축 허가가 어려운 토지로, 도로를 접하고 있는 토지에 비해 상대적으로 매매가격이 낮을 수밖에 없다) 여부를 확인하는 절차가 반드시 필요하다. 지적도는 관할 시·군·구청에 방문해 발급받을 수 있고, 정부24를 통해 온라인 발급도 가능하다.

토지이용계획확인서를 통해서는 토지의 각종 공법상 제한사항을 확인할 수 있다.

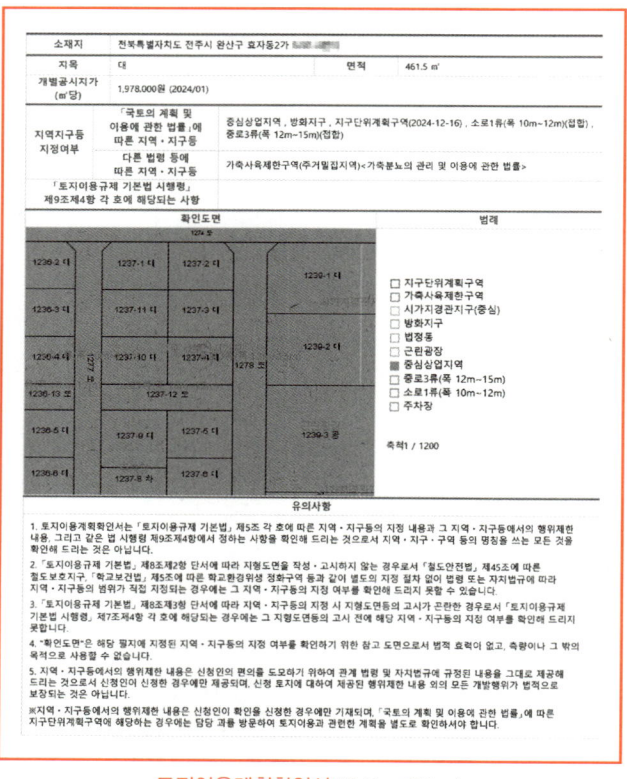

토지이용계획확인서 (출처 : 정부24)

토지이용계획확인서는 각 필지별 지역 지구 등의 지정 여부와 행위 제한 내용 등을 확인할 수 있다. 지역 지구제는 토지의 이용효율을 높이거나 무질서한 토지 이용을 예방하기 위해 사회 경제적인 측면에서 보아 일정한 지리적 범위를 한 지역 단위로 묶는 제도를 의미한다(예를 들면 주거지역, 방화지구, 가축사육제한구역 등). 토지이용계획확인서는 관할 시·군·구청에 방문해 발급받을 수 있고, 정부24를 통해 온라인 열람도 가능하다.

이러한 공적장부는 부동산 거래나 기관 제출을 위해서는 발급받은 원본을 사용한다. 열람용으로도 대부분 발급과 같은 내용을 확인할 수 있지만, 일부 기관에서는 발급용이 아니라는 이유로 정식 문서로 인정하지 않는 경우도 있다. 또한, 주택이나 상가건물 임대차계약을 하는 경우에는 등기사항증명서 외에도 반드시 건축물대장을 열람해 해당 용도의 건축물인지, 위법건축물 등재사항은 없는지 확인해야 한다.

부동산 등기의 이해

부동산 등기 제도는 부동산에 관한 일정한 사항(현황과 권리 등)을 등기부에 기록해 외부에 공시함으로써, 부동산 거래의 안정성과 신속성을 도모하고자 하는 제도다. 부동산 등기를 하는 목적은 물권을 공시하거나, 취득·처분하기 위한 목적 또는 제삼자에게 대항하기 위함이다. 본격적으로 부동산 등기부를 살펴보기 전에 우리나라 부동산 등기 제도의 특질에 관한 이해가 필요하다.

먼저 우리나라의 등기부는 물적편성주의로 '1부동산 1등기'의 원칙을 적용하고 있다. 물적편성주의란, 부동산을 중심으로 등기부를 편성하는 것을 의미하는데, 대비되는 개념으로 인적편성주의가 있다. 인적편성주의는 소유자를 중심으로 등기부를 편성하는 것을 말한다. 물적편성주의를 채택하고 있는 우리나라는 소유자 기준이 아닌 부동산별로 1개의 등기기록을 하는데, 우리나라는 토지와 건물을 각각의 부동산으로 보고 있기 때문에 각각의 등기가 존재한다. 다만, 집합건물(1동의 건물 중 구조상 구분된 여러 개의 부분이 독립한 건물로써 사용될 수 있을 때는 그 각 부분이 각각 소유권의 목적으로 할 수 있다. 아파트나 오피스텔, 다세대 주택처럼 각각의 세대별로 소유자가 달리 있는 경우가 대표적인 예다)은 토지와 건물의 등기를 별개로 하지 않고 집합건물 하나로 등기하고 있다.

등기를 신청할 때는 서면을 통해 권리를 주는 자와 권리를 받는 자가 공동으로 신청하는 것이 원칙이고, 신청된 등기에 대해서는 형식적 심사주의를 채택하고 있다. 형식적 심사주의란 등기관이 양 당사자와 사실관계를 직접 확인해서 등기하지 않고(예를 들어, 소유권이전등기라고 하면 진정으로 소유권을 넘겨주고 받는 사실이 있는지를 확인하지 않는다), 접수된 문서의 형식이 등기 접수 요건에 맞는지만 살펴보고 문제가 없으면 등기를 실행하는 것이다.

앞서 부동산 등기는 외부에 공시하는 효과가 있다고 했는데, 이와는 비교되는 대표적인 특징이 있다. 바로, 공신력(公信力)을 인정하지 않는다는 것이다. 공신력을 부정한다는 것은 부동산 등기를 믿고 거래한 자를 비록 그 등기가 진실한 권리관계에 합치되지 않는다고 해도 거래한 자의 신뢰를 보호하는 등기의 효력이 인정되지 않음을 의미한다. 예를 들어, 등기를 통해 A 소유임을 확인하고 거래했으나, 사실은 A가 서류를 위조해 B 소유의 부동산을 본인 명의로 소유권을 이전한 상태라면, A와 거래한 사람은 보호되지 않는다는 의미다.

자주 일어나지는 않지만, 우리나라는 실질적 심사주의가 아니고 형식적 심사주의를 채택하고 있기 때문에 몇 년에 한 번 정도 공신력 부정으로 인한 사고가 발생해 뉴스화된다. 그렇다면 등기에 나타난 소유자가 실질적인 소유자가 아닐 수도 있다는 것이다. 이렇게 되면 누구를 소유자라 생각하고 부동산 거래계약을 해야 하는지 막막해질 수밖에 없다. 실제 공인중개사 사무소에서 등기부어 소유권이나 저당권 등을 확인해 이상이 없는 빌라를 은행에서 일부 대출을 받아 매입했는데, 집을 매수할 당시 은행에서 대출을 받았던 전 소유자가 위조 서류를 등기소에 접수해 저당권을 말소했고, 매수인은 전 소유자가 대출금을 갚지 않은 저당권 등기가 회복됨으로써 이를 이유로 집이 경매 진행된 사례도 있었다.

이처럼 우리 등기의 공신력이 부정되는 부분에 대해 제도 개선에 관한 지속적인 문제 제기가 있으나 개선되기에는 현실적인 어려움이 있다. 타협안으로 공신력이 부정되어 피해를 보는 사람을 구제하는 제도라도 마련하자는 의견도 있으나 도덕적 해이를 비롯한 여러 문제를 이유로 아직 현실화되고 있지 않다. 다행히 등기의 공신력이 부정되어 문제가 되는 경우는 수백만 건 중 한 건 있을까 말까 하는 아주 드문 일이다. 이 부분이 그래도 불편하면 '부동산 권원보험'에 가입하면 된다. 부동산 권원보험은 부동산 등기의 공신력 부정으로 인한 손해 발생 시 손해를 보장해주는 보험으로, 손해보험 회사에서 판매하고 있다. 아래 예시된 보험의 경우, 매매가 5억 원인 부동산을 매매할 때 보험료는 18만 원 정도다.

내집마련 부동산권리보험

보장내용

01 부동산 거래사고 왜 일어날까? 부동산 등기에 '공신력'이 없어
우리나라 부동산등기법에서는 등기의 공신력(공적으로 부여하는 신용)을 인정하지 않기 때문에 부동산 등기부를 믿고 거래한 사람이 피해를 입었을 때 보호를 받을 수 없습니다.

02 손해보험의 부동산 권리보험은 보험의 기능 외 권리조사서비스 및 소유권 이전 시 필수적으로 발생하는 등기수수료 할인과 등기업무 시 발생할 수 있는 법무사 과실로 인한 손해까지 보장합니다.

상품구성 : 부동산 권리보험 + 등기이전(법무사)

특징 : 저렴한 보험료 + 등기수수료 할인 + 권리조사 서비스 + 법무사과실 담보

부동산 권원보험 예시 (출처 : 하나손해보험 홈페이지)

공적인 제도의 불완전성으로 인해 이러한 사적 보험이 생겨나는 것은 어쩌면 시장에서 생길 수 있는 당연한 일인지도 모른다. 다만, 공공에서는 이와 같은 문제를 해결하기 위해 지속적인 고민이 필요하다.

부동산 등기의 해석

 부동산 등기는 일반인 누구나 등기소에 요청해 그 내용을 확인할 수 있다. 예전에는 등기의 내용을 복사해준다고 해서 '등기부등본'이라고 표현했으나, 지금은 전산으로 기록된 등기부를 그대로 증명해준다고 해서 '등기사항증명서'로 그 명칭과 성격이 변경되었다. 명칭을 뭐라 하든 우리는 그 등기의 내용을 알고 이해하면 된다.

 등기부의 구성을 먼저 살펴보면 표제부와 갑구, 을구 이렇게 세 부분으로 나누어져 있다. '표제부'에는 해당 부동산의 소재 지번, 건물 명칭, 건물 번호, 대지권 등이 나타나 있다. 쉽게 말해, 해당 부동산을 표시해주는 일종의 주민등록증과 같은 개념으로 보면 된다. 표제부를 통해 토지대장이나 건축물대장의 기재사항과 등기가 일치하는지를 확인할 수 있다. 만약 등기부의 표제부 내용과 토지대장 또는 건축물대장의 기재사항이 다르다면, 현황에 관한 사항(예를 들면, 면적 등)은 대장이 우선하고, 권리에 관한 사항(예를 들면, 소유자 등)은 등기가 우선한다. 물론 등기 신청 전에 수정 신청을 통해 일치시킬 수 있다. '갑구'는 해당 부동산의 소유권에 관한 사항으로 소유자가 누구인지, 소유권을 제한하는 압류, 경매 등이 있는지를 확인할 수 있다. '을구'는 해당 부동산의 소유권 이외의 권리에 대한 사항이 표시된다. 이를 통해 부동산을 담보한 저당권이나

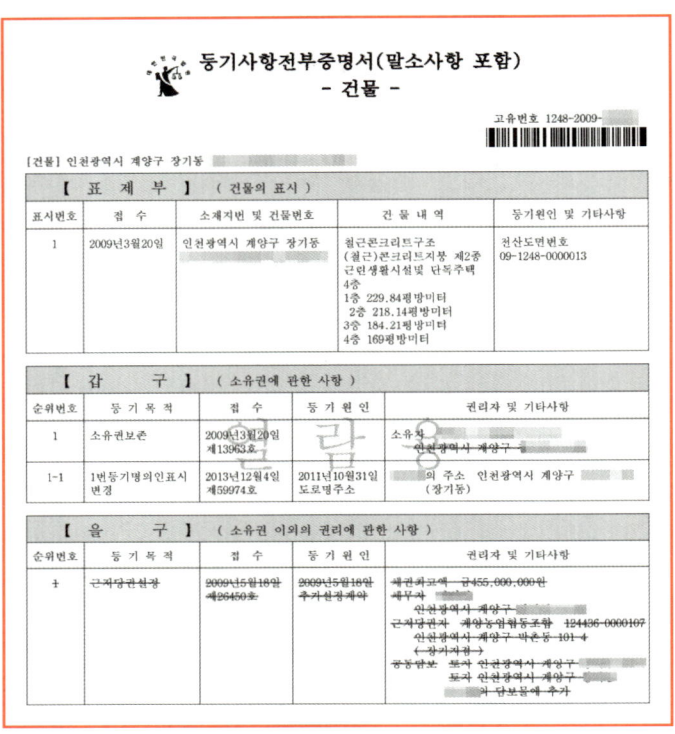

등기사항증명서 (출처 : 인터넷등기소)

전세권 등이 있는지를 확인할 수 있다.

등기부에 나타나는 부동산 등기의 종류는 부동산 등기법 제3조 및 제88조의 규정에 따라 다음과 같이 구분된다.

구분			내용
가등기			부동산 물권에 해당하는 권리의 설정, 이전, 변경, 소멸의 청구권을 위해 예비로 하는 등기
본등기	소유권에 관한 등기	소유권 보존등기	• 토지 소유권 보존등기 • 건물 소유권 보존등기 • 직권에 의한 소유권 보존등기

	소유권에 관한 등기	소유권이전등기	법률 행위를 원인으로 한 소유권이전등기 법률 규정에 의한 소유권이전등기
본 등 기	소유권 이외의 권리에 관한 등기	지상권	설정·변경·말소등기
		지역권	설정·변경·말소등기
		전세권	설정·변경·말소등기
		저당권	설정·변경·말소등기
		권리질권	설정등기
		임차권	설정·말소등기

일반적으로 등기부에 자주 보이는 몇 가지의 등기에 대해 살펴보자.

소유권 이외의 권리에 관한 등기 중 지상권은 토지의 소유자가 아닌 자가 해당 토지를 일정한 기간 동안 사용하고, 그 토지 위에 건물 등을 지어 소유할 수 있는 권리다. 지역권은 자기 토지의 이익을 위해 특정한 목적으로 타인의 토지를 이용할 수 있는 권리로, 예를 들어 맹지인 토지에 건축하기 위해 도로와 접한 인접 토지의 사용자에게 토지사용승낙을 받게 되는데, 이를 공시하기 위해 지역권을 설정하기도 한다. 권리질권은 동산 이외의 재산권을 목적으로 하는 질권을 말한다. 질권은 돈을 빌려준 뒤 물건이나 권리를 담보로 잡아 돈을 갚지 않으면 담보로 채무를 변제할 수 있는 권리로, 전당포에 시계를 맡기고 돈을 빌려오는 것도 질권의 한 종류다.

등기부에서 가장 흔하게 볼 수 있는 등기는 근저당권이다. 돈을 빌리는 담보로 부동산을 제공하는 의미의 저당은 저당권과 근저당권으로 나눌 수 있다. 저당권은 채무자 또는 제삼자가 점유를 이전하지 않고 채무의 담보로 제공한 부동산에 대해 다른 채권자보다 자기 채권의 우선변제를 받을 권리다. 은행에서 저당권을 설정하고 대출을 받으면 은행이 해당 주택을 사용하는 것이 아니라 사용은 소유자 또는 임차인이 계속하면서 은행은 해당 주택을 담보로 갖게 된다. 근저당권은 계속적인 거래관계로부터 발생하는 불특정 다수의 채권을 장래의 결산기에 일정한 한도액까지 담보하기 위해 설정하는 저당권을 말한다. 예를 들어, 은행에서 돈을 빌리면 매달 이자 또는 원리금을 납부해야 하고, 상환일에 빌린 돈을 모두 상환해야 한다. 만약 상환하지 못하면 원금과 이자를 포함해 은행에서 얼마를 받아야 할지 사전에 정확히 확정할 수 없다. 그 때문에 채권에 대해 최고액을 설정하고 그 금액의 한도 내에서 우선변제 받겠다는 의미로 채권최고액을 설정한다. 반면, 저당권은 현재의 확정된 금액으로, 채무의 담보를 제공하고 해당 채권액을 우선변제 받는다는 내용이다. 그래서 은행에서는 당연히 돈을 빌려주면 근저당권을 설정하는 것이다. 저당권 또는 근저당권은 부동산의 소유권과 지상권, 전세권에만 설정할 수 있는 권리다.

다음으로 많이 보는 등기 중 하나가 전세권과 임차권이다. 전세권은 전세금을 지급하고 타인의 부동산을 점유해 그 부동산의 용도에 따라 사용·수익하며, 그 부동산 전부에 대해 후순위권리자 기타 채권자보다 전세금의 우선변제를 받을 권리다. 임차권은 임대인이 임차인에게 목적물을 사용·수익하게 할 것을 약정하고, 임차인이 이에 대해 차임을 지급할 것을 약정함으로 효력이 생기는 권리다. 전세권은 등기하지 않으면 효력이 없으나 임차권은 등기하지 않아도 주택임대차보호법 또는 상가건물임대차보호법이 적용되어 대항력과 우선변제의 효력을 갖는다. 또한, 경매가 되면 주택과 상가의 임차권은 토지와 건물 전체 매각대금에서 배당받을 수 있지만, 일반적으로 등기된 전세권은 건물 부분의 매각 대금에서만 배당받을 수 있다. 이처럼 다소 차이가 있는 등기지만, 구성 요소는 거의 비슷하다. 우리가 흔히 전세계약을 하고 전입신고를 해서 대항력을 갖는 경우 이는 전세권일까 임차권일까? 전세계약했으니 전세권이라고 생각할 수도 있겠지만, 이는 임차권이다. 앞서 설명했듯이 전세권은 등기한 경우에만 그 효력이 발생한다. 간단한 의미로 해석해본다면, 전세권과 임차권은 누군가 비용을 지불하고 해당 부동산을 사용·수익하고 있다고 보면 된다. 등기된 경우, 두 권리 모두 우선변제권이 있어 경매 시 등기된 시간 순서대로 보증금을 반환받을 수 있다.

　가압류는 금전채권이나 금전으로 환산할 수 있는 채권에 관해 장래 그 집행을 보전하려는 목적으로 미리 채무자의 재산을 압류해 채무자가 처분하지 못하도록 하는 제도다. 가압류를 하지 않았을 경우 소송에서 승소해도 채무자가 미리 재산을 처분하면 채권자는 승소 이후 강제집행을 할 재산이 없어져 소송의 실익을 상실할 수 있다. 그래서 먼저 가압류를 하고, 후에 재판에서 승소하면 가압류가 본압류로 바뀌어 강제집행을 할 수 있다. 즉, 가압류를 먼저 해서 재산을 처분하지 못하도록 하는 것이다. 근저당권과는 달리 가압류 이후의 권리는 배당 절차에서 시간의 순서가 아닌, 채권액의 크기에 따라 그 비율로 나눠 가지는 안분배당을 한다는 특징이 있다. 안분배당은 채권자가 채권액 크기에 따라 그 비율로 평등하게 배당금을 나누는 것을 의미한다. 자신이 받을 안분배당 금액은 '(배당할 금액) × (자신의 채권액/총채권액)'으로 구한다.

　'근저당권과 전세권이 같은 등기부에 있는데, 해당 부동산이 경매되면 누가 먼저 매각 대금에서 배당받을 것인가?' 하는 것은 배당 당사자에게 매우 중요한 의미가 있다. 이는 시간이 빠른 권리자가 먼저 배당받는다.

그리고 남는 금액이 있으면 그다음 순위의 권리자가 배당받아가는 것이다. 이를 파악하기 위해서는 등기부를 보고 등기의 종류와 내용을 정리할 필요가 있다. 앞서 살펴본 대로 등기는 갑구와 을구로 각각 표시되는데, 각각의 권리는 갑구와 을구 순서로 보전되는 것이 아니라 갑구와 을구를 모두 합해 시간의 흐름이 빠른 순서대로 그 순위가 정해진다.

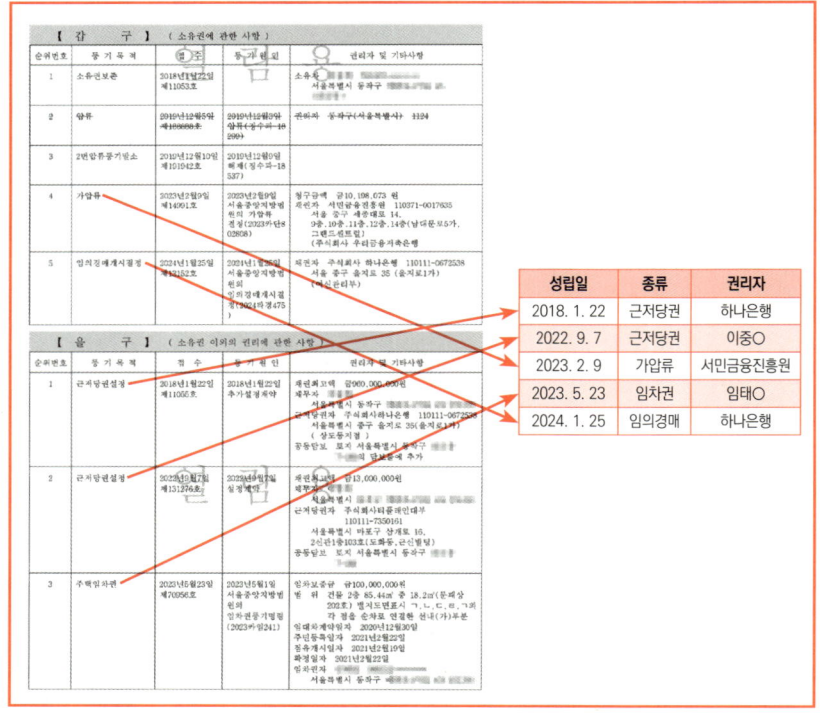

등기상 권리를 시간의 순서대로 정리 (출처 : 인터넷등기소)

이처럼 갑구와 을구 관계없이 시간 순서대로 정리해 권리관계를 확인할 수 있다. 다만 앞의 등기의 서민금융진흥원의 가압류 이후 임차권부터는 가압류 금액과 안분해 채권액 크기대로 나누어 배당받게 된다.

거래 시 주의해야 할 등기사항

부동산 등기에 관한 부분은 대학에서 한 학기 커리큘럼으로 학습해도 부족할 만큼 광범위하다. 등기 전부를 이해하기 어렵다면, 적어도 다음 사항은 반드시 이해해야 한다.

임차인의 경우 선순위 권리가 없는 경우(갑구에는 현재 소유자 외에 다른 제한물권이 없고, 을구에는 아무런 권리 설정이 없는 경우)가 가장 좋겠고, 선순위 근저당권이 존재한다면 해당 부동산의 가격에서 근저당권의 채권최고액을 뺀 금액이 부동산 임차인에게 보장되는 금액 수준이어야 함을 이해해야 한다. 물론 선순위 권리 제한 물권이 없다고 하더라도 전세의 경우 매매가를 예상해서 매매가의 70~80% 정도만 보증금을 설정해야 경매가 되더라도 피해가 적다. 구체적으로 등기를 확인했는데 다음과 같은 사항이 있다면 공인중개사 등 부동산 전문가의 도움을 받아 분석한 후에 부동산 관련 계약을 해야 하고, 등기상 선순위 권리 또는 선순위 임차인 등의 정확한 확인이 어렵다면 해당 부동산에 관한 계약은 피해야 한다.

임차권등기

임차권은 주택임대차보호법과 상가건물임대차보호법에 따라 대항력 요건과 우선변제 요건을 갖추면 등기하지 않아도 된다. 또한, 임차권을 등기하는 경우, 다음의 2가지 사항 중 하나의 원인으로 등기하게 된다.

먼저, 대항력 요건을 갖추기 어려운 경우 임차인의 요청에 대해 임대인이 동의해 등기접수에 협조하는 경우다. 두번째는 임대차계약 기간 종료 후 임대인이 보증금을 반환해주지 않아 임차인이 단독으로 법원에 신청하는 경우다. 등기사항증명서를 확인해서 아래 예시된 등기와 같이 법원의 '임차권등기명령'을 등기원인으로 해서 등기된 경우로 이는 임대인이 임차인의 보증금을 반환하지 않아 임차인이 단독으로 신청한 등기다. 따라서, 이러한 등기가 유효하게 있는 경우 임대차계약은 절대 하면 안 되고, 만약 말소되어 실선으로 표시되었다 하더라도 과거에 임대인이 보증금을 반환하지 않은 사실이 있다는 점을 확인해서 본인 또한 보증금을 반환받지 못할 수도 있음을 인지해 임대차계약을 피해야 한다.

임차권등기명령 (출처 : 인터넷등기소)

신탁등기

신탁등기는 부동산 소유자(위탁자)가 특정한 목적(자산 관리, 담보 제공, 개발, 처분 등)을 위해 자신이 소유한 부동산의 관리 및 처분 권한을 신탁회사 등 수탁자에게 이전하고, 그 내용을 등기부에 기재하는 것을 말한다. 이때, 등기상 소유권은 위탁자에서 수탁자(신탁회사) 명의로 이전되고 등기부의 갑구에 소유권이전등기와 함께 '신탁'이라는 사실과 그 원인이 기재된다. 이러한 신탁등기는 신탁원부가 존재하는데, 신탁계약의 구체적인 내용(위탁자, 수탁자, 수익자, 신탁 목적, 신탁 기간, 신탁 부동산의 관리 및 처분 방법 등)은 별도의 신탁원부에 상세하게 기록되고, 이는 등기부 일부로 간주되어 누구나 열람이 가능하다. 다만, 인터넷등기소에서는 신탁원부를 발급받을 수 없고 등기소에 직접 방문해서 발급받을 수 있다.

소유자 입장에서는 왜 신탁등기를 할까? 여러 가지 이유가 있겠지만, 가장 대표적인 담보신탁은 부동산 소유자(위탁자)가 금융기관 등 채권자로부터 자금을 빌리면서, 그 채무 이행을 담보하기 위해 부동산 소유권을 신탁회사(수탁자)에 이전하는 방식이다. 만약, 채무자가 돈을 갚지 못하게 되면 신탁회사가 신탁계약에 따라 부동산을 처분해서 채권자(우선수익자)에게 채무를 변제하게 된다. 근저당권 설정보다 절차가 간편하고 비용이 저렴할 수 있다. 보다 근본적인 이유는 소유자가 일반적인 근저당권보다 더 많은 금액의 대출을 실행하기 위해 신탁하는 경우다. 즉, 일반 담보 대출의 경우 채무를 상환하지 않아 해당 부동산을 경매 처리하면 근저당권보다 주민등록 전입 일자가 늦어 후순위 임차인이라 하더라도 소액임차인의 우선변제를 받기 때문에 은행의 손해가 예상된다. 따라서 은행에서는 소액임차인의 우선변제금에 해당하는 부분과 낙찰가율을 예상해 안전한 금액까지만 대출하게 되는데, 신탁등기를 하면 후순위 임차인을 들이더라도 신탁사의 동의를 받아야 하기 때문에 담보물의 가치를 더 높게 보아 대출 금액이 많아지는 것이다. 신탁등기는 다음의 사례와 같이 등기부에 나타난다.

6	소유권이전	2018년12월6일 제67125호	2018년12월6일 신탁	수탁자 주식회사생보부동산신탁 110111-1617434 서울특별시 강남구 테헤란로 424 (대치동, 삼성생명대치타워)
	신탁			신탁원부 제2018-3452호

신탁등기의 예시 (출처 : 인터넷등기소)

이러한 형태로 등기 갑구에 나타나 있어 신탁원부를 발급받지 않고서는 얼마를 대출한 것인지 신탁의 내용이 무엇인지, 또는 등기상 어떤 제한이 있는지도 모르는 경우가 있다. 전세사기 피해자의 한 유형이 이러한 신탁등기된 부동산에 전세계약을 해서 보증금을 한 푼도 돌려받지 못한 사례다. 이에 따라, 2025년 1월부터 신탁등기는 '이 부동산에 관해 임대차 등의 법률 행위를 하는 경우에는 등기사항증명서뿐만 아니라 등기기록의 일부인 신탁원부를 통해 신탁의 목적, 수익자, 신탁재산의 관리 및 처분에 관한 신탁 조항 등을 확인할 필요가 있음'이라는 내용의 부기 등기를 하도록 규정이 바뀌었다.

물론 이와 같은 담보신탁 외에도 부동산 소유자가 직접 관리하기 어려운 부동산(상가, 오피스텔 등)의 유지, 보수, 임대차 관리, 세금 납부 등 전반적인 관리 업무를 신탁회사에 맡기는 관리신탁과 부동산을 매각(처분)하는 과정을 신탁회사에 위임하는 처분신탁, 토지 소유자가 자금이나 개발 경험이 부족할 경우, 신탁회사에 토지를 신탁하고 신탁회사가 자금 조달부터 건축물의 기획, 건설, 분양(임대)까지 부동산 개발사업 전 과정을 주도적으로 수행하는 방식의 개발신탁 등 여러 종류가 있다.

신탁등기의 종류와 관계없이 거래하려고 하는 부동산이 신탁등기가 되어 있다면 반드시 등기소에 방문해서 신탁원부를 발급받아야 한다.

그리고 신탁원부의 내용을 살펴보고 신탁사에 직접 연락해서 해당 부동산에 대해 거래하려는 경우, 어떻게 해야 하는지를 명확하게 확인할 필요가 있다. 신탁원부를 발급받지 못하거나, 해당 신탁의 내용을 정확하게 이해하지 못하면 일단 계약은 미뤄야 한다. 또한, 신탁 부동산의 전세 또는 매매 등 거래를 하는 경우, 계약금을 포함한 거래대금은 반드시 위탁자(전 소유자) 계좌가 아닌 수탁자(신탁회사) 계좌로 입금해야 한다.

신청 사건 처리 중

매매, 담보 설정, 압류 등으로 인해 부동산의 권리관계에 변동이 생기면, 관련 당사자나 기관이 등기소에 해당 내용을 등기부에 기록해달라고 신청서를 제출한다. 이때 등기관은 제출된 신청서와 관련 서류들이 법률적 요건에 맞는지, 등기할 사항이 맞는지 등을 형식적으로 심사한다. 이 과정에 있는 상태에서 등기사항을 열람 또는 발급 신청하면 '신청 사건 처리 중'이라고 표시한다. 즉, 누군가에 의해 등기의 변동에 관한 신청이 있음을 알리는 것이다.

이러한 내용은 다음 자료에서와 같이 등기 전체 바탕에 큰 글씨로 써 있고, 등기 1면의 주소 아래에도 '주의사항'이라 표기되어 구체적인 사항이 나타나 있다. 예시에서처럼 누군가가 근저당권 말소사건을 접수했다면 현재의 등기 상태보다 더 나은 상태이겠지만, 다른 사건을 접수 중이라고 한다면 해당 사건에 대한 등기가 완료되어, 구체적 사항을 확인할 때까지 부동산에 관한 거래를 보류할 필요가 있다. 어떤 종류의 신청 사건인지는 인터넷등기소나 등기소 방문을 통해 '등기신청사건 처리현황' 등을 조회하면 좀 더 자세한 내용을 확인할 수 있다.

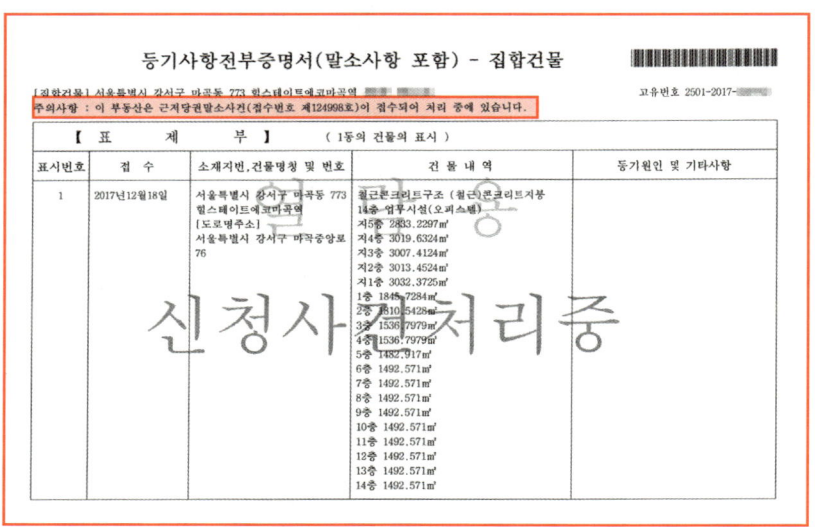

신청사건처리중인 등기 예 (출처 : 인터넷등기소)

가등기

부동산 등기 제도에서 가등기(假登記)는 장래에 발생할 본등기(本登記)의 청구권을 미리 보전하기 위한 예비적 등기다. 그래서 한자로 임시 가(假)를 앞에 붙여 가등기라고 한다. 이는, 현재는 어떠한 권리 변동의 효력도 없지만, 나중에 본등기를 하면 그 순위를 가등기 시점으로 소급해 인정받기 위해 하는 등기다. 매매 예약 등을 원인으로 장래에 소유권을 이전받을 권리를 보전하기 위한 가등기로 '소유권이전 청구권 보전 가등기'와 금전 채권을 담보하기 위한 목적으로 설정되는 가등기인 '담보 가등기'로 나뉜다.

다음의 등기 사례에서처럼 가등기보다 순서가 뒤처진 경매로 인해 소유권이 변경되더라도 가등기에 기한 본등기를 하면 경매로 매수한 사람은 소유권을 잃을 수도 있다. 이처럼 부동산 거래 시 가등기가 설정

순위번호	등 기 목 적	접 수	등 기 원 인	권리자 및 기타사항
	2번신탁등기말소		신탁재산의귀속	
8	소유권이전청구권가등기	2022년6월30일 제74178호	2022년6월30일 매매예약	가등기권자 대전광역시 대덕구
9	강제경매개시결정	2023년1월3일 제374호	2023년1월3일 청주지방법원의 강제경매개시결정 (2022타경6334)	채권자 서울 강남구

선순위 가등기 (출처 : 인터넷등기소)

된 부동산에 대해 이를 매수하거나 저당권을 설정하는 경우, 추후 가등기권자가 본등기를 하면 매수인의 소유권이나 후순위 권리자의 권리가 상실될 위험이 매우 크다. 또한, 등기사항증명서를 통해 해당 가등기의 성격이 단순한 청구권 보전 목적인지, 아니면 담보 목적인지 확인이 어렵다. 따라서, 가등기가 설정된 부동산 거래는 법률적으로 복잡하고 위험 부담이 크므로, 반드시 전문가와 상의해서 진행하는 것이 안전하고, 법률적 조언을 받기 어려운 경우 해당 부동산의 거래는 가등기가 말소될 때까지 무조건 피해야 한다.

공동담보설정

'공동담보목록'은 여러 개의 부동산이 하나의 채권(대출금 등)을 담보하는 경우, 담보된 부동산들의 목록을 기재한 문서다. 이는 등기부의 일부로, 해당 부동산에 설정된 담보권(주로 저당권이나 근저당권)이 다른 여러 부동산과 함께 묶여 있음을 의미한다. 개별 부동산의 가치로는 원하는 대출 금액을 모두 확보하기 어려울 때 여러 부동산을 묶어 담보력을 높이는 방식이다.

【 을 　 구 】		(소유권 이외의 권리에 관한 사항)			
순위번호	등 기 목 적	접 　 수	등 기 원 인	권리자 및 기타사항	
1	근저당권설정	2014년7월25일 제99098호	2014년7월25일 추가설정계약	채권최고액　금528,000,000원 채무자　주식회사 ███ 　　　충청북도 청주시 ███ 근저당권자　주식회사우리은행　110111-0023393 　　　서울특별시 중구 회현동1가 203 　　　(상일역지점) 공동담보목록　제2014-988호	
2	근저당권설정	2014년7월25일	2014년7월25일	채권최고액　금636,000,000원	

공동담보 등기 (출처 : 인터넷등기소)

위와 같이 공동담보가 설정된 경우 등가사항증명서를 발급받을 때 공동담보목록도 함께 표시되도록 신청해야 한다. 공동담보목록이 표시되면 다음과 같은 목록이 함께 표시된다.

【 공동담보목록 】					
목록번호	2014-988				
일련번호	부동산에 관한 권리의 표시	관할등기소명	순위번호	기 타 사 항	
				생성원인	변경/소멸
1	[건물] 충청북도 청주시 흥덕구 ███ 　　　제1동 제2층 제204호	청주지방법원 등기과		2014년7월25일 제99098호 담보추가로 인하여	2016년2월3일 제13154호 일부포기
2	[건물] 충청북도 청주시 흥덕구 ███ 　　　제1동 제2층 제205호	청주지방법원 등기과		2014년7월25일 제99098호 담보추가로 인하여	2016년2월3일 제13154호 일부포기
3	[건물] 충청북도 청주시 흥덕구 ███ 　　　제1동 제3층 제304호	청주지방법원 등기과		2014년7월25일 제99098호 담보추가로 인하여	2016년2월3일 제13154호 일부포기
4	[건물] 충청북도 청주시 흥덕구 ███ 　　　제1동 제3층 제305호	청주지방법원 등기과		2014년7월25일 제99098호 담보추가로 인하여	2016년2월3일 제13154호 일부포기
5	[건물] 충청북도 청주시 흥덕구 ███ 　　　제1동 제4층 제401호	청주지방법원 등기과	1	2014년7월25일 제99098호 담보추가로 인하여	

공동담보목록의 확인 (출처 : 인터넷등기소)

이처럼 부동산 거래(매매, 임대차 등) 시 대상 부동산의 등기부에 공동담보목록 번호가 있다면 반드시 해당 목록을 확인해야 한다. 목록 확인 소홀히 하면 등기상 채권최고액만으로는 해당 부동산에 배당될 실제 채무 부담을 정확히 알기 어렵다. 공동담보로 묶인 전체 부동산의 가치와 각 부동산에 설정된 채권액, 그리고 다른 공동 담보물에 대한 별도의 채권 등을 종합적으로 고려해야 실제 위험도를 판단할 수 있다. 또한, 간혹 일부 임대인이 공동담보 대출을 통해 여러 채의 부동산을 확보한 후, 각 호실의 등기에는 공동담보 사실을 명확히 알기 어렵다는 점을 이용해 임차인에게 해당 부동산의 안전성을 속이는 사례가 발생하기도 한다. 따라서, 반드시 공동담보목록을 확인해 선순위 채권액 총액과 해당 부동산의 가치를 비교해야 하고, 이 역시 정확한 판단이 어렵다면 일단 거래를 피해야 한다.

토지별도등기

부동산 등기 제도에서 '토지별도등기'는 집합건물(아파트, 빌라, 오피스텔 등)의 등기에서 건물과는 별개로 토지에 관한 소유권 외의 권리(저당권, 지상권, 가등기, 가압류 등)가 등기되어 있음을 나타내는 표시다. 일반적으로 집합건물은 건물과 대지권(건물 소유자가 전유부분을 소유하기 위해 건물의 대지에 대해 가지는 권리)이 일체로 거래되지만, 예외적인 경우 토지에 별도의 권리가 설정될 수 있으며 이를 공시하기 위해 토지별도등기를 표시한다.

토지별도등기가 있다는 것은 해당 집합건물의 대지권 지분에 대해 별도의 권리가 토지 등기부에 존재한다는 의미다. 이는, 토지와 건물의 권리관계가 완전히 일치하지 않음을 나타내는데 해당 부동산의 소유권 행사에 제약을 가하거나 예상치 못한 부담으로 작용할 수 있다.

[집합건물] 서울특별시 강서구 화곡동 ■■■■			고유번호 2542-2012-■■■■
(대지권의 표시)			
표시번호	대지권종류	대지권비율	등기원인 및 기타사항
1	1, 2 소유권대지권	292.5분의 23.98	2012년7월19일 대지권 2012년7월26일
2			별도등기 있음 1토지(을구 12번, 13번 근저당권설정등기), 2토지(을구 3번, 4번 근저당권설정등기) 2012년7월26일

집합건물 등기부 토지별도등기 존재 공시 (출처 : 인터넷등기소)

집합건물 등기에 위와 같이 토지 별도등기가 있는 경우 반드시 해당 주소의 토지등기를 확인해야 한다. 위 부동산의 토지등기 일부에는 다음과 같은 내용이 있다.

[토지] 서울특별시 강서구 화곡동 ■■■				고유번호 1149-1996-■■■■
순위번호	등 기 목 적	접 수	등 기 원 인	권 리 자 및 기 타 사 항
		제9250호	지분포기	포기할 지분 292.5분의 27.61 (201호)
13	근저당권설정	2012년5월10일 제27128호	2012년5월10일 설정계약	채권최고액 금240,000,000원 채무자 ■■■ 서울특별시 양천구 ■■■■■ ■ ■■■■ 근저당권자 주식회사우리은행 110111-0023393 서울특별시 중구 회현동1가 203 공동담보 토지 서울특별시 강서구 ■■■ ■■-■

집합건물의 토지별도등기에 해당하는 토지등기 (출처 : 인터넷등기소)

토지등기에 설정된 권리가 매매나 경매를 통해 말소되는 권리인지, 아니면 매수인이 인수해야 하는 권리인지 확인해야 한다. 토지에 근저당권 등이 설정되어 있다면, 해당 채무가 변제되지 않은 경우 경매 등으로 이어질 수 있으며, 매수인이 예상치 못한 채무를 부담하거나 권리 해소를 위한 추가 비용이 발생할 수 있다. 또한, 임대차계약 시 토지 별도등기가 있다면 해당 토지의 선순위 권리자들이 임차인의 전세보증금보다 우선해서 변제받을 가능성이 있다. 따라서, 임차보증금의 안전한 회수를 위해 더욱 신중한 확인이 필요하다.

기타 등기사항

등기사항증명서를 확인하다 보면 가장 많이 확인되는 사항이 근저당권이다. 또, 간혹 압류나 가압류와 같은 권리사항도 발견할 수 있다. 매매의 경우 잔금을 치름과 동시에 등기에 나와 있는 모든 종류의 권리사항을 말소시켜야 한다. 그래야 온전한 소유권을 가져올 수 있다. 전세나 월세 등 임대차의 경우, 잔금과 동시에 앞선 권리의 말소 조건인지를 먼저 확인해야 한다. 만약, 말소되지 않는 경우 경매가 진행되면 본인의 임차보증금보다 해당 권리자가 먼저 배당받을 수 있기 때문에 주의가 필요하다. 경매의 경우, 잔금을 지급한 후에도 매수인이 인수해야 하는 권리가 있는지를 확인해야 한다. 결국, 부동산 거래 시 등기상 일체의 제한 권리가 없는 것이 가장 좋고, 만약 소유권 이외의 권리가 있다면 해당 사항에 대해 전문가 등과 상의한 후 이를 정확하게 분석한 다음 계약해야 한다.

건폐율과 용적률

건폐율(建蔽率)은 토지면적에 대한 건축물의 바닥 면적이 차지하는 비율을 말한다. 즉, 건물이 토지 위에 얼마나 넓게 펼쳐져 있는지를 나타내는 지표로서, 퍼센트(%)로 표시된다. 건폐율이 높을수록 토지 이용도가 높으며, 낮을수록 건물 주변에 공지나 조경 공간이 많아 쾌적한 환경 조성이 가능하다.

용적률(容積率)은 토지면적에 대한 건축물 연면적(지하층을 제외한 모든 층 면적의 합계)의 비율을 나타내며, 토지 위에 건물이 얼마나 높게 지어질 수 있는지를 결정한다. 용적률이 높으면 고층 건축물을 지을 수 있어 토지 효율이 높아지고, 용적율이 낮으면 저층 건물이 들어서 도시 경관과 환경적 측면에서 유리할 수 있다.

'같은 대지에서 건폐율 50%, 용적률 200%인 건물보다 건폐율 100%, 용적률 500%로 건축하면 더 좋은 것 아닌가' 생각할 수 있지만, 건폐율과 용적률은 법률과 조례로써 용도지역별 그 상한을 규정하고 있어 토지 소유자 마음대로 적용할 수는 없다.

구체적인 토지의 건폐율과 용적률의 확인은 지자체의 조례를 확인해야 하는데 이 과정이 복잡하다면, 토지이음에서 해당 토지이용계획을 열람해서 우측 상단에 있는 해당 지자체 전화번호로 직접 문의하면 된다.

제3장
계약서 작성과 특약

일반적으로 계약서를 작성하는 과정을 보면 개업공인중개사의 설명을 간단히 듣고, 계약서에 서명하라는 곳에 자필 서명하고 도장을 공인중개사에게 건네주면, 숙련된 모습으로 공인중개사가 도장을 찍어 계약서를 나눠준다. 이렇게 진행하는 계약이 종료 시까지 아무런 문제가 없으면 좋겠지만, 중간에 문제라도 생기면 당사자들은 그제야 계약서 내용을 하나하나 다시 읽어보고 후회하는 경우가 많다. 이 장에서는 계약서의 의미를 자세히 살펴보고, 특약의 종류 중 매수인과 임차인에게 각각 유리한 특약에 대해 살펴본다.

계약서 작성 전
확인사항

 마음에 드는 집을 정해 계약을 진행하려고 할 때, 가장 먼저 준비하고 확인해야 할 사항이 무엇일까? 대부분의 사람들에게 이런 질문을 던지면 돌아오는 대답은 '계약금을 준비해야 한다'이다. 몇 번의 부동산 거래계약 경험이 있는 사람들은 '이체 한도를 확인한다'라고 하기도 한다. 물론 계약금과 이체 한도의 확인도 중요하지만, 그보다 사전에 확인해야 할 사항이 있다.

 먼저 공적 장부를 통해 해당 부동산에 대한 정확한 확인이 필요하다. 앞서 살펴보았듯이 등기사항증명서와 건축물대장(토지대장)은 반드시 발급받아 확인해야 하고, 계약의 내용에 따라 토지이용계획확인서, 지적도 등도 확인해야 한다. 특히, 등기상 하자 없는 물건은 부동산 관련 모든 계약에서 기본값이라 할 만큼 중요하다.

 다음으로 당사자를 확인해야 하는데, 당사자는 계약서를 작성하는 임대인과 임차인 또는 매도인과 매수인 등의 양쪽 당사자 모두를 의미한다. 매도인 또는 임대인을 확인할 때는 등기상 소유자인지의 여부를 확인하고 신분증을 통해 본인임을 확인해야 한다. 마찬가지로 매수인 또는 임차인도 신분증을 통해 계약서상의 당사자가 맞는지를 확인하는 것이다. 또한, 계약서를 쓰고 설명하고 있는 사람이 공인중개사인지도 확인해야 한다.

간혹 현장에서 보면 소유자는 남편인데, 남편이 출근한 관계로 부인이 대신 계약을 하러 나오는 경우가 있다. 당연히 대리인의 자격으로 계약을 진행할 수 있는데, 이때 상대방은 대리인이 진정한 대리권을 가지고 있는지를 확인해야 한다. 앞선 상황에서처럼 남편 대신 부인이 대리인으로 나올 때 부부관계임을 증명하는 서류(주민등록등본 또는 가족관계증명서 등)와 위임장을 첨부해 대리권이 있음을 주장하는 경우도 있다. 그러나 이러한 서류만으로는 대리권을 부여받았다고 볼 수 없다. 진정한 대리권 여부를 확인하려면 인감증명서가 첨부되고 인감도장이 날인된 위임장을 제시하고, 본인과 직접 전화 통화하는 등의 확인을 해야 한다.

계약서에 기재된 내용 또한 명확히 확인해야 한다. 특히, 계약 전 합의한 사항이 있다면 이를 특약에 기재했는지도 확인해야 한다.

마지막으로 거래대금을 입금하는 계좌는 반드시 등기사항증명서상의 소유자 계좌로 해야 한다. 대리인과 계약을 하더라도 계약금과 잔금 등의 거래대금은 등기상 소유자 계좌로 입금하는 것이 사고의 위험을 줄이는 방법이다.

거래계약서
일반약정의 의미

 일반적으로 거래계약서는 법에서 그 서식을 정하고 있지 않다. 다만, 주택임대사업자의 경우 임대차계약 시 법으로 정하고 있는 표준계약서를 작성해야 하는 의무가 있고, 이를 위반하면 과태료 대상이 된다. 법정 표준계약서 외의 일반적인 부동산 계약은 대부분 다음 페이지의 양식과 같은 서식을 사용한다.

 임대차뿐만 아니라 매매계약서의 일반 규정도 이와 대동소이하다. 정형화되어 인쇄되는 일반약정은 민법과 공인중개사법, 판례를 기반으로 만들어져 있다. 다음 페이지의 계약서를 중심으로 그 규정을 살펴보자.
 제2조의 존속 기간은 계약 기간을 의미한다. 이 기간의 약정을 별도로 하지 않으면 주택의 경우 2년이 적용되고, 상가의 경우 1년이 적용된다. 원룸 월세의 경우와 오피스텔 월세의 경우 통상 1년 계약을 많이 하는데 이렇게 1년으로 주택임대차계약을 했다면, 임차인은 1년이 지난 뒤 계약을 종료하고 나간다고 할 수도 있고, 주택임대차보호법의 규정에 따라 2년을 채우고 나가겠다고 주장할 수도 있다. 1년 계약을 했고, 임차인은 2년을 거주하겠다고 하는 것에 대해, 임대인이 1년이 계약 기간이니 나가라고 할 수는 없다.

부동산임대차계약서

☐ 전세   ☐ 월세

임대인과 임차인 쌍방은 아래 표시 부동산에 관하여 다음 계약내용과 같이 임대차계약을 체결한다.

1. 부동산의 표시

지 목		면 적	㎡
구조·용도		면 적	㎡
		면 적	㎡

2. 계약내용

제 1 조 (목적) 위 부동산의 임대차에 대하여 합의에 따라 임차인은 임대인에게 임차보증금 및 차임을 아래와 같이 지급하기로 한다.

금		원정(₩	)
금		원정은 계약시에 지급하고 영수함. 영수자(	인)
금		원정은 년 월	일에 지급하며
금		원정은 년 월	일에 지급한다.
금		원정은 (선불로·후불로) 매월	일에 지급한다.

제 2조 (존속기간) 임대인은 위 부동산을 임대차 목적대로 사용·수익할 수 있는 상태로 _____ 년 _____ 월 _____ 일까지 임차인에게 인도하며, 임대차 기간은 인도일로부터 _____ 년 _____ 월 _____ 일까지로 한다.

제 3조 (용도변경 및 전대 등) 임차인은 임대인의 동의없이 위 부동산의 용도나 구조를 변경하거나 전대·임차권 양도 또는 담보제공을 하지 못하며 임대차 목적 이외의 용도로 사용할 수 없다.

제 4조 (계약의 해지) 임차인이 제3조를 위반하였을 때 계약을 해지 할 수 있다.

제 5조 (계약의 종료) 임대차계약이 종료된 경우에 임차인은 위 부동산을 원상으로 회복하여 임대인에게 반환한다. 이러한 경우 임대인은 보증금을 임차인에게 반환하고, 연체 차임 및 관리비 또는 손해배상금이 있을 때는 이들을 제하고 그 잔액을 반환한다.

제 6조 (계약의 해제) 임차인이 임대인에게 중도금(중도금이 없을 때는 잔금)을 지불하기 전까지, 임대인은 계약금의 배액을 상환하고, 임차인은 계약금을 포기하고 본 계약을 해제할 수 있다.

제 7조 (채무불이행과 손해배상) 임대인 또는 임차인이 본 계약상의 내용에 대하여 불이행이 있을 경우 그 상대방은 불이행한 자에 대하여 서면으로 최고하고 계약을 해제 할 수 있다. 그리고 계약 당사자는 계약해제에 따른 손해배상을 각각 상대방에 대하여 청구할 수 있으며, 손해배상에 대하여 별도의 약정이 없는 한 계약금을 손해배상의 기준으로 본다.

제 8조 (중개보수) 개업공인중개사는 임대인과 임차인이 본 계약을 불이행함으로 인한 책임을 지지 않는다. 또한, 중개보수는 본 계약체결과 동시에 계약 당사자 쌍방이 각각 지불하며, 개업공인중개사의 고의나 과실없이 본 계약이 무효·취소 또는 해제되어도 중개보수는 지급한다. 공동중개인 경우에 임대인과 임차인은 자신이 중개 의뢰한 개업공인중개사에게 각각 중개보수를 지급한다.(중개보수는 거래가액의 _____%로 한다.)

제 9 조 (중개대상물확인·설명서 교부 등) 개업공인중개사는 중개대상을 확인·설명서를 작성하고 업무보증관계증서(공제증서 등) 사본을 첨부하여 계약체결과 동시에 거래당사자 쌍방에게 교부한다.

특약사항

_____
_____
_____

본 계약을 증명하기 위하여 계약 당사자가 이의 없음을 확인하고 각각 서명·날인 후 임대인, 임차인 및 개업공인중개사는 매장마다 간인하여, 각각 1통씩 보관한다.   년   월   일

주 소					
주민등록번호		전 화		성 명	인
대 리 인	주 소		주민등록번호		성 명
주 소					
주민등록번호		전 화		성 명	인
대 리 인	주 소		주민등록번호		성 명
사무소소재지			사무소소재지		
사무소명칭			사무소명칭		
대 표	서명및날인	인	대 표	서명및날인	인
등 록 번 호		전화	등 록 번 호		전화
소속공인중개사	서명및날인	인	소속공인중개사	서명및날인	인

KAR 한국공인중개사협회

임대차계약서의 일반적인 서식 (출처 : 한국공인중개사협회 홈페이지)

1월 1일이 인도일(잔금일)이면 계약 종료일은 12월 31일인지 1월 1일인지에 관한 질문도 가끔 받는다. 원칙적으로 부동산 임대차의 경우 인도일을 포함하지 않는다(민법상 초일 불산입의 원칙). 왜냐하면 첫날은 계약의 이행을 0시부터 할 수 있는 것이 아니기 때문이다. 그래서 계약 기간은 1월 1일부터 1월 1일까지가 된다. 다만 당사자의 합의가 우선하기 때문에 계약서 작성 시 실제로 정한 날짜가 우선 적용된다. 즉, 계약서에 1월 1일부터 12월 31일까지라고 약정하면 이 기간이 적용되는 것이다.

제3조는 임대인의 동의 없이 용도를 변경하거나 전대(轉貸 : 빌려온 것을 다른 사람에게 다시 빌려주는 것), 임차권 양도(임차인을 다른 사람으로 변경하는 것), 담보제공(보증금을 담보로 제공해 돈을 빌리는 것 등)을 하지 못하며, 임대차 목적 외로는 사용할 수 없다는 규정이다. 예를 들어, 단독주택을 주거용으로 임대했으나 임대인 동의를 받지 않고 이를 한식당으로 운영하는 경우 계약 위반이 되는 것이다.

제4조에는 계약의 해지 조건을 규정하고 있다. 주택의 경우 2기 이상, 상가의 경우 3기 이상의 차임액에 해당하는 금액을 연체했을 때 임대인은 즉시 계약을 해지할 수 있다(2기 또는 3기 이상의 차임액에 달하는 구체적인 예시는 6장 상가건물임대차보호법의 5. 차임 연체와 계약 해지 부분에서 자세히 다루고 있다). 또한, 앞선 제3조의 규정을 위반한 경우에도 임대인은 즉시 계약을 해지할 수 있다. 이는, 약정을 위반한 경우 임대인에게 해지할 수 있는 권한을 주는 것으로, 임차인이 규정을 위반했다고 해서 임대인이 반드시 계약을 해지해야 한다는 의미와는 다른 개념이다. 예를 들어, 주택 월세가 50만 원인데 연체된 월세가 100만 원이 된 경우, 2기의 차임 연체에 해당한다. 이때, 임대인은 계약을 해지할 수도 있고 해지 안 할 수

도 있다. 임대인의 선택인 것이다. 간혹, 계약 해지를 위해 고의로 임대료를 연체해 해지시키려고 하는 사람들이 있는데 연체한다고 해서 무조건 계약이 자동으로 해지되는 것은 아니라는 의미다.

제5조는 계약이 종료되면 임차인은 원상으로 회복해 임대인에게 반환해야 한다는 규정과 임대인은 임차인이 지급하지 않은 차임과 손해배상금을 제외한 보증금을 반환한다는 규정이다. 즉, 임대인이 보증금을 반환할 때 임차인이 원상회복하지 않았다면 이에 준하는 손해배상액을 제외할 수 있다는 의미다.

제6조는 계약의 해제에 관한 사항이다. '해제'와 '해지'는 실무에서 혼용해 사용되기도 하는데, 해제는 처음부터 계약의 효과가 없다는 의미이고, 해지는 그 시점 이후부터 효과가 없다는 의미다. 계약 후 중도금 지급 전까지(실제 임대차계약은 중도금 약정이 대부분 없어 잔금 지급 시까지 적용) 임차인은 계약금을 포기하고, 임대인은 계약금의 배액을 상환해 계약을 해제할 수 있다는 규정이다. 중도금(또는 잔금) 지급 전까지만 일방의 해제 통고가 가능한 이유는 바로 계약 내용을 이행에 착수하지 않았기 때문이다. 계약의 양 당사자 중 일방이 이행에 착수하기 전에는 계약금을 포기하거나 배액을 상환함으로써 계약의 해제가 가능하다는 것이다.

제7조에는 채무불이행과 손해배상의 예정에 관한 사항이다. 임대인 또는 임차인이 계약의 내용에 대해 불이행이 있을 때, 상대방은 서면으로 최고하고 계약을 해제할 수 있다. 예를 들어, 원룸을 계약한 임차인이 잔금일에 잔금을 납부하지 않았을 때 임대인은 임차인에게 상당 기간(통상 2주 정도 이상)을 정해 잔금을 납부하라는 내용을 서면(통상 내용증명)을 통해 마지

막으로 고지하고, 그래도 임차인이 잔금을 납부하지 않았다면 그때 계약을 해제할 수 있다는 것이다. 이때, 임대인은 해제에 따른 손해배상을 청구할 수 있는데, 특별한 약정이 없으면 계약금이 손해배상금이 된다.

제8조는 개업공인중개사가 중개한 경우, 중개보수와 중개사의 책임 범위에 관한 규정이다. 개업공인중개사의 중개에 관한 책임은 계약 체결에 관한 부분이지, 임대인 또는 임차인이 계약을 이행하지 않는 부분은 포함되지 않는다는 내용이다. 즉, 임차인이 잔금을 납부하지 않더라도 공인중개사는 책임이 없다는 것이다. 어찌 보면 당연한 일인데, 양 당사자가 계약을 이행하지 않는 부분에 대한 책임을 공인중개사에게 자주 묻다 보니 이런 규정으로 생겨난 것이 아닌가 싶다. 그리고 개업공인중개사의 고의나 과실 없이 계약이 무효, 취소, 해제되어도 중개보수는 지급한다는 내용이다. 계약이 해제되었는데 중개보수를 지급하는 것이 불합리하다고 생각할 수는 있지만, 공인중개사의 업무는 계약서를 작성하는 것까지이고, 그 이후 계약을 이행하는지의 여부는 양 당사자의 책임이기 때문에 계약이 성립되어 완성체로 계약서를 작성한다면 중개보수를 지급해야 한다. 간혹, 위약금으로 받은 계약금이 중개보수보다 적을 때도 있을 수 있다. 이럴 때는 별도로 중개한 공인중개사에게 조절을 요청해볼 수는 있으나 원칙은 계약 당시 약정한 중개보수가 기준이 된다.

제9조는 중개 대상물 확인설명서의 교부에 관한 확인사항이다. 공인중개사법에서는 개업공인중개사가 중개를 완성하면 계약서 작성 시 중개하는 부동산에 대한 현황과 상태 권리 등에 관한 사항을 법정 서식을 통해 설명하도록 규정하고 있다.

계약서
특약

    계약서에 나온 기본사항 이외에 특별히 양 당사자가 별도의 약정을 하고자 하는 경우, 특별한 약정의 의미로 특약을 한다. 특약은 부동산 거래의 양 당사자 사이 상호 간의 권리와 의무에 대해 구체적으로 약정하고, 이를 위반할 경우 어떻게 한다는 내용을 담는 것이 일반적이다. 그렇기에 특약사항을 작성할 경우 꼼꼼하게 검토하고 합의해야 할 필요가 있다. 간혹, '특약은 이렇게 썼더라도 실제는 다르게 한다'라는 등의 이야기만 믿고 특약사항을 제대로 확인하지 않고 계약하는 경우가 있는데 이를 확인하지 않아 발생하는 피해는 고스란히 당사자가 책임지게 된다. 또한, 사적자치의 원칙에 의해 당사자 간의 약정이 우선한다. 다만, 강행규정을 위반하면 특약은 무효가 된다.

    부동산 거래계약에서 자주 사용하는 특약은 다음과 같다.

- **현 시설물 상태의 계약이다** : 신축 건물이 아닌 이상 모든 부동산은 중고다. 따라서 모든 시설물이 새것처럼 완벽할 수 없다. 때로는 많이 닳거나 사소한 부분의 손상이 있을 수도 있다. 이때, 거래하는 부동산의 시설물 기준을 계약 체결 당시로 정하는 특약이다. 그 때문에 매수하거나 임차하는 사람은 시설물의 정상 작동 여부와 상태 등을 정확히 확인

해 사전에 수리를 요청할 부분이 있다면 별도의 특약으로 정해야 한다.

• **잔금일은 합의하에 앞당길 수 있다** : 임대차든 매매든 이사 일자가 유동적일 수 있다. 이때 계약서에는 최대한 일정을 늦춰 약정하고, 양 당사자의 '합의'가 있는 경우, 앞으로 당길 수 있다는 약정이다. 이는 '협의'가 아닌 양 당사자의 의사를 합치해야만 하고, 뒤로 미루는 것은 불가능하고 앞당길 수만 있다는 약정의 의미다.

• **거실 베란다 천정의 누수를 인지하고 하는 계약으로 차후 동일한 문제로 인한 하자담보책임과 손해배상책임을 묻지 않기로 한다** : 특정 부분에 하자가 있는 경우, 이를 사전에 합의해 거래가격을 조정하는 경우가 있다. 이때 해당 사항에 대해서는 특약에 구체적으로 명시해야 향후 이 부분에 대한 분쟁이 발생하지 않는다. 또한, 매수인의 경우 계약 체결 전 하자의 범위와 상태 등에 관해 적극적으로 확인할 필요가 있다.

• **매도인(임대인)은 을구 3번의 ○○은행의 근저당권에 관한 채무를 잔금과 동시에 상환하고, 근저당권 말소접수를 하기로 한다** : 부동산에 대출(근저당권 등)이 있는 경우, 잔금 시 이를 상환하고 말소하기로 하는 약정이다. 실무에서는 이러한 약정 후에 잔금 시 매도인(임대인)에게 지급해야 할 잔금 중에서 상환해야 할 금액을 제외하고 지급하며, 해당 상환 금액은 양 당사자가 법무사에게 위임하거나 매수인(임차인)이 법무사와 동행해 은행에서 상환과 말소 접수까지 확인한다.

매수인에게 유리한 특약

- 현재 선순위 임차인은 총 ○○명이고, 세대별 임차보증금 내역은 첨부표와 같으며, 이들의 보증금 합계는 ○○○원이고, 잔금 전까지 존속하는 임대차계약의 계약서 사본을 매수인(임차인)에게 제출하기로 한다 : 매수인의 경우 임대차 내역 확인이 필요하고, 다가구주택에 전월세로 임대차한 경우, 선순위 보증금의 합계를 알아야 본인의 보증금이 안전한지를 계산할 수 있기 때문에 사전에 선순위 보증금의 합계를 확인해둘 필요가 있다. 특히, 매매 시에는 해당 임차인을 만나 직접 보증금과 계약 내용을 확인할 필요가 있다. 매도인의 의도 여부와 관계없이 보증금 내역이 일치하지 않는 경우가 종종 발생하기 때문이다.

- 현임차인 ○○○의 전세계약(보증금 2억 원, 만기 2026.11.6.)을 인수하는 조건으로 계약하고, 잔금 전까지 매도인은 임차인의 계속거주 의사를 확인해 매수인에게 제출하기로 한다. : 주택을 매매할 경우, 현재의 임차인을 인수해 매매가격에서 보증금을 제외한 나머지 차액만 지급하는 경우가 있다. 흔히 '전세를 안고 산다'라고 표현한다(전세가가 매매가와 거의 차이나지 않는 경우를 '갭투자'라고도 한다). 이때는 현재의 임차인이 계속 거주한다는 가정하에 자금을 마련하기 때문에 이에 대한 사항을 구체적으로 약정하는 것이다. 상가의 경우도 마찬가지다. 현재의 수익률을 보고 매

수했는데, 임차인이 매수하자마자 나간다고 하면 계획이 많이 어긋날 수밖에 없다. 특히, 최근 상가 거래에서 상가 임차인이 임대인 변경을 이유로 계약 해지 통고를 하는 경우가 있다. 잔금을 치르자마자, 임차인과의 분쟁이 시작되는 것이다. 따라서, 매수시에는 반드시 현재 임차인의 계약 존속 여부를 확인하고 특약해야 한다.

임차인에게
유리한 특약

• **임대인은 잔금 다음 날까지 일체의 선순위 권리를 설정하지 않고 현재의 등기상 권리 상태를 유지하기로 한다** : 임대차계약의 경우 임차인은 대항요건(주택의 경우 인도와 전입신고, 상가의 경우 인도와 사업자등록)을 갖출 경우, 그다음 날 0시부터 대항력이 발생한다. 따라서, 잔금일에 임대인이 근저당권 등 권리 설정을 하면 임차인은 후순위로 밀려나게 된다. 이를 방지하는 목적으로 잔금 다음날까지 등기상 권리 설정의 제한에 관한 특약을 하는 것이다. 물론 이러한 특약을 했다고 해서 잔금일에 등기상 선순위 물권 설정을 안 한다는 보장은 없다. 다만, 임대인이 마음먹고 임차인의 보증금을 가로챌 사기의 목적이 없다면 이를 지켜야 한다.

• **임대인은 안방 화장실 세면대와 거실 베란다 방충망을 잔금 전까지 교체해주기로 한다** : 일정 부분 하자가 있어 이를 수리하기로 한 경우, 먼저 구체적으로 수리 범위를 확정해야 한다. 애매한 표현으로 '임대인은 방충망의 훼손이 있는 경우 수리해주기로 한다'라는 등의 특약은 주의해야 한다. 어느 정도를 방충망의 훼손으로 볼 것인지, 수리는 교체를 의미하는 것인지, 방충망 보수 테이프를 말하는 것인지가 불분명하다. 또한, 수리하게 될 경우 이를 마무리하는 시점을 합의해 약정해야 한다. 통상 이 시기는 잔금일 전으로 하는 경우가 많다.

- **임대인은 임차인의 전세자금 대출에 동의하고 적극적으로 협조하기로 한다** : 전세보증금에 대한 대출이 전세보증금의 최대 80%까지 가능하게 됨으로써 전세자금 대출은 대부분의 임차인이 이용하고 있다. 상품에 따라 임대인의 동의 없이도 가능하기도 하지만, 어떤 상품은 임대인의 동의를 구하거나, 임대인과 연락해 사실 확인을 하는 등 임대인의 협조가 필요하다. 이때 적극적으로 임대인이 전세자금 대출 절차에 협조해주도록 하는 특약이다. 특히, 임대인의 연세가 많은 경우 전세자금 대출에 대한 '동의'를 '보증'의 개념으로 생각해 절대 안 해주는 경우도 있으니, 사전에 양해를 구하고 특약에 기재해야 한다.

- **월 관리비는 ○○○원이고, 계단청소비, 공동전기료, 공동 수도 요금, 주차관리비를 포함하며 매년 3%씩 관리비를 인상하기로 한다** : 임대료 인상에 제한이 있는 경우, 이를 보전하기 위해 관리비를 인상해 분쟁이 자주 발생하기도 한다. 관리 주체가 관리사무소가 아니라 임대인이 직접 관리하는 경우, 관리비의 범위와 인상의 한도를 미리 규정함으로써 향후 관리비로 인한 분쟁을 예방할 수 있다.

이상 몇 가지 사례로 부동산 거래 특약을 살펴보았으나, 실제 거래계약서 특약은 상황별로 매우 다양하게 나타날 수 있다. 각각의 상황에 맞게 특약을 작성하면 되는데, 누가 보아도 다른 해석이 나올 가능성이 작게 구체적 사항을 명시하는 것이 양 당사자 모두를 위해 바람직하다.

강행규정

강행규정(强行規定)이란, 당사자들의 의사와 관계없이 법률상 반드시 따라야 하며 위반 시 효력이 없는 규정을 의미한다. 법률관계에서 당사자가 임의로 변경하거나 배제할 수 없으며, 사회질서 유지나 약자 보호를 목적으로 설정된다. 강행규정을 위반한 계약이나 특약은 원칙적으로 무효다.

강행규정은 효력규정과 단속규정으로 나뉘는데, 효력규정은 당해 행위를 무효로 만든다. 이러한 효력규정으로는 '부동산 실권리자 명의 등기에 관한 법률상 명의신탁 금지규정', '공인중개사법상 중개보수 제한규정', '국토계획법상 토지거래 허가규정' 등이 대표적인 예가 된다. 단속규정은 당해 행위의 효력에는 영향이 없고(유효), 단지 형사상 처벌 또는 행정상 강제집행의 문제만 남기는데, 부동산 등기 특별조치법상 미등기 전매금지 규정, 식품위생법상 무허가 영업금지 조항, 주택법상 전매금지 규정 등이 대표적인 예가 된다.

강행규정은 주로 민법과 주택임대차법, 상가임대차법 등에서도 나타나는데, 그 대표적인 내용은 다음과 같다. 민법 제103조에서는 반사회질서의 법률 행위는 무효라고 규정하고 있고, 민법 제105조에서는 강행규정 위반 시 효력 발생이 불가하다고 규정하고 있다. 주택임대차보호법 제10조에서는 법 규정을 위반해 임차인에게 불리한 약정은 무효이고, 상가건물임대차보호법 제15조에서도 법 규정을 위반해 임차인에게 불리한 약정은 무효라 규정하고 있다. 간혹 주택임대차나 상가임대차에서 임차인에게 불리한 약정은 무효가 아니냐는 질문이 있는데, 임차인에게 불리하다고 특약이 모두 무효가 되는 것이 아니라, 주택임대차보호법 또는 상가건물임대차보호법의 규정을 위반해 임차인에게 불리한 조항은 무효라는 의미다.

예를 들어, 법에서 정한 갱신 요구권이 있음에도 불구하고 '임차인은 갱신 요구권을 주장하지 않기로 한다'라는 특약을 하면 이는 법 규정을 위반하고 임차인에게 불리한 약정으로 무효가 된다. 다만, '관리비를 매년 10%씩 인상한다'라고 약정하면 임차인에게는 불리하나 이를 제한하는 법 규정이 없어 유효가 되는 것이다.

제4장
부동산 거래 관련 법

언젠가 부동산 매매계약을 했는데, 계약 이후 아직 24시간이 지나지 않아 해약이 가능하지 않냐는 상담을 받은 적이 있다. 실제 계약 24시간 이내 해지가 가능하냐는 말을 여러 곳에서 들은 바 있다. 부동산 거래관계에서는 당연히 적용되지 않는 사항이다. 이 장에서는 부동산 거래의 기본이 되는 민법상 계약의 성립과 무효, 취소, 해제 관련 중요한 법 규정을 살펴본다.

계약의 일반

계약은 청약과 승낙의 합치로 성립하는 법률 행위다. 청약의 의사표시를 하고 상대방이 청약의 내용에 대해 승낙하게 되면 계약이 성립하는 것이다. 사적 자치의 원칙에 따라 마음대로 계약의 내용과 체결 방식, 상대방을 선택할 수 있고, 이를 다른 표현으로 '계약 자유의 원칙'이라고 한다. 만약 어떤 부동산을 매각하려고 하는데 거래 금액은 맞으나 상대방이 마음에 들지 않으면 그 사람과 계약하지 않을 수 있는 것이다.

계약을 체결했다면 이를 지키도록 해야 함은 당연한 일이다. 모든 사람이 사회공동생활의 일원으로서 상대방의 신뢰에 반하지 않도록 행동할 것을 요구하는 법 원칙인 '신의성실의 원칙'과도 일맥상통하는 부분이다. 다만, 사정에 따라 그 계약의 폐기나 내용의 변경은 인정할 수 있다.

예를 들어, 월세 50만 원에 집을 계약했는데 급격한 인플레이션이 발생해 물가가 1,000% 상승했다면 계속해서 임대료로 50만 원을 받는 것이 오히려 정당하지 않을 수도 있다. 실제로, 짐바브웨 같은 곳에서는 지금도 이와 같은 일들이 일어나고 있다. 짐바브웨는 물가 상승률이 2020년 557%에 달하기도 했다. 이런 경우, 계약 체결 당시와 객관적 사정의 변경을 원인으로 계약의 내용을 폐기하거나 내용의 변경을 인정할 수 있다는 법이론이 '사정변경의 원칙'이다.

 '사정변경의 원칙'은 '법률 행위의 기초가 된 사정이 그 이후에 당사자가 예견할 수 없는 중대한 변화의 발생으로 당초 행위를 그대로 유지하는 것이 대단히 부당한 결과를 초래하는 경우, 이를 변경할 수 있다'라는 원칙이다. 다만, 이때의 '사정'은 객관적 사정만 해당되고, 주관적 사정은 해당되지 않는다. 예를 들어, 다니던 회사의 폐업으로 수입이 급감한다거나, 사업이 어려워져 신용불량자가 된다든가 하는 등의 사정은 모두 주관적인 사정에 해당되어 '사정변경의 원칙'이 적용되지 않는다.

부동산 계약의 종류

우리 민법에서는 대표적으로 매매, 교환, 임대차, 사용대차의 4가지 계약 형태를 규정하고 있다. '매매'는 당사자 일방이 재산권을 상대방에게 이전할 것을 약정하고 상대방이 그 대금을 지급할 것을 약정함으로써 효력이 생긴다고 규정하고 있다. 부동산뿐만 아니라 다른 모든 매매도 이에 해당한다. 우리가 슈퍼에서 물건을 사든, 아파트를 매수하든 동일하게 매도인은 물건(또는 부동산)을 이전해주기로 하고 매수인은 돈을 주기로 약속하면 효력이 생기는 법률 행위다.

'교환'은 당사자 쌍방이 금전 이외의 재산권을 상호 이전할 것을 약정함으로써 그 효력이 생긴다. 즉, 매매와 같은 사항이나 돈 이외의 물건 등으로 교환하기로 약정함으로써 효력이 발생하는 것이다. 부동산 분야에서는 아파트 등 주택에 대해서 교환계약은 거의 나타나지 않는다. 왜냐하면 매각해서 그 돈으로 필요한 물건(부동산)을 사면 그만이기 때문이다. 교환은 주로 잘 팔리지 않는 지방의 토지 등과 같은 부동산에서 이루어지는 경우가 많다. 돈으로 환산되지 않으니 일단 다른 부동산으로 바꾼 뒤 이를 다시 매각하는 방법을 취하기도 한다. 다만, 교환은 바로 돈으로 환산되지 않고, 거래가에 대한 정확한 평가가 어려워 양 당사자 중 한 명은 손해를 볼 확률이 높다.

'임대차'는 당사자 일방이 상대방에게 목적물을 사용·수익하게 할 것을 약정하고 상대방이 이에 대해 차임을 지급할 것을 약정함으로써 그 효력이 생긴다. 임대차는 우리가 주변에서 흔히 보는 전세, 월세, 깔세, 연세 등 다양한 형태가 있다. 임대차에 관한 자세한 사항은 5장의 '주택임대차보호법'과 6장의 '상가건물임대차보호법'에서 자세히 살펴보기로 한다.

'사용대차'는 당사자 일방이 상대방에게 '무상'으로 사용·수익하게 하기 위해 목적물을 인도할 것을 약정하고, 상대방은 이를 사용·수익한 후 그 물건을 반환할 것을 약정함으로써 그 효력이 생긴다. 사용대차계약은 임대차와 같으나 사용 수익의 대가를 지불하지 않는 것을 의미하고, 대가가 없는 관계이기 때문에 주로 거래 당사자가 서로 아는 지인 사이에 발생한다.

부동산 매매계약과 임대차계약은 다음과 같은 특징이 있다. 먼저, 당사자 양쪽이 서로 의존적인 채무를 부담하는 계약이라는 점이다. 즉, 매도인(임대인)은 잔금일에 부동산을 인도하는 등의 의무가 있고, 매수인(임차인)은 잔금일에 그 반대급부로 대금을 지급해야 한다. 이를 서로 간에 의무를 부담하는 쌍무계약이라 한다. 또 다른 공통점은 계약서를 작성하지 않아도 의사의 합치만 있으면 계약이 성립하는 것으로 불요식행위에 해당한다. 계약서를 작성하지 않아도 계약이 성립한다면, 계약서는 왜 쓰는 것일까? 이는 분쟁이 생길 경우 확정적인 의사의 합치가 있었음을 증명하는 근거가 되기 때문이다. 따라서, 말로만 합의해 계약하는 이른바 구두계약도 계약으로 인정되는 것이다. 다만, 이를 입증하는 문제가 있을 뿐이다.

계약의 효력요건

계약은 당사자의 의사 합치만 있다고 반드시 성립하는 것은 아니다. 예를 들어, '100만 원을 받고 하늘의 별을 따다 준다고 계약하면 이 계약이 성립할 것인가?' 하는 문제다. 아마 누구나 '이런 계약은 무효 아닌가?' 생각할 것이다. 이렇듯 계약은 무조건 성립하는 것이 아니고, 일정한 요건을 갖춰야 그 효력이 발생한다.

계약이 성립되는 일반적인 효력요건은 먼저 당사자의 권리 능력과 의사 능력, 행위 능력이 있어야 한다. 권리 능력은 사람이 생존하는 동안 권리와 의무의 주체가 된다는 것으로, 태아와 사망자, 실종자 등은 권리 능력이 없다. 의사 능력은 계약 시 행위의 의미와 결과를 정상적으로 판단이 가능한 정신력 또는 능력을 의미한다. 의사 능력의 유무는 각각의 개별 사건으로 판단해야 하고, 정신지체 장애가 의사 능력이 없는 대표적인 예라 할 수 있다. 행위 능력은 나이 등을 기준으로 객관적 판단이 가능하다. 미성년자의 법률 행위가 행위 능력이 없는 대표적 예다.

계약의
무효 사유

계약을 무효라고 주장할 수 있는 사유는 의사 무능력, 반사회질서, 비진의, 통정, 강행규정 위반 등으로 나누어볼 수 있다.

의사 무능력의 경우는 계약 또는 의사표시 당시 정상적인 판단 능력이 없는 경우와 심한 치매환자, 조현병자, 만취자의 계약 등이 해당해 무효를 주장할 수 있다. 다만, 무효를 주장하는 자가 의사 무능력을 입증해야 하나 그 입증이 현실적으로 어려운 경우가 많다. 예를 들어, 만취자의 계약이라 무효를 주장한다면, 본인이 어느 정도 이상의 만취라 정상적인 의사표시가 불가능한 상태였다는 입증을 해야 해 성립이 매우 어렵다.

다음으로, 선량한 풍속 기타 사회질서에 위반한 사항을 내용으로 하는 법률 행위는 무효다. 예를 들어, 돈을 받고 누군가를 폭행하기로 계약했다면 이는 반사회질서에 해당하기 때문에 무효의 계약이 되는 것이다. 그리고 당사자의 궁박(곤궁하고 절박한 사정), 경솔 또는 무경험으로 인해 현저하게 공정을 잃은 법률 행위도 무효로 한다. 다만, 불공정한 법률 행위에 해당해 무효라고 주장하는 자가, 자신이 궁박·경솔 또는 무경험의 상태에 있었다는 사실과 상대방이 이 사실을 알고 있었다는 사실과 급부와 반대급부 간에 현저한 불균형이 있다는 사실을 모두 입증해야 한다.

표의자(의사표시를 하는 사람)의 진심의 의사가 아니어도 그 효력이 있다. 그러나 상대방이 표의자의 진의(진정한 의사)가 아님을 알았거나 이를 알 수 있었을 경우에는 무효로 한다. 언젠가 TV 프로그램에서 개그맨이 시골에 있는 할머니에게 찾아가 닭을 얼마에 팔 것이냐는 흥정을 한 것을 본 기억이 있다. 이때, 개그맨이 가격을 싸게 제시했더니 할머니께서 그 돈 받아서 뭐 하냐고, 그냥 가져가라고 하셨다. 거래 당사자인 개그맨은 할머니가 그렇게 싸게 팔지 않겠다는 말이지, 무료로 가져가라는 말이 아니라는 것을 알고 있으므로 만약 무료로 가져갔다면 이는 무효가 되는 것이다. 마찬가지 개념으로, 상대방과 통정한 허위의 의사표시는 무효로 한다. 상대방과 짜고 가짜로 의사 표시한 것은 무효가 되는 것이다.

법률에서 정한 규정은 당사자의 의사로 배제 가능한 규정인 임의규정(예를 들어, 민사상 법정 이율은 연 5%로 규정되어 있지만, 당사자의 약정으로 연 10%로 정할 수도 있다)과 당사자의 의사로 배제할 수 없는 규정인 강행규정(3장 참조)으로 나뉜다.

마지막으로 계약이 불확정되거나 불가능한 경우는 무효가 된다. 앞서 '별을 따다 준다'라는 계약은 누가 봐도 불가능한 계약이라 무효다. 다만, 불가능의 경우 계약 당시부터 불가능한 것이라야 한다. 계약 당시가 아니라 계약 이후에 불가능한 일이 발생했다면 이는 유효가 되고, 이행할 수 없게 된 당사자가 손해배상을 해야 한다. 예를 들어, 주택 매매 계약을 했으나 계약 후 화재가 발생했다면 이행이 불가능하지만 이는 유효한 계약이고, 이행을 할 수 없게 된 매도인이 이에 상응하는 손해배상을 해야 한다.

계약의 취소

 의사표시를 취소할 수 있는 경우도 있다. 의사표시는 법률 행위의 내용의 중요 부분에 착오가 있는 때에는 취소할 수 있으나, 그 착오가 표의자의 중대한 과실로 인한 때에는 취소하지 못한다. 이때 착오는 법률 행위 내용의 중요 부분의 착오가 있어야 한다. 의사표시를 하는 사람의 입장에서 그러한 착오가 없었다면 그 의사표시를 하지 않았으리라고 생각될 정도로 중요한 것이어야 하고, 보통 일반인의 입장에서도 의사표시를 하는 사람의 처지에 있었더라면, 그러한 의사표시를 하지 않았을 정도로 중요한 부분에 관한 착오이어야 한다. 또한, 의사표시를 하는 사람의 중대한 과실이 없어야 한다.

 경매 법정에서 입찰가격을 1억 원으로 생각하고 입찰표에 기입해 제출했는데, 실제는 10억 원으로 써냈다면 분명히 의사표시에 착오가 있었다고 볼 수 있지만, 이는 표의자의 중대한 과실로 보아 취소할 수 없는 것이다. 이때는 착오라 주장해 보증금을 반환받을 수 없고 법원에 납부한 보증금을 포기함으로써 10억 원에 해당 부동산을 사지 않을 수 있다. 법원의 판례에서는 공장을 경영하는 자가 공장이 협소해 새로운 공장을 설립할 목적으로 토지를 매수하는 데 토지에 공장을 건축할 수 있는지의 여부를 관할관청에 알아보지 않은 과실은 중대한 과실에 해당

한다고 보았다.

또한, 사기나 강박에 의한 의사표시도 취소할 수 있다. 상대방 있는 의사표시에 관해 제삼자가 사기나 강박을 행한 경우에는 상대방이 그 사실을 알았거나 알 수 있었을 경우에 한해 그 의사표시를 취소할 수 있다. 이 역시 진심의 의사표시가 아니라고 보기 때문에 사기나 강박(고의로 해악을 가하겠다고 위협해 공포심을 일으키게 하는 행위)으로 인해 의사표시를 했다면 취소할 수 있는 것이다.

취소하면 그 법률 행위는 계약 당시로 소급해 무효가 된다. 계약을 이행하기 전이면 이행할 의무가 없고, 이미 이행한 것이 있으면 상호 간 부당이득 반환 의무가 생긴다.

계약의 해제

우리가 일상에서 계약을 종료할 때 일반적으로 사용하는 단어가 '해제' 또는 '해지'한다는 표현이다. 그러나 법률적으로 해제는 유효한 계약에서 한쪽 당사자가 채무불이행한 경우, 상대 당사자인 해제권자가 일방적으로 해제 통보해 처음부터 계약을 '소급해' 소멸시키는 것이고, 해지는 유효하게 체결한 계약을 '장래를 향해' 소멸시키는 것으로 그 성격이 다르다. 즉, 전세로 살다가 중간에 종료하고 나가는 경우 해지가 되고, 전세계약을 했는데 잔금을 치르기 전 양 당사자의 합의로 원래부터 없었던 계약으로 하자는 것은 해제가 된다.

계약의 해제는 합의해제와 일방해제로 나눌 수 있다. 합의해제는 당사자 간의 새로운 합의로 기존의 계약을 해소시키는 별도의 계약이다. 계약이 합의 해제된 경우에는 그 해제 시에 당사자 일방이 상대방에게 손해배상을 하기로 특약하거나 손해배상청구를 유보하는 의사표시를 하는 등 다른 사정이 없는 한 채무불이행으로 인한 손해배상을 청구할 수 없다. 일방해제는 해제권자의 일방적인 의사표시로 계약을 해제하는 경우다. 이는 해제권 발생 사유가 계약으로 정해진 경우인 약정해제권에 기한 해제와 해제권 발생사유가 법률로 정해진 법정해제권에 기한 해제(상대방이 이행 지체 또는 이행불능에 빠진 경우의 해제)로 나누어볼 수 있다.

매매의 당사자 일방이 계약 당시 금전 기타 물건을 계약금, 보증금 등의 명목으로 상대방에게 교부한 때는 당사자 간 다른 약정이 없는 한 당사자 일방이 이행에 착수할 때까지 교부자는 이를 포기하고 수령자는 그 배액을 상환해 매매계약을 해제할 수 있다는 해약금 규정을 일방 해제의 하나로 볼 수 있다. 법정해제는 당사자 일방이 그 채무를 이행하지 않을 때 상대방은 상당한 기간을 정해 이행을 최고하고 그 기간 내에 이행하지 아니한 때에는 계약을 해제할 수 있다. 그러나 채무자가 미리 이행하지 아니할 의사를 표시한 경우(예를 들어, 임차인이 계약하고 잔금 시기에 잔금을 치르지 못해 계약금을 포기한다는 의사표시를 하는 경우)에는 최고를 요하지 않는다.

　흔히 임대차계약을 하고 잔금을 못 치르면 임대인이 이행 지체(잔금을 지급하지 않은)를 이유로 계약을 해제하고 계약금을 취할 수 있다고 생각하는데, 이는 잘못된 생각이다. 이행 지체로 인한 계약 해제의 요건이 되려면, 몇 가지 요건을 충족해야 한다. 먼저, 채무자의 귀책 사유에 의한 이행 지체가 발생해야 하고(즉, 잔금을 납부하지 않는 등), 상대방은 상당한 기간을 정해 최고해야 하며(적어도 2주 이상의 기간을 정해 언제까지 납부하라는 내용을 마지막으로 알리는 것), 이 최고 기간 내 이행을 하지 않으면(정해진 기간 내에 잔금을 납부하지 않으면) 해제한다는 의사표시가 있어야(계약을 해제한다는 통보) 이행 지체를 이유로 해제할 수 있다. 우리가 일반적으로 사용하는 대부분의 부동산 계약서에는 다음과 같은 내용이 규정되어 있다.

> 제 7조 (**채무불이행과 손해배상**) 임대인 또는 임차인이 본 계약상의 내용에 대하여 불이행이 있을 경우 그 상대방은 불이행한 자에 대하여 서면으로 최고하고 계약을 해제 할 수 있다. 그리고 계약 당사자는 계약해제에 따른 손해배상을 각각 상대방에 대하여 청구할 수 있으며, 손해배상에 대하여 별도의 약정이 없는 한 계약금을 손해배상의 기준으로 본다.

계약서의 채무불이행 관련 약정 (출처 : 한국공인중개사협회의 임대차계약서 일부)

앞서 3장의 '계약서 작성과 특약'에서 살펴보았듯이 위의 계약서에는 최고를 할 때 말로만 할 것이 아닌 서면으로도 하라고 규정하고 있는 것을 볼 수 있다. 즉, 이 경우 내용증명 등 문서를 통해 언제까지 이행하라는 내용을 알려야 한다. 이행불능으로 인한 계약의 해제는 이행할 수 없는 사유로 계약을 해제하는 경우다. 이때 채무불이행을 이유로 매매계약을 해제하려면, 당해 채무가 매매계약의 목적 달성에 있어 꼭 필요한 조건이고 이를 이행하지 않으면 매매계약의 목적이 달성되지 않아 매도인이 매매계약을 체결하지 않았을 것이라고 여겨질 정도의 주된 채무이어야 한다. 그렇지 않은 부수적 채무를 불이행한 경우에는 매매계약 전부를 해제할 수 없다는 판례가 있다. 예를 들어, 주택을 매매했는데 잔금 시 유리창이 파손되어 있다면 이는 해제 사유에는 해당되지 않고 해당 부분에 대해 손해배상을 청구할 수만 있다.

계약이 해제되면 어떤 효과가 있을까? 첫째, 계약이 해제되면 직접적으로 계약이 소급해 소멸하며, 계약으로 이전된 물권은 전 소유자에게 당연히 복귀하게 된다. 즉, 매매계약으로 소유권이 이전되었는데 해제가 되면 소유권은 다시 전 소유자에게 넘겨주어야 하는 것이다. 둘째, 원상회복의 의무가 있다. 이는 부당이득 반환과는 구별된다. 부당이득 반환은 현존이득의 반환이 원칙이지만, 원상회복은 그 이득의 현존 여부와 상대방이 알았는지, 몰랐는지의 여부를 불문하고 받은 급부 전부를 반환해야 한다. 셋째, 이로 인한 손해배상을 청구할 수 있다. 다만 일반적으로 부동산 매매계약에서는 대부분 계약금을 손해배상액으로 미리 정해 별도의 손해배상은 없도록 하는 약정을 하고 있다.

계약금을 수수한 경우에는 약정 해제권을 보유한 것으로 추정된다. 이를 해약금에 의한 해제라고 하는데, 매매의 당사자 일방이 계약 당시에 금전 기타 물건을 계약금, 보증금 등의 명목으로 상대방에게 교부한 때 당사자 간에 다른 약정이 없는 한 당사자의 일방이 이행에 착수하기 전까지 교부자는 이를 포기하고 수령자는 그 배액을 상환해 매매계약을 해제할 수 있다. 또한, 매도인이 이행에 착수한 바가 없더라도 매수인이 중도금을 지급한 이상 매도인뿐만 아니라 매수인도 계약을 해제할 수 없다.

예를 들어, 신축 상가를 분양받아 계약금을 납부하고 중도금 무이자 대출을 실행한 경우 수분양자(분양 받은 사람)는 계약금만 포기하고 분양계약을 해지하려고 해도 이미 중도금이 지급되었으므로 이행에 착수한 것으로 보아 수분양자 마음대로 계약을 해지할 수는 없다.

계약금 교부자는 이를 포기하고 계약을 해제할 수 있으나, 그 수령자는 해제 의사표시와 함께 그 배액을 제공해야만 해제효과가 나타난다. 따라서 매도인이 계약금의 배액 제공 없이 계약의 해제표시만을 한 경우에는 해제효과가 나타나지 않는다. 이러한 해약금에 의한 해제는 당사자의 일방이 중도금이나 잔금 지급 등 이행에 착수하기 전에 하는 것이므로 따로 원상회복의 문제는 발생하지 않는다. 또한 이 해제는 해약금 계약에 의한 것이고, 상대방의 채무불이행을 원인으로 하는 것이 아니므로 해제 이후 손해배상의 문제는 발생하지 않는다.

계약금과 중도금은 얼마가 적당한가?

일반적인 계약에서 계약금은 통상 10% 너외로 당사자 간에 합의한다. 부동산 계약에서도 마찬가지다. 약속을 지키지 않는 경우, 계약금을 위약금으로 하는 계약이어서 10% 정도가 적당하다고 생각해 거래의 관행이 된 것이다. 임대차의 경우에는 이보다 더 낮은 비율로 계약을 하기도 하는데, 전세의 경우 전세자금 대출을 신청할 때 은행에서는 5% 이상의 계약금이 지급된 영수증을 요구하기도 한다. 통상의 임대차 계약은 중도금 약정이 없고 계약금과 잔금으로만 약정하지만, 매매계약은 대부분 중도금 약정을 한다. 중도금은 계약금을 포함해 전체 거래대금의 50% 정도가 일반적인데, 이때 전세보증금 등 선순위 담보를 뺀 금액으로 계산해야 한다.

예를 들어 매매가가 5억 원이라면 계약금은 5,000만 원(매매가의 10%), 중도금은 2억 원(전체 매매가의 50% 중 이미 지급한 10%를 뺀 40%), 잔금은 2억 5,000만 원이 된다. 다만, 매매가 5억 원의 주택에 전세 또는 근저당권이 2억 원 설정되어 있다면 계약금은 5,000간 원이 되고 중도금은 1억 원(보증금 5억 원-근저당권 2억 원=3억 원, ×1/2=1억 5,000만 원, -계약금 5,000만 원), 잔금은 3억 5,000만 원이 된다.

다만, 이러한 계약금과 중도금은 관행에 의해 그 비율이 정해진 것이므로 얼마든지 당사자의 상황에 따라 합의로 변경할 수 있다. 주의할 점은 계약금은 5% 이상이 되어야 은행에서 대출이 용이하고, 중도금은 선순위 권리를 제하고 계산해야 한다는 점이다. 중도금 지급 시 선순위 권리를 무시하고 통상 수준인 50%로 중도금 약정을 한다면, 상황에 따라 계약금과 중도금 및 선순위 금액의 합계가 해당 부동산 가격을 초과해 위험할 수도 있다는 점을 명심해야 한다.

사적자치의 원칙

민법상 사적 자치의 원칙(私的 自治의 原則)은 개인이 자신의 사적인 법률관계에 대해 스스로의 자유로운 의사에 따라 자기 결정하고, 그에 따라 법률적인 효과를 발생시키거나 변경, 소멸시킬 수 있다는 근대 사법(私法)의 기본 원칙이다. 쉽게 말해, 국가의 간섭 없이 개인이 자기 일은 스스로 알아서 결정하고 책임진다는 원칙인데, 대표적으로 다음과 같은 내용을 포함한다.

① **계약 체결의 자유** : 계약을 맺을지 말지를 스스로 결정할 자유
② **상대방 선택의 자유** : 계약을 맺는다면 누구와 맺을지를 스스로 결정할 자유
③ **계약 내용 결정의 자유** : 계약의 내용을 어떻게 정할지를 스스로 결정할 자유
④ **계약 방식의 자유** : 계약을 어떤 방식으로 할지(구두, 서면 등) 스스로 결정할 자유(법률 규정으로 특별한 방식을 요구하는 경우는 제외)

예를 들어, A가 자신의 집을 B에게 팔고 싶을 때, A는 집을 팔지 말지, B에게 팔지 다른 사람에게 팔지, 얼마에 팔지, 대금은 언제 어떻게 받을지 등 계약의 체결 여부, 상대방, 내용을 A와 B의 자유로운 합의에 따라 결정할 수 있다. 계약서 작성 방식도 당사자 합의에 따른다(다만, 나중에 분쟁 발생 시 증거 확보를 위해 서면으로 하는 것이 일반적이다).

사적 자치의 원칙은 무제한적인 것은 아니며, 다른 중요한 사회적 가

치나 약자 보호를 위해 법률에 의해 제한될 수 있다. 예를 들어, 법률 중에는 당사자의 합의와 관계없이 반드시 지켜야 하는 규정(강행규정)이 있는데 이를 위반하는 내용은 무효가 된다. 또, 아무리 당사자가 자유롭게 합의했더라도, 그 내용이 사회의 기본적인 도덕 관념이나 공공 질서에 반하는 경우 해당 법률 행위는 무효가 된다.

제5장
주택임대차보호법

우리는 대부분 주택임대차보호법(이하 '주택임대차법')에 대해 한 번도 체계적으로 학습한 경험이 없지만, 살아가면서 다양한 경험을 통해 간접적으로 익혀가고 있다. 임대차 관련 상담을 하다 보면 여러 가지 부분에서 '사전에 알았더라면 피해가 훨씬 덜했을 텐데…' 하는 아쉬움이 있다. 이 장에서는 주택임대차법의 핵심적인 사항에 대해 구체적으로 살펴본다.

주택임대차법의 성격과 적용

우리 민법에서는 임대차에 관해 제618조부터 제654조에 규정하고 있다. 이러한 민법의 규정에도 불구하고 주택임대차법은 주거용 건물의 임대차에 관해 국민의 주거생활 안정 보장을 목적으로 임대인보다 상대적 약자인 임차인을 보호하기 위해 특별법으로 만들어졌다. 특별법은 일반법에 대비되는 의미로, 일반법에 우선해서 적용된다. 민법에도 규정이 있고 주택임대차법에도 규정이 있다면 주거용 건물로 임대차한 경우 주택임대차법의 규정이 적용되는 것이다.

주택임대차법의 규정에 위반된 약정으로 임차인에게 불리한 것은 그 효력이 없다. 이는 주택임대차법이 강행법규임을 강력히 밝히는 규정이다. 이에 따라 임대인과 임차인 양 당사자의 합의로 약정한 규정이라도, 주택임대차의 규정을 위반해 임차인에게 불리하면 해당 조항은 무효가 되는 것이다. 흔히, 계약서 특약에 '매매 또는 재건축 시 조건 없이 명도하기로 한다'라는 내용을 기입하기도 하는데, 강행규정 위반으로 무효가 되는 대표적인 사례다. 다만, 이렇게 강행규정을 위반해 무효가 되는 조건은 '임차인에게 불리한 약정'이면 되는 것이 아니라, '주택임대차법의 규정을 위반'하고 더불어 '임차인에게 불리한 약정'이어야 한다.

주택임대차법은 주거용 건물의 임대차에 대해 적용된다. 주거용 건물의 의미는 건축물대장상 그 용도가 주거용인 건물만을 의미하는 것은 아니다. 실제 건물의 객관적인 용도가 주거(음식을 만들어 먹고, 잠을 자고, 살림을 할 수 있는)를 목적으로 해서 쉽게 해체나 이동이 불가능한 튼튼한 건물을 의미한다. 따라서, 건축물대장상 용도가 근린생활시설로 되어있다 하더라도 그 내부를 주거용으로 변경한 건물을 주거 목적으로 임차한 경우라면 주택임대차법의 적용을 받을 수 있다.

아파트의 방 한 칸을 임대한 경우라도 주거용 건물의 일부에 해당해 주택임대차법이 적용된다. 주택 일부를 주거 이외의 목적으로 사용하는 경우에도 적용이 되는데, 예를 들어 주택 전체를 빌려 방 한 칸을 가내 수공업의 공장 용도로 사용하는 경우가 이에 해당한다. 다만, 임차주택 일부가 아닌 대부분을 주거 이외의 목적으로 사용하는 경우, 주택임대차법의 적용에 대한 논란이 있다. 면적의 좋반이 넘게 주거 이외의 목적으로 사용한다면 적용되지 않는다는 의견과 사실상의 주거 목적으로 사용하고 있다면 임차인의 유일한 주거용 주택이라 주택임대차법을 적용해야 한다는 의견도 있다. 최근에는 면적만을 기준으로 보는 것보다, 임대차 목적과 임차인의 구체적 상황들을 고려해 주된 용도를 결정하는 추세다.

또한, 사용승인을 받기 전이거나 등기되지 않은 미등기·무허가 건축물이라 하더라도 주택임대차법의 적용을 받는다. 대법원 2009. 6. 18. 2008두1099 판결에 따르면 원래의 목적은 주거용이 아니지만, 실제 용도를 주거용으로 사용해 위반건축물로 등재되었더라도 주택임대차법이 적용되고, 심지어 비닐하우스 거주자가 거주 목적으로 30일 이상 살았다면 가건물이어도 전입신고를 받아들여야 하며, 해당 임차인은 주택임대차법의 적용을 받을 수 있다.

주택임대차법 제정의 목적이 '국민의 주거생활의 안정'을 보장함에 있으므로 자연인(출생에서 사망까지 권리나 의무의 주체로서 그 능력과 권리를 인정받고 있는 개인을 의미하는데, 법인과 대비되는 개념으로 사용)은 당연히 적용 대상이다. 또한, 주택임대차법은 임대인이 자연인인지 법인인지 상관없이 임차인 기준으로 적용 여부를 결정하게 된다. 임차인이 중소기업에 해당하는 법인이고 직원이 사용하는 경우와 한국토지주택공사, 지방공사인 경우도 자연인은 아니지만 법 적용 대상이 된다. 또한, 외국인이나 외국 국적 동포가 출입국관리법에 따른 외국인 등록, 체류지 변경 신고 또는 국내 거소 신고나 거소 이전 신고를 하면 주택임대차법의 적용을 받는다. 얼마 전, 중소기업인 법인의 대표가 월세 1,400여만 원으로 임대차 계약한 주택은 법인의 직원이 아니라 대표라는 이유로 주택임대차법이 적용되지 않는다는 판례도 있었다.

대항력과 우선변제권

임대차는 당사자 일방이 상대방에게 목적물을 사용·수익하게 할 것을 약정하고 상대방이 이에 대해 차임을 지급할 것을 약정함으로써 그 효력이 생기도록 민법에서 규정하고 있다. 하지만 임대인이 다른 사람에게 해당 부동산을 매매한 경우 매수인은 임차인과의 계약관계가 없기에 임차인에게 나가라고 할 수 있다. 이것이 부동산 임대차에 관한 유명한 법언(法言)으로 '매매는 임대차를 깨뜨린다'라는 내용이다. 그렇다면 '우리 집 주인이 집을 매매하면 내 보증금을 보장받지 못한다고?' 하는 의문이 든다. 일반 임대차에서는 이 법리가 적용된다. 다만, 이러한 문제로 인해 주택과 상가 임차인이 많은 피해를 입게 되어 사회적 문제가 발생함에 따라 예외적으로 주택임대차법과 상가임대차법에서는 임차인에게 대항력을 부여한다. 즉, 주택과 상가의 임차인은 바뀐 주인에게도 대항할 수 있는 것이다. 이를 '대항력'이라 하고, 대항력의 의미는 유효하게 성립한 권리관계를 제삼자가 부인하는 경우에 그 부인을 물리칠 수 있는 법률상의 권능을 말한다.

이러한 대항력을 갖는 대항요건은 정당한 임대차계약 및 주택의 인도와 주민등록(전입신고)이고, 대항요건을 갖춘 다음 날 0시부터 제삼자에게 대항력이 발생한다. 임차한 주택의 소유자가 계약 기간 중에 변경되는 경우는 여러 가지가 있을 수 있는데, 가장 대표적인 예가 매매다. 임차한 주택이 매매되더라도 이미 지급된 보증금은 새로운 소유자에게 그대로 인수된 것으로 보고, 임차인은 계속해서 해당 주택을 점유해 사용할 수 있고, 계약이 종료되면 새로운 주인에게 보증금을 반환 청구할 수 있다. 이는 임차주택의 양수인은 임대인의 지위를 승계한 것으로 보는 주택임대차법 제3조 제4항의 규정에 기인한다. 이와 같은 사항은 매매뿐만 아니라 상속받은 상속인과 증여받은 수증인과의 임대차 관계에서도 동일하게 적용된다.

경매 절차에서 대항력 없는 임차인의 임차권은 매각과 동시에 소멸된다. 따라서, 존속 기간이 남아 있는지의 여부와 관계없이 해당 주택을 인도해주어야 한다. 다만, 대항력 있는 임차인은 '대항력'의 의미 그대로 소유자 변동과 관계없이 존속 기간이 보장된다. 경매는 임차인이 매수인에게 대항력을 갖추기 위한 조건이 일반 매매와 다르다. 앞에서 설명한 주택의 인도와 주민등록 외에 한 가지 조건이 더 필요하다. 대항력을 갖춘 날짜가 담보물권 등의 설정일보다 앞선 순위여야 된다는 점이다. 이는 전입신고일 이전에 등기상 선순위 권리(근저당권, 가압류 등)가 없어야 한다는 의미다. 말소기준등기보다 선순위의 임차인이 경매에서는 대항력을 가지며, 말소기준등기(말소기준등기에 관한 사항은 7장의 '부동산 경매'에서 자세히 설명한다)보다 후순위의 임차인은 배당 절차에 의해 배당받게 되고, 전체 보증금을 돌려받지 못하더라도 임차권이 말소되어 해당 주택을 비워주어야 한다.

다만, 대항력 있는 임차인이라 하더라도 배당요구(해당 경매 절차에서 경매 사건의 이해관계자 중 채권자가 낙찰대금에서 본인의 몫을 변제받기 위해 본인의 권리를 신고

하고 배당을 요구하는 행위)를 하면, 임대차가 종료되는데 배당요구 자체를 임대차계약의 해지 의사표시로 보기 때문이다. 대항력 있는 임차인은 다음의 2가지 중 하나를 선택할 수 있다. 먼저, 배당요구를 하게 되면 임차보증금을 전액 배당받거나, 매수인으로부터 보증금을 전액 받으면 부동산을 경매받은 매수인에게 인도해야 한다. 그리고 말소기준권리보다 선순위의 임차인이 배당요구 하지 않는 경우, 임차인은 경매 매각과는 관계없이 원래의 존속 기간까지 거주할 수 있고, 존속 기간이 끝나면 매수인에게 보증금을 반환받음과 동시에 부동산을 인도하면 된다.

대항요건(인도와 주민등록)과 임대차계약서에 확정일자를 부여받은 임차인은 경매나 공매 절차에서 후순위 권리자와 기타 채권자에 우선해 보증금을 변제받을 권리가 있다. 간혹 우선변제권이 있으면 무조건 다른 권리자보다 우선해서 배당받기 때문에 보증금을 보호받는다고 오해하는 경우도 있다. 앞서 살펴본 대로 우선변제는 '후순위권리자보다 우선한다'라는 것이지, '모든 권리자보다 우선한다'라는 뜻이 아니다. 즉, 물권이 발생한 날짜 순서대로 배당받게 되는 것이다. 확정일자는 주택 소재지의 읍·면사무소, 동 주민센터 또는 시·군·구의 출장소, 지방법원 및 그 지원과 등기소 또는 공증인법에 따른 공증인에게서 부여받을 수 있다.

우선변제권과 구분되는 권리로 최우선변제권이 있다. 법 규정에는 '소액임차인의 우선변제'라는 용어로 표시되는데, 편의상 우선변제권보다 앞서 변제를 받는다고 해서 최우선변제로 많이 사용된다. 최우선변제권이란, 보증금 중 일정액이 법에서 정한 규모 이하의 소액 보증금이면 다른 담보물권자보다 우선해서 보증금 중 일정액을 변제받을 수 있는 권리를 말한다. 이러한 최우선변제를 받기 위해서는 먼저 주택임차인이 경매개시결정 등기가 있기 전에 대항요건(인도와 주민등록)을 갖추어야 하고, 배당요구 종기(배당요구의 절차의 마감 기일)까지 배당요구를 해야 한다. 그리고 배당요구 종기까지 대항력을 유지해야 하며, 마지막으로 보증금이 일정 금액 이하의 소액임차인이어야 한다. 소액임차인에 해당하는 보증금의 규모 여부는 주택임대차법 시행령 제10조에서 그 범위를 확인할 수 있다. 이 책에서 소액임차인의 범위 안내 전체를 소개하지 않는 이유는 경제가 발전하고 사회적 환경이 변화함에 따라 보증금의 범위와 보증금 중 일정액(최우선변제금)이 변경되기 때문이다. 그렇기에 직접 해당 시기별 적용 금액을 찾아보는 것을 권한다. 다음 그림처럼 인터넷등기소에서 쉽게 확인할 수 있다.

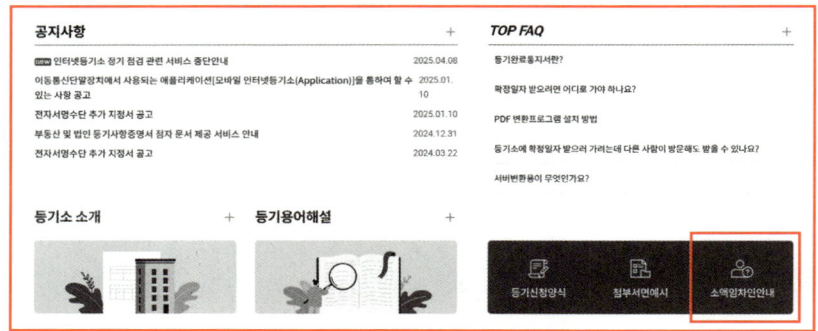

소액임차인의 범위 등 확인 (출처 : 인터넷등기소)

최우선변제금의 기준시점은 유효한 담보물권(저당권, 근저당권, 가등기담보권 등) 설정 일자 기준이 되는데, 최우선변제의 적용 대상 여부에 따라 다른 권리자에게도 미치는 영향이 있으므로 구체적으로 살펴볼 필요가 있다.

기준시점	지역	보증금 범위 (이하 적용)	소액임차인의 우선변제 범위
2018. 9. 18. ~ 2021. 5. 10.	서울특별시	1억 1,000만 원 이하	3,700만 원
	수도권정비계획법에 따른 과밀억제권역(서울특별시 제외), 용인시, 세종특별자치시, 화성시	1억 원 이하	3,400만 원
	광역시(수도권정비계획법에 따른 과밀억제권역에 포함된 지역과 군지역 제외), 안산시, 김포시, 광주시 및 파주시	6,000만 원 이하	2,000만 원
	그 밖의 지역	5,000만 원 이하	1,700만 원
2021. 5. 11. ~ 2023. 2. 20	서울특별시	1억 5,000만 원 이하	5,000만 원
	수도권정비계획법에 따른 과밀억제권역(서울특별시 제외), 세종특별자치시, 용인시, 화성시 및 김포시	1억 3,000만 원 이하	4,300만 원
	광역시(수도권정비계획법에 따른 과밀억제권역에 포함된 지역과 군지역 제외), 안산시, 광주시, 파주시, 이천시 및 평택시	7,000만 원 이하	2,300만 원
	그 밖의 지역	6,000만 원 이하	2,000만 원
2023. 2. 21. ~	서울특별시	1억 6,500만 원 이하	5,500만 원
	수도권정비계획법에 따른 과밀억제권역(서울특별시 제외), 세종특별자치시, 용인시, 화성시 및 김포시	1억 4,500만 원 이하	4,800만 원
	광역시(수도권정비계획법에 따른 과밀억제권역에 포함된 지역과 군지역 제외), 안산시, 광주시, 파주시, 이천시 및 평택시	8,500만 원 이하	2,800만 원
	그 밖의 지역	7,500만 원 이하	2,500만 원

주택의 소액임차인 범위 확인 (출처 : 주택임대차법 시행령 일부 정리)

인터넷등기소에서 확인할 수 있는 소액임차인의 범위를 기준으로 A, B, C의 3가지 경우를 가상해서 예를 들어 살펴보면, 다음과 같다.

임차인	지역	보증금	담보물권 설정일	대항력 발생일	최우선변제금
Ⓐ	서울시	5,000만 원	2020. 1. 5.	2022. 5. 5.	3,700만 원
Ⓑ	서울시	1억 4,000만 원	2020. 1. 5.	2022. 5. 5.	해당 없음
Ⓒ	서울시	1억 4,000만 원	2022. 1. 5.	2022. 5. 5.	5,000만 원

Ⓐ 담보물권 설정일 당시 최우선변제에 해당되는 보증금은 1억 1,000만 원 이하이고 이때의 최우선변제금은 3,700만 원이기 때문에 해당 임차인은 3,700만 원만 최우선변제받게 된다.

Ⓑ 담보물권 설정일 당시 최우선변제에 해당되는 보증금은 1억 1,000만 원 이하여야 하나 해당 임차인은 보증금 1억 4,000만 원이기 때문에 최우선변제 적용을 받지 못한다.

Ⓒ 담보물권 설정일 당시 최우선변제에 해당되는 보증금은 1억 5,000만 원 이하이고, 이때의 최우선변제금은 5,000만 원이기 때문에 해당 임차인은 5,000만 원만 최우선변제받게 된다.

이러한 최우선변제는 선순위 권리자의 보호를 위해 해당 주택가격의 2분의 1에 해당하는 금액까지만 인정이 된다. 하나의 주택에 최우선변제에 해당하는 임차인이 2명 이상이고 이들의 최우선변제금 총합이 주택 가액의 2분의 1을 초과하는 경우에는, 주택 가액의 2분의 1에 해당하는 금액을 전체 최우선변제액과 각 임차인의 최우선변제금의 비율로 나누어 배당받게 된다.

임대차 기간

일반적으로 주택임대차는 2년의 기간을 정해 계약이 이루어진다. 만약 기간을 정하지 않고 계약을 체결했거나, 기간을 2년 미만으로 정했어도 그 기간을 2년으로 본다. 임대차 기간이 끝난 경우라 하더라도 임차인이 보증금을 전액 반환받을 때까지 임대차는 존속되는 것으로 본다. 물론, 앞에서 살펴보았듯이 계약 기간을 1년으로 정한 경우 임차인은 1년과 2년 중 유리한 기간을 주장할 수도 있다.

임대인이 계약이 끝나기 6개월 전부터 2개월 전까지의 기간에 임차인에게 갱신 거절의 통지를 하지 않거나 계약 조건의 변경, 갱신하지 않겠다는 뜻의 통지를 하지 않으면 그 기간이 끝난 때에 전 임대차와 동일한 조건으로 다시 임대차한 것으로 본다. 이를 '묵시의 갱신'이라고 한다. 또한, 임차인이 임대차 기간이 끝나기 2개월 전까지 통지하지 않은 경우에도 같다. 간혹 갱신하기로 합의했는데, 계약서를 작성하지 않았으므로 묵시의 갱신이라 주장하는 경우를 보게 되는데, 이는 묵시의 갱신에 해당되지 않는다. 묵시의 갱신은 계약서 작성 여부가 아니라 계약의 종료와 관련해 어떠한 의사표시가 없는 경우에 해당한다. 다만 주택임대차법 제6조 제3항에 따라 임차인이 2기의 차임액에 달하도록 연체하거나, 그 밖에 임차인의 의무를 현저히 위반한 임차인에 대해서는 묵시의 갱신이 적용되지 않는다.

임차인은 계약이 종료되기 6개월 전부터 2개월 전까지의 기간 동안 1회의 계약 갱신 요구권을 주장할 수 있다. 이때 임대인은 정당한 사유 없이 갱신 요구를 거절하지 못한다. 갱신되는 임대차의 존속 기간은 2년이 되고, 전 임대차와 동일한 조건으로 갱신되며, 차임과 보증금의 증감 청구는 각각 가능하다.

임대인이 정당하게 임차인의 갱신 요구를 거절할 수 있는 사유는 다음과 같다.

주택임대인의 갱신 요구 거절 가능 사유(주택임대차법 제6조의3 제1항)
1. 임차인이 2기의 차임액에 해당하는 금액에 이르도록 차임을 연체한 사실이 있는 경우
2. 임차인이 거짓이나 그 밖의 부정한 방법으로 임차한 경우
3. 서로 합의해 임대인이 임차인에게 상당한 보상을 제공한 경우
4. 임차인이 임대인의 동의 없이 목적 주택의 전부 또는 일부를 전대한 경우
5. 임차인이 임차한 주택의 전부 또는 일부를 고의나 중대한 과실로 파손한 경우
6. 임차한 주택의 전부 또는 일부가 멸실되어 임대차의 목적을 달성하지 못할 경우
7. 목적 주택의 전부 또는 대부분을 철거하거나 재건축하기 위해 목적 주택의 점유를 회복할 필요가 있는 경우
8. 임대인(임대인의 직계존속·직계비속을 포함)이 목적 주택에 실제 거주하려는 경우
9. 그 밖에 임차인이 임차인으로서의 의무를 현저히 위반하거나 임대차를 계속하기 어려운 중대한 사유가 있는 경우

'임차인이 2기의 차임액에 해당하는 금액에 이르도록 차임을 연체한 사실이 있는 경우'는 현재 2기의 차임액을 연체하고 있는 경우와 현재는 연체 금액이 없더라도 과거 2기의 차임액에 달하는 금액을 연체한 '사실'이 있는 경우 모두 해당한다. 또한, 재건축 등으로 인한 목적 주택의 점유를 회복할 필요가 있는 경우는 다음에 해당할 때만 임차인의 갱신 요구를 거절할 수 있다.

첫째, 임대차계약 체결 당시 공사 시기 및 소요 기간 등을 포함한 철거 또는 재건축 계획을 임차인에게 구체적으로 고지하고 그 계획에 따르는 경우다. '주택이 매매되거나 재건축 시 조건 없이 명도하기로 한다' 등의 특약을 하는 경우 이 조항에 해당되지 않는다. 이 부분을 적용해 갱신을 거절하려면 계약 체결 시 구체적인 재건축 일정 등을 고지해야 하는 것이다. 예를 들어, 계약 체결 시 특약에 '해당 주택은 2027년 5월 재건축 예정이므로 이 이후에는 갱신 요구가 불가능하다'라는 등으로 구체적으로 고지해야 한다. 두 번째는 해당 건물이 노후·훼손 또는 일부 멸실되는 등 안전사고의 우려가 있는 경우, 갱신 거절이 가능하다. 여기에서 안전사고의 우려는 임대인의 주관적인 판단이 아닌 객관적인 판단이 있어야 한다. 예를 들어, 건축물 안전진단을 실시해 붕괴위험 등급에 해당하는 'E 등급' 판정을 받은 경우가 이에 해당할 수 있다. 마지막으로, 다른 법령에 따라 철거 또는 재건축이 이루어지는 경우다. 이는 해당 주택뿐만 아니라 일대가 재건축 도는 재개발되는 경우로 볼 수 있다. 예를 들어, 도시 및 주거환경정비법 등에 따라 재건축이 이루어지는 경우 임차인에게 이주계획과 보상이 이루어지므로 갱신 요구를 거절하고 재개발·재건축사업을 진행할 수 있는 것이다.

계약 갱신 요구권을 행사해 갱신한 임차인은 묵시의 갱신과 동일하게 계약 해지를 주장할 수 있다. 주택임대차법 제6조의3 제4항에서는 임차인은 2년의 갱신 기간 중 언제든지 해지 통고를 할 수 있고, 임대인이 임차인의 해지 통고를 받고 3월이 지나면 계약은 해지된다고 규정하고 있다. 임차인 본인이 2년 더 거주하겠다고 갱신 요구를 해놓고 나중에 임차인 마음대로 해지 통고를 할 수 있다는 부분에서 의아하게 생각할 수도 있으나, 이는 상가건물임대차보호법과는 달리 주택임대차의 임차인을 적극적으로 보호하는 취지로 볼 수 있다. 간혹, 갱신 요구 당시와 2년 전 임대차계약 체결할 때의 임대료 차이가 커서 임대인이 임차인의 갱신 요구를 거절하고 신규 임차인을 구해 시세대로 임대료를 올려 받는 경우가 있다. 임차인에게 정당한 사유 없이 임대인이 임차인의 갱신 요구를 거절하고 제삼자에게 해당 주택을 임대한 경우, 임대인에게는 손해배상의 책임을 물을 수 있다. 손해배상액의 결정은 다음의 3가지 사항 중 큰 금액을 기준으로 한다.

① 갱신거절 당시 월차임(차임 외에 보증금이 있는 경우에는 월차임 전환율에 따라 전환해 환산한 '환산 월차임')의 3개월분에 해당하는 금액
② 임대인이 제삼자에게 임대해서 얻은 환산 월차임과 갱신 거절 당시 환산 월차임 간 차액의 2년분에 해당하는 금액
③ 임대인의 갱신 거절로 현재 임차인이 입은 손해액

예를 들어, 월세 50만 원인 임차인의 갱신 요구를 거절하고 월세 70만 원으로 새로운 임차인과 계약했다면, ① 갱신 거절 당시 월차임의 3개월분은 150만 원, ② 환산 월차임 간 차액의 2년분은 240만 원, ③ 이사비용과 중개보수 등 임차인이 입은 손해액이 200만 원이라고 하면 이 중 가장 큰 240만 원을 손해배상 해야 한다. 다만 이러한 손해배상 규정은 '임차인의 갱신 요구를 거절해 제삼자에게 임대한 경우'에 한정된 규정이다. 따라서 임차인의 갱신 요구를 정당한 사유 없이 거절하고 매매한 경우는 위 규정이 아닌, 민법 제750조의 불법행위에 의한 손해배상 규정을 적용할 수 있고, 이 역시 비슷한 금액으로 결정될 가능성이 크다. 또한, 월세가 아닌 전세계약의 경우 다음 절에 나오는 월차임 전환율을 통해 그 금액을 결정할 수 있다.

차임증감청구권과 월차임 전환율

　임대인과 임차인은 약정한 차임에 대해 증액 또는 감액 청구할 권한을 갖는다. 양 당사자의 합의로 증감되는 경우는 관계없지만, 증감 청구를 통해 그 차임을 조절하고자 할 때는 법에 규정된 사유일 경우만 가능하다. 법에 규정된 차임증감청구 사유는 약정한 차임이나 보증금이 임차주택에 관한 조세, 공과금, 그 밖의 부담의 증감이나 경제 사정의 변동으로 인해 적절하지 않게 된 때 장래에 대해 그 증감을 청구할 수 있도록 주택임대차법 제7조 제1항에서 규정하고 있다. 즉, 증액이나 감액 청구를 하는 당사자가 이에 해당됨을 입증해야 한다. 또한, 주택임대차법 제7조 제2항에서 임대인의 증액 청구에 대해서는 제한사항을 두고 있는데, 계약을 체결하거나 증액이 있은 후 1년 이내에는 증액청구를 할 수 없으며, 증액 청구의 한도는 5%가 적용된다. 반대로 감액청구는 언제든지 가능하고 그 인하 폭도 정해진 바가 없다.

　차임증감청구권은 형성권이다. 형성권은 권리자의 일방적 의사표시에 의해 법률관계의 발생, 변경, 소멸 등의 변동을 일으키는 권리를 말한다. 다만, 형성권은 법률에 규정이 있고, 그 규정의 요건이 충족될 때만 인정되는 것이 원칙이다. 따라서 증감청구의 의사표시로 인해 법률관계를 변동시킬 수 있지만, '그 구성의 요건이 충족될 때(조세, 공과금, 그 밖의 부담의 증감이나 경제 사정의 변동으로 인해 적절하지 않다는 사실을 입증) 비로소 인정할 수 있는 것이다.

보증금 일부를 월 차임으로 전환할 때 그 전환되는 비율이 정해져 있는데, 이를 '월차임 전환 시 산정률'이라 한다. 아주 오래전에는 보증금 1,000만 원 당 월 20만 원(연 24%)으로 적용한 적이 있었고, 이후 시장 금리가 낮아지면서 보증금 1,000만 원 당 월 10만 원(연 12%)이 법 규정과 관계없이 시장에서 적용되기도 했고, 몇 년 전 저금리가 지속되던 시기에는 시장에서 연 4% 정도로 형성되기도 했다. 그러나 보증금을 월세로 전환하는 비율은 법률에 규정되어 있다. 이 비율은 전환하고자 하는 금액의 다음 2가지 비율 중 낮은 비율이 적용된다.

① 연 10%
② 기준금리+2%

예를 들어, 현재의 기준금리가 3%라 가정하면 월차임 전환 시 산정률은 ① 10%와 ② 5%(3%+2%) 중 낮은 5%가 적용된다. 보증금 1,000만 원을 월차임으로 전환한다고 하면 1000만 원×0.05=500,000원이 되는데 이는 연간 차임액에 해당된다. 이를 다시 12개월로 나누면 500,000원/12=41,667원으로, 보증금 1,000만 원이 월차임으로 전환되는 금액은 41,667원이다.

보증금의 반환

앞서 임대차 기간에서 살펴본 바와 같이 임대차 기간이 종료되더라도 보증금이 반환되지 않으면 임대차는 존속된 것으로 본다. 계약이 종료되어도 보증금이 반환되지 않으면 임차인은 법원에 보증금의 반환을 청구할 수 있다. 이때는 보증금의 규모와 상관없이 소액사건심판법을 준용해 빠르고 간편한 절차로 소송을 진행할 수 있다. 하지만 아무리 빠르고 간편한 절차라 해도 소송이기 때문에 어려움이 따른다.

임대인이 종료일에 보증금을 반환해주지 않으면 임차인은 단독으로 법원에 임차권등기명령을 신청할 수 있다. 임차권등기명령에 의한 등기가 되면 등기사항증명서에서 임차권등기를 확인할 수 있다. 향후 임대 보증금이 반환되고 임차권등기가 말소되었다 하더라도 이는 한번 등기된 사항이므로 등기에서 완전히 삭제되지 않고, 실선으로 그 효력이 말소되었다는 흔적을 남긴다. 즉, 향후 다른 임차인이 해당 주택을 임대차하려고 등기사항증명서를 확인하다 보면 '이 집 주인은 보증금을 늦게 돌려준 적이 있습니다'라는 의미로 해석될 수 있다.

순위번호	등기목적	접수	등기원인	권리자 및 기타사항
	【 을 구 】	(소유권 이외의 권리에 관한 사항)		
1	주택임차권	2022년2월10일 제32403호	2022년1월12일 서울남부지방법 원의 임차권등기명령 (2022카임10005)	임차보증금 금226,000,000원 차 임 없음 범 위 건물 전부 임대차계약일자 2019. 1. 15. 및 2019. 2. 28. 주민등록일자 2019년2월27일 점유개시일자 2019년2월28일 확정일자 2019. 1. 17. 및 2019. 3. 12. 임차권자 　　　서울특별시 금천구

임차권등기명령의 예 (출처 : 인터넷등기소)

　이를 확인한 예비 임차인은 본인도 나중에 보증금을 돌려받지 못할 가능성이 있기에 다른 주택을 선택하는 것이 더 나은 방법이다. 앞서 2장 '부동산 등기의 이해'에서도 예를 들어 살펴본 바 있다.

주택임대차 관련 잦은 문의사항

법 규정 외에 주택임대차와 관련해서 잦은 문의사항을 살펴보면 다음과 같다.

계약이 끝나고 계속 거주하려면 계약서를 다시 써야 하나?

계약이 갱신 또는 재계약되면 계약서를 다시 작성해야 할 필요는 없다. 설사 임대인이 변경된다고 하더라도 현재의 임대차계약이 승계되기 때문이다. 다만, 계약의 내용 중 변경사항이 있으면 다시 작성해야 한다. 예를 들면, 임대료가 변한다든지 또는 새로운 조건의 계약 내용이 추가된다고 하는 등의 변경이 있으면 이를 새로운 계약서에 작성하거나 기존 계약서에 추가로 기입해 양 당사자의 서명 날인을 하면 된다. 이처럼 계약서를 새로 작성하는 이유는 훗날 이에 대한 다툼이 있을 시 계약 내용을 명확히 입증할 필요가 있기 때문이다. 또한, 보증금의 증액이 있는 경우, 이전 확정일자를 받은 계약서와 증액되는 계약서에 확정일자를 받아 두 계약서 모두를 보관해야 한다. 이전 계약서의 확정일자 기준으로 이전 보증금의 우선순위가 정해지고, 증액되는 보증금은 추가로 확정일자를 부여받은 날이 기준이 되기 때문이다.

단순히 보증금 금액만 증액하는 경우 이전 계약서에 증액한다는 내용의 기재와 양 당사자의 서명 날인을 해 확정일자를 받아도 무방하다.

계약의 갱신 요구 시, 임대인의 5% 증액 요구를 무조건 따라야 하나?

임차인이 임대차계약 종료 시기 2개월 이상 남은 시점에서 임대인에게 해당 주택의 임대차계약에 대해 갱신을 요구하면, 특별한 사유가 없는 한 임대인은 임차인의 갱신 요구를 수용해야 한다. 그러면서 동시에 임대료의 5% 인상을 요구하기도 한다. 원래 1년에 한 번 올릴 수 있는데 2년에 한 번 5%만 올리는 것이니 이를 수용하라고 친절하게 안내까지 해주는 경우도 있다. 또, 5%를 인상하기 싫으면 갱신을 거절할 테니 나가라고 하는 경우도 있다. 하지만 임차인이 갱신 요구를 할 때 임대인의 차임 인상 요구를 반드시 받아들여야 하는 것은 아니다.

임차인의 갱신 요구를 임대인이 거절하려면 정당한 사유가 있어야 하고, 앞서 살펴본 주택임대인의 갱신 요구 거절 가능 사유(주택임대차법 제6조의3 제1항) 중 임대료 인상의 거절에 관한 사항은 없다. 따라서, 임대인은 5%의 인상 요구를 임차인이 거절했다는 이유로 임차인의 갱신 요구를 거절할 수 없다. 이러한 법리를 들어 임차인이 임대인의 인상 요구를 거절하면서 갱신 요구를 주장하기도 하지만, 한편으로는 임대인과의 다툼이 싫어 5% 인상 요구를 받아들이고 갱신하는 경우도 있다. 원칙을 알고 나서 임차인이 선택해야 할 문제다.

계약의 갱신과 재계약의 차이

갱신(更新)과 재계약(再契約)은 일반적으로 비슷한 개념으로 혼용되어 사용된다. 대부분 살고 있는 주택의 임대차 기간이 종료되기 전에 계속 거주하려고 할 경우 합의를 통해 결정하게 된다. 따라서, 당사자 사이에 해당 계약이 재계약인지, 갱신계약인지의 여부를 규정할 필요가 없다고 생각할 수 있다. 하지만 갱신계약과 재계약의 경우 향후 그 적용이 매우 달라질 수 있다. 해당 주택의 계약 기간이 종료되어 계속 머무르는 경우를 크게 3가지 형태로 분류해볼 수 있다. 임차인이 갱신 요구를 해 갱신하는 경우, 묵시의 갱신으로 갱신되는 경우, 임대인과 임차인의 합의로 다시 계약하는 경우다.

갱신계약은 기존의 임대차계약을 연장하는 형태로 볼 수 있다. 대부분 계약의 주요 사항은 그대로 적용되고, 간혹 차임 등 일부 내용만의 변경을 합의하기도 한다. 대표적으로 임차인의 갱신 요구권에 의한 갱신계약과 묵시의 갱신이 갱신계약에 해당한다. 갱신되는 계약은 주택임대차법의 적용을 받아 5%가 차임 인상의 한도가 된다.

재계약은 기존의 계약을 종료하고 새롭게 체결되는 계약을 의미한다. 새롭게 체결되는 계약이므로 임대료 인상의 한도도 없고, 계약 조건도 얼마든지 합의로 새롭게 결정할 수 있다. 전세 4억 원에 살다가 주변 시세가 너무 올라 종료 시점에서 6억 원으로 합의해서 계약하는 경우(5% 갱신계약의 인상 한도를 훨씬 초과하는 경우)가 대표적인 재계약 사례라고 볼 수 있다.

우리 주택임대차법에서는 임차인에게 1회의 계약 갱신청구권을 부여하고 있다. 임차인이 갱신 요구를 해서 갱신되면 더 이상 갱신 요구권은 없다. 다만, 묵시의 갱신이 된 경우 임차인은 갱신 요구권을 사용한 적이 없기 때문에 1회의 갱신 요구권이 아직 남아 있다. 또한 임대료를 5%보다 훨씬 높여 재계약이 되는 경우 임차인에게는 새롭게 1회의 갱신 요구권이 부여된다. 이는 새로 작성하는 계약서에 갱신계약 또는 재계약이라고 기재하는 문구와는 관계없이 그 실질적인 내용을 보고 판단해야 한다.

제6장
상가건물임대차보호법

상가건물임대차보호법(이하 '상가임대차법')은 많은 부분이 주택임대차법과 공통된다. 다만, 주거가 목적이 아닌 영업의 목적으로 사용·수익하고자 하는 상가건물 임대차의 특성을 고려해 주택임대차법과 차이를 나타낸다. 우리나라의 자영업자 인구는 560만 명 정도로, 이는 전체 국민 중 경제활동 가능 인구의 5분의 1에 해당한다. 따라서, 이제 주택임대차법과 더불어 상가임대차법은 생활에 밀접한, 꼭 알아야 하는 기본 중의 기본인 법이다. 대부분의 정규 교육 과정에서 상가임대차법에 관한 내용은 교육받지 못했다는 점은 교육 과정 개편에 대한 아쉬움으로 이어진다. 이 장에서는 상가임대차법의 핵심이 되는 주요 사항과 판례를 통한 그 적용 사례를 살펴본다.

상가임대차법의
목적과 적용 범위

　상가임대차법은 영업용 건물의 임대차에 관해 국민의 경제생활 안정을 목적으로 제정한 것으로, 주택임대차법과 마찬가지로 민법에 대한 특별법이다. 따라서, 민법과 상가임대차법에 동일한 사항에 관한 규정이 있다면 상가임대차법의 규정이 적용된다. 또한, 상가임대차법 제15조 강행규정에서도 상가임대차법에 위반된 약정으로 임차인에게 불리한 것은 그 효력이 없다고 규정하고 있다.

　상가임대차법은 상가건물의 임대차에 적용된다. 여기에서 '상가건물'은 '사업자등록의 대상'이 되는 '건물'을 의미한다. 사업자등록의 대상이라는 뜻은 반드시 사업자등록을 해야 한다는 의미가 아니라, 주된 부분을 영업용으로 사용하면 되는 것이고, 그중에서도 건물에 대한 임대차에만 적용된다. 이에 비추어 보면, 영업용 목적으로 사용하는 토지(노상주차장 등), 실질적으로 영업이나 법 규정에는 영업이 아닌 업종(고유번호증을 발급받는 경우로 어린이집, 교회와 같은 종교시설 등), 영업이 아닌 단순 시설(사무실 등 업무공간 없이 단순 생산만 하는 공장이나, 단순 보관만 하는 창고)은 상가임대차법이 적용되지 않는다. 직접적인 판매를 하는 매장이 아닌 업무만을 보는 사무실도 영업행위를 하는 것으로 보아 상가임대차법이 적용된다.

　상가임대차법의 적용은 주택과 달리 일정 금액의 보증금을 초과하는 경우에는 일부가 적용되지 않는다. 상가임대차법이 적용되는 금액은 지역에 따라 달리 정해지는데, 이는 상가임대차법 시행령 제2조에 규정되어 있다. 이때 적용되는 보증 금액은 주택과는 다르게 보증금과 차임을 모두 계산하는 환산보증금이 적용된다.

환산보증금은 [보증금+(월차임 × 100)]으로 정해진다. 예를 들어 보증금이 1억 원이고, 월세가 600만 원이라면 환산보증금은 [1억 원+(600만 원×100)]으로 7억 원이 된다. 따라서, 이 상가의 임대차계약은 서울에서는 상가임대차법 적용을 받고, 부산에서는 적용을 받지 못한다(2025년 5월 기준 서울지역은 9억 원 이하, 수도권 과밀억제권역과 부산은 6억 9,000만 원 이하가 상가임대차법 적용 대상이다).

상가임대차법을 적용받는 환산보증금 범위(2025년 5월 현재)	
서울특별시	9억 원
과밀억제권역 및 부산광역시	6억 9,000만 원
광역시, 세종시, 파주시, 화성시, 안산시, 용인시, 김포시, 광주시	5억 4,000만 원
그 밖의 지역	3억 7,000만 원

시기별 적용 지역과 금액은 인터넷등기소의 소액임차인의 범위 안내 페이지에서 확인할 수 있다. 다만, 환산보증금 초과의 임대차라도 대항력과 계약 갱신 요구권, 권리금 회수 기회 보호, 3기 이상 차임 연체 시에만 임대인이 해지하는 규정에 대해서는 적용받는다.

대항력과 우선변제권

상가임대차법에서 대항력에 관한 사항은 주택임대차법과 동일하게 적용된다. 다만, 임차인의 대항력 요건은 건물의 인도와 사업자등록 신청이라는 점에서 차이가 있다. 대항요건(인도와 사업자등록)을 갖추고 확정일자를 부여받은 임차인은 경·공매 시 후순위 권리자보다 우선해서 보증금을 배당받을 수 있다.

상가임대차의 경우, 확정일자는 주택과는 달리 세무서장만이 부여할 수 있어, 반드시 세무서에서 확정일자를 부여받아야 한다. 다만, 확정일자의 부여는 앞서 살펴본 환산보증금 이내의 임차인에게만 적용된다. 환산보증금을 초과한 임차인은 확정일자가 부여되지 않고, 설사 부여기관의 실수로 확정일자를 부여받는다고 하더라도 경매 절차에서 환산보증금 초과 임차인이기 때문에 우선변제를 주장할 수 없다.

보증금의 일정액에 대해 다른 권리자보다 앞서 배당받을 수 있는 권리를 주택임대차의 경우와 마찬가지로 소액임차인의 우선변제(최우선변제) 제도라 하는데, 최우선변제금의 기준시점도 주택임대차와 동일하게 유효한 담보물권(저당권, 근저당권, 가등기담보권 등) 설정 일자 기준이 된다. 다만, 주택의 경우와는 달리 상가임대차에서는 보증금의 범위가 환산보증금을 기준으로 적용된다는 차이가 있다. 즉, 주택임대차에서는 보증금의 범위에 월세를 포함하지 않고 계산하는데, 상가임대차에서는 월세에 100을 곱해 보증금과 더해 적용하게 되는 것이다.

기간	지역	환산보증금 (이하 적용)	보증금의 범위	최우선변제금
2018. 1. 26. ~ 19. 4. 1.	서울특별시	6억 1,000만 원	6,500만 원	2,200만 원
	수도권 중 과밀억제권역 (서울특별시 제외)	5억 원	5,500만 원	1,900만 원
	부산광역시 (기장군 제외)	5억 원	3,800만 원	1,300만 원
	부산광역시 기장군	5억 원	3,000만 원	1,000만 원
	광역시(과밀억제권역에 포함된 지역과 군 지역 제외), 안산시, 용인시, 김포시, 광주시	3억 9,000만 원	3,800만 원	1,300만 원
	세종시, 파주시, 화성시	3억 9,000만 원	3,000만 원	1,000만 원
	그 밖의 지역	2억 7,000만 원	3,000만 원	1,000만 원
2019. 4. 2. 이후	서울특별시	9억	6,500만 원	2,200만 원
	수도권 중 과밀억제권역 (서울특별시 제외)	6억 9,000만 원	5,500만 원	1,900만 원
	부산광역시 (기장군 제외)	6억 9,000만 원	3,800만 원	1,300만 원
	부산광역시 기장군	6억 9,000만 원	3,000만 원	1,000만 원
	광역시(과밀억제권역에 포함된 지역과 군 지역 제외), 안산시, 용인시, 김포시, 광주시	5억 4,000만 원	3,800만 원	1,300만 원
	세종시, 파주시, 화성시	5억 4,000만 원	3,000만 원	1,000만 원
	그 밖의 지역	3억 7,000만 원	3,000만 원	1,000만 원

상가임대차법과 소액임차인 범위 확인 (출처 : 상가임대차법 시행령 일부 정리)

최우선변제를 받는 상가 임차인의 범위는 상가임대차법 시행령 제6조와 제7조에 그 범위와 금액이 규정되어 있다. 상가임대차에서도 주택의 경우와 마찬가지로, 최우선변제 적용 대상 여부에 따라 다른 권리자에게 미치는 영향이 있다. 실제 적용 사례를 살펴보자.

임차인	지역	임대료	담보물권 설정일	대항력 발생일	최우선변제금
Ⓐ	서울시	1,000만 원-60만 원	2019. 3. 1.	2022. 5. 5.	해당 없음
Ⓑ	서울시	2,000만 원-40만 원	2019. 5. 15.	2022. 5. 5.	1,000만 원
Ⓒ	서울시	3,000만 원-30만 원	2019. 5. 15.	2022. 5. 5.	2,200만 원

Ⓐ 담보물권 설정일 당시 최우선변제에 해당되는 환산보증금의 범위는 6,500만 원 이하이고, 이때의 최우선변제금은 2,200만 원인데, 해당 임차인은 환산보증금이 7,000만 원[(1,000만 원+(60만 원×100)]이기 때문에 최우선변제를 적용받지 못한다.

Ⓑ 최우선변제에 해당되는 환산보증금의 범위는 6,500만 원 이하이고, 이때의 최우선변제금은 2,200만 원인데, 해당 임차인은 환산보증금이 6,000만 원[(2,000만 원+(40만 원×100)]이기 때문에 최우선변제에 해당되어 2,000만 원(최우선변제금 범위인 2,200만 원 이내에서 보증금 전액인 2,000만 원이 적용)을 최우선변제받게 된다.

Ⓒ 최우선변제에 해당되는 환산보증금의 범위는 6,500만 원 이하이고, 이때의 최우선변제금은 2,200만 원인데, 해당 임차인은 환산보증금이 6,000만 원[(3,000만 원+(30만 원×100)]이기 때문에 최우선변제에 해당되고 2,200만 원을 배당받게 된다.

계약 갱신 요구권과
차임증감청구

상가임대차에서 임차인은 주택임대차와는 달리 계약이 종료되기 6개월 전부터 1개월 전까지 계약의 갱신을 요구할 수 있다. 이러한 임차인의 갱신 요구는 임차인 기준 최초 계약일부터 10년 이내의 범위에서 행사할 수 있다. 이때, 임대인은 정당한 사유 없이 임차인의 갱신 요구를 거절할 수 없다. 갱신요구에 의해 갱신되는 임대차의 조건(기간, 임대료, 특약 등)은 전 임대차와 동일하다. 특히, 임차인의 갱신 요구에 의한 갱신이 이루어지면, 임대차 기간은 직전 임대차 기간이 적용된다. 예를 들어, 직전 임대차 기간이 1년짜리였다면 갱신될 계약의 존속 기간은 1년이 되고, 직전 계약이 3년의 기간이었다면 갱신되는 계약의 존속 기간은 3년이 된다. 또한, 주택임대차와는 달리 임차인이 갱신을 요구해 계약이 갱신되면 존속 기간이 종료될 때까지 임차인에게는 해지권이 없다. 갱신 요구에 의해 갱신되더라도 양 당사자는 보증금과 차임에 대해서는 증감 청구를 할 수 있다.

주택임대차의 경우와 마찬가지로 상가임대인도 임차인의 갱신 요구를 거절할 수 있는 정당한 사유가 규정되어 있다.

상가임대인의 갱신 요구 거절 가능 사유
1. 임차인이 3기의 차임액에 해당하는 금액에 이르도록 차임을 연체한 사실이 있는 경우
2. 임차인이 거짓이나 그 밖의 부정한 방법으로 임차한 경우
3. 서로 합의해 임대인이 임차인에게 상당한 보상을 제공한 경우
4. 임차인이 임대인의 동의 없이 목적 건물의 전부 또는 일부를 전대한 경우
5. 임차인이 임차한 건물의 전부 또는 일부를 고의나 중대한 과실로 파손한 경우
6. 임차한 건물의 전부 또는 일부가 멸실되어 임대차의 목적을 달성하지 못할 경우
7. 목적 건물의 전부 또는 대부분을 철거하거나 재건축하기 위해 목적 건물의 점유를 회복할 필요가 있는 경우
8. 그 밖에 임차인이 임차인으로서의 의무를 현저히 위반하거나 임대차를 계속하기 어려운 중대한 사유가 있는 경우

주택임대차의 경우와 달리 상가임대차법에서는 임대인(임대인의 직계존비속 포함)의 직접 사용을 이유로 임차인의 갱신 요구를 거절할 수 없다. 또한, 임차인이 3기 차임을 연체한 사실이 있으면 갱신 요구를 거절할 수 있는데, 이는 현재의 연체뿐만 아니라 과거의 3기 차임 연체 사실이 있으면 이미 신뢰관계가 깨어졌다고 보아 갱신 요구 거절 사유로 본 것이다. 관련해서 다음과 같은 대법원 판례가 있다.

[대법원 2021. 5. 13., 선고, 2020다255429, 판결]
판결 요지 : 임대차 기간 중 어느 때라도 차임이 3기분에 달하도록 연체된 사실이 있다면 임차인과의 계약관계 연장을 받아들여야 할 만큼의 신뢰가 깨어졌으므로 임대인은 계약 갱신 요구를 거절할 수 있고, 반드시 임차인이 계약 갱신 요구권을 행사할 당시에 3기분에 이르는 차임이 연체되어 있어야 하는 것은 아니다.

상가임대차에서도 계약의 양 당사자는 차임 또는 보증금이 임차건물에 관한 조세, 공과금, 그 밖 부담의 증감이나 감염병의 예방 및 관리에 관한 법률 제2조 제2호에 따른 제1급 감염병 등에 의한 경제 사정의 변동으로 인해 알맞지 않게 된 경우에는 당사자는 장래의 차임 또는 보증금에 대해 증감을 청구할 수 있다. 다만, 환산보증금을 초과한 임대차계약의 갱신 시에는 주변 상가건물의 차임 및 보증금도 차임 증감 청구의 사유가 된다. 합의로 인한 증감액의 조정이 아닌 차임 등을 증감 청구할 경우, 주택의 경우와 마찬가지로 청구하는 당사자가 그 근거를 입증해야 한다. 결국, 양 당사자의 합의에 의한 증감이 아니라 차임 증감의 청구를 할 경우에는 관련 자료를 근거로 소송을 진행해야 하기 때문이다. 또한, 증액의 경우 계약을 체결하거나 증액이 있은 후 1년 이내는 증액 청구를 할 수 없으며 그 한도도 5%가 적용된다.

주택의 경우와 마찬가지로 월차임 전환율에 관한 사항이 상가임대차법에도 규정되어 있다. 다만 적용 기준이 주택과는 다르게 다음의 2가지 경우 중 낮은 비율이 적용된다.

① 연 12%
② 기준금리×4.5

예를 들어, 현재의 기준금리가 3%라 가정하면 상가임대차에서 월차임 전환 시 산정률은 ① 12%와 ② 13.5%(3%×4.5) 중 낮은 12%가 적용된다. 보증금 1,000만 원을 월차임으로 전환한다고 하면 1,000만 원×0.12=1,200,000원이 되는데, 이는 연간 차임액에 해당하므로 이를 다시 12개월로 나누면 1,200,000원/12=100,000원이 월차임으로 전환되는 금액이 된다.

권리금

상가임대차관계에서 권리금은 아주 오래전부터 관습적으로 통용되었다. 그러나 명문 규정의 부재로 인해 많은 분쟁이 발생해 사회적 문제가 되었고, 2015년 5월 개정으로 처음 상가임대차법에 권리금 관련된 조항이 신설되었다. 법 개정이후 10년이 지난 시점인 현재도 권리금 관련 분쟁이 많이 발생하고 있다. 이 절에서는 현재의 규정을 위주로 살펴본다. 권리금이란, 임대차 목적물인 상가건물에서 영업하는 자 또는 영업하려는 자가 영업 시설·비품, 거래처, 신용, 영업상의 노하우, 상가건물의 위치에 따른 영업상의 이점 등 유형·무형의 재산적 가치의 양도 또는 이용 대가로서, 임대인, 임차인에게 보증금과 차임 이외에 지급하는 금전 등의 대가를 말한다.

임차인은 계약이 끝나기 6개월 전부터 종료일까지 새로운 임차인을 구해 권리금을 회수할 수 있고, 이때 임대인은 정당한 사유 없이 신규 임차인과의 계약을 거절할 수 없다. 임대인이 임차인의 권리금 회수 기회를 방해했다면 임차인은 임대차계약 종료 후 3년 이내 권리금 방해에 대한 손해배상을 청구할 수 있다. 다만, 임대 목적물이 대규모점포 또는, 준대규모점포의 일부(재래시장은 제외)인 경우는 권리금 회수 기회가 보호되지 않는다. 그 밖에, 임대물이 국공유 재산인 경우와 전대차계약한 전차인은 권리금 회수 기회 보호 조항이 적용되지 않는다.

임대인은 다음에 해당하는 행위를 해 임차인의 권리금 회수기회를 방해해서는 안 된다.
① 임차인이 주선한 신규 임차인이 되려는 자에게 권리금을 요구하거나 임차인이 주선한 신규 임차인이 되려는 자로부터 권리금을 수수하는 행위
② 임차인이 주선한 신규 임차인이 되려는 자로 하여금 임차인에게 권리금을 지급하지 못하게 하는 행위
③ 임차인이 주선한 신규 임차인이 되려는 자에게 상가건물에 관한 조세, 공과금, 주변 상가건물의 차임 및 보증금, 그 밖의 부담에 따른 금액에 비추어 현저히 고액의 차임과 보증금을 요구하는 행위
④ 그 밖에 정당한 사유 없이 임대인이 임차인이 주선한 신규 임차인이 되려는 자와 임대차계약의 체결을 거절하는 행위

다만, 임대인이 신규 임차인을 거절할 수 있는 정당한 사유도 있는데 다음과 같다.
① 임차인이 주선한 신규 임차인이 되려는 자가 보증금 또는 차임을 지급할 자력이 없는 경우
② 임차인이 주선한 신규 임차인이 되려는 자가 임차인으로서의 의무를 위반할 우려가 있거나 그 밖에 임대차를 유지하기 어려운 상당한 사유가 있는 경우
③ 임대차 목적물인 상가건물을 1년 6개월 이상 영리 목적으로 사용하지 않은 경우
④ 임대인이 선택한 신규 임차인이 임차인과 권리금계약을 체결하고

그 권리금을 지급한 경우

　앞의 첫 번째와 두 번째 항목인 신규 임차인의 능력 등에 관한 부분을 이유로 임대인이 임차인이 주선한 신규 임차인을 거절하려면 이를 입증해야 하는데, 이는 객관적으로 입증하기에 쉽지 않다. 다만, 갱신 요구 거절 사유에 해당되면 갱신 요구를 거절할 수도 있고 권리금 회수 기회도 보호받지 못할 수 있다. 상가임차인으로서는 이에 해당하는 사유가 있으면 절대적으로 불리한 상황에 놓이게 된다. 앞서 살펴보았듯이 갱신 거절 사유의 가장 대표적인 사례는 '임차인이 3기의 차임액에 해당하는 금액에 이르도록 차임을 연체한 사실이 있는 경우'다.
　임대인이 임차인이 주선한 신규 임차인을 거절해 권리금 회수 기회를 방해했을 경우 손해배상의 책임이 있는데, 그 손해배상액은 신규 임차인이 임차인에게 지급하기로 한 권리금과 임대차 종료 당시의 권리금 중에서 낮은 금액이 상한이 되어 그 범위 안에서 정해진다.

　실무에서는 신규 임차인이 임차인에게 지급하기로 한 권리금은 권리금계약서 등을 통해 확인할 수 있고, 임대차 종료 당시의 권리금은 법원의 감정평가 의뢰에 따른 감정평가액으로 볼 수 있다.
　2015년 권리금 관련 법 규정이 만들어진 이후 최근에 나온 대법원 판례를 중심으로 권리금에 관한 사항을 살펴본다.

　갱신 요구권을 행사할 수 없는 기간(최초 계약일로 부터 10년이 지난 임차인)의 권리금 회수에 관한 판례다.

[대법원, 2019. 5. 16., 2017다225312, 225329]
판결 요지 : 구 상가임대차법 제10조 제2항에 따라 최초의 임대차 기간을 포함한 전체 임대차 기간이 5년을 초과하여 임차인이 계약 갱신 요구권을 행사할 수 없는 경우에도 임대인은 같은 법 제10조의4 제1항에 따른 권리금 회수 기회 보호 의무를 부담한다고 보아야 한다.

상가임대차법이 개정되기 전 구법에서는 상가 임차인의 갱신 요구권이 5년 동안 주어졌었다. 현재는 임차인의 갱신 요구권을 10년간 보장하기 때문에 10년이 지난 임차인의 권리금 회수 기회도 보호되어야 한다는 판례다.

임대인이 확정적으로 신규 임차인 거절 의사표시를 한 경우 신규 임차인 주선 여부에 관한 판례는 다음과 같다.

[대법원, 2019. 7. 4., 2018다284226]
판결 요지 : 임대인이 정당한 사유 없이 임차인이 신규 임차인이 되려는 자를 주선하더라도 그와 임대차계약을 체결하지 않겠다는 의사를 확정적으로 표시했다면 이러한 경우에까지 임차인에게 신규 임차인을 주선하도록 요구하는 것은 불필요한 행위를 강요하는 결과가 되어 부당하다. 이와 같은 특별한 사정이 있다면 임차인이 실제로 신규 임차인을 주선하지 않았더라도 임대인의 위와 같은 거절행위는 상가임대차법 제10조의4 제1항 제4호에서 정한 거절행위에 해당한다.

권리금 회수 기회 방해를 이유로 손해배상을 청구하려면 임대인의 임차인이 주선한 신규 임차인과의 계약을 거절해야 한다. 이 규정을 적용하기 위해서는 신규 임차인의 주선이 전제되어야 하지만, 임대인이 임차인이 주선한 신규 임차인과 계약을 체결하지 않겠다는 명백한 의사를 밝혔다면, 임차인은 신규 임차인을 구하지 않았더라도 권리금 회수 기회 방해로 손해배상을 청구할 수 있다고 한 판례다. 임대인이 신규 임차인과 계약을 체결하지 않겠다고 내용증명을 보내 근거를 남기는 일은 현실적으로 거의 없을 테고, 지속적인 거절을 표시한 통화 내용을 녹취해 그 근거로 제시하지 않았을까 예상해본다.

신규 임차인을 거절 후 소송 과정 중 거절 사유의 변경은 인정하지 않는다는 판례다.

> **[대법원, 2021. 11. 25., 2019다285257]**
> 판결 요지 : 구 상가임대차법 제10조의4 제1항 제4호의 반대 해석상 임대인은 '정당한 사유'가 있는 경우에는 임차인이 주선한 자와의 신규 임대차계약 체결을 거절할 수 있다. 이처럼 '정당한 사유'는 임대인이 신규 임대차계약 체결을 거절하기 위한 사유이므로, 임대인이 향후 1년 6개월 이상 상가건물을 영리 목적으로 사용하지 않으려고 할 경우에 그러한 사유로 신규 임대차계약 체결을 거절했어야 한다. 임대인이 다른 정당하지 않은 사유로 신규 임대차계약 체결을 거절했다면 권리금 회수 방해행위에 해당해 임차인에 대한 손해배상책임을 지는데, 이처럼 손해배상책임이 발생한 후 사후적으로 1년 6개월 이상 상가건물을 영리 목적으로 사용하지 않았다고 하여 임대인의 방해행위가 정당해지거나 이미 발생한 손해배상책임이 소멸한다고 볼 근거가 없다.

임차인이 구해온 신규 임차인을 재건축을 이유로 거절했다가 실제로 재건축하지 않고 비워둔 임대인에게, 소송 과정에서 다른 사유를 들어 신규 임차인을 거절한 후 사후적으로 1년 6개월을 영리 목적으로 사용하지 않은 경우는 권리금 회수 기회 방해로 본다는 판례다.

신규 임차인 거절 후 매매해서 매수자가 1년 6개월 이내 재건축한 경우는 다음과 같다.

> [대법원, 2022. 1. 14., 2021다272346]
> 판결 요지 : 종전 소유자인 임대인이 임대차 종료 후 상가건물을 영리 목적으로 사용하지 아니한 기간이 1년 6개월에 미치지 못하는 사이에 상가건물의 소유권이 변동되었더라도, 임대인이 상가건물을 영리 목적으로 사용하지 않는 상태가 새로운 소유자의 소유 기간에도 계속해서 그대로 유지될 것을 전제로 처분하고, 실제 새로운 소유자가 그 기간 중에 상가건물을 영리 목적으로 사용하지 않으며, 임대인과 새로운 소유자의 비영리 사용기간을 합쳐서 1년 6개월 이상이 되는 경우라면, 임대인에게 임차인의 권리금을 가로챌 의도가 있었다고 보기 어려우므로, 그러한 임대인에 대하여는 이 사건 조항에 의한 정당한 사유를 인정할 수 있다.

임차인이 구해온 신규 임차인을 임대인이 1년 6개월 이상 영리 목적으로 사용하지 않을 것을 이유로 거절하고, 1년 6개월이 되기 전에 매도해 새로운 소유자가 재건축한 사례다. 신규 임차인을 거절한 시점부터 1년 6개월이 되는 시점은 매도해 소유자가 바뀌었을 뿐 아직도 재건축 중이라 임대인이 영리 목적으로 사용하지 않았고, 이전 임차인의 권리금을 가로챌 의도가 없어서 임대인의 정당한 신규 임차인 거절을 인정한 판례다.

이와 같은 내용은 상대적으로 오래된 건물의 재건축과 관련해서 많이 인용될 수 있는 판례다. 국가법령정보센터 홈페이지에서 판결 내용 전체를 열람해 명확하게 이해할 필요가 있다.

차임 연체와
계약 해지

주택임대차법과 민법의 임대차 규정과는 달리, 상가임대차법에서는 임차인이 3기에 해당하는 금액에 달하도록 차임을 연체해야 임대인이 계약을 해지할 수 있다. '3기에 해당하는 금액에 달하도록 차임을 연체'에 관한 사항을 구체적으로 살펴본다면 다음과 같다.

3기에 달하는 차임 연체는 월세의 경우 석 달 분 이상의 월세가 연체된 경우를 말한다. 예를 들어, 월세가 100만 원이라면 '3기에 달하는 차임 연체'는 연체된 금액이 300만 원에 해당해야 한다. 매달 며칠씩 월세를 늦게 납부해 연체된 횟수가 3회를 넘는 경우와는 아무런 상관이 없다. 전체 연체된 총액 기준으로 살펴야 한다.

또한, '3기의 차임액에 해당하는 금액에 이르도록 차임을 연체한 사실'은 상가 임차인의 가장 중요한 권리(계약 갱신 요구권, 권리금 회수 기회 보호)를 제한하는 사유가 된다. 이는, 현재의 3기 차임 연체뿐만 아니라 과거의 3기 차임 연체 사실도 상가 임차인의 권리를 제한할 수 있다는 의미다. 구체적인 예를 들어 3기 차임 연체에 달하는 임차인(현재 3기 연체 중인 임차인)과 3기 차임 연체 사실에 해당하는 임차인(현재는 아니지만 과거에 3기 차임 연체 사실이 있는 임차인)을 비교해 살펴본다.

월 차임이 100만 원이고, 납부일 10일인 경우
(단위 : 만 원)

	금액	4월 10일	5월 10일	6월 10일	7월 10일	8월 10일
A 임차인	납부액	0	0	0	100	100
	총 연체액	100	200	300	300	300
B 임차인	납부액	50	0	50	0	400
	총 연체액	50	150	200	300	0
C 임차인	납부액	0	100	0	50	60
	총 연체액	100	100	200	250	290
D 임차인	납부액	0	0	300	0	0
	총 연체액	100	200	0	100	200
E 임차인	납부액	4/30 100	5/30 100	6/30 100	7/30 100	8/30 100
	총 연체액	100	100	100	100	100

임차인 A는 6월 10일 월세를 납부하지 않으므로 3기 차임을 연체한 경우다. 이후 7월과 8월에는 해당하는 1개월분 월세를 납부했으나 여전히 3기에 해당하는 차임(3달분 월세, 300만 원)을 연체하고 있다. 즉, 3기 차임 연체 중인 임차인인 경우다. 이때, 임대인은 임차인 A에 대해 언제든지 계약 해지할 수 있고, A의 갱신 요구권을 거절할 수 있으며 권리금 회수 기회를 보호하지 않아도 된다.

임차인 B는 7월 10일까지 누적 연체임대료가 300만 원으로 3기 차임을 연체했으나, 8월 10일 400만 원을 납부함으로써 현재는 임대료 연체 금액이 없는 상태이다. 다만, 이미 7월 10일부터 8월 9일까지 3기 차임액에 해당하는 금액(300만 원)을 연체한 사실이 있는 임차인에 해당한다. 따라서, 임대인은 임차인 B에 대해 계약을 즉시 해지할 수는 없으나, 임차인 B의 갱신 요구권을 거절할 수 있고, 권리금 회수 기회를 보호하지 않아도 된다.

임차인 C는 5월 10일을 제외한 4회(4월, 6월, 7월, 8월)의 임대료 연체가 있었으나 연체한 총 임대료(290만 원)가 3기의 차임(300만 원)에 해당하지 않아, 현재는 2기만 연체 중인 임차인이다. 따라서, 상가임대인은 임차인 C에게 계약 해지, 갱신 요구 거절, 권리금 회수 기회를 보호받지 못하는 등의 불이익을 줄 수 없다.

임차인 D는 실제 분기별로 임대료를 납부하는 것으로 보인다. 임대료를 전혀 납부하지 않는 시기가 4개월이나 되나, 현재는 200만 원 연체로 3기 차임 연체에 해당되지 않아 임차인 C와 마찬가지로 임대인은 임차인에게 어떠한 불이익도 줄 수 없다.

임차인 E는 실무에서도 간혹 볼 수 있는 임차인이다. 계약상 매월 10일에 임대료를 납부해야 함에도 불구하고 매월 말일에 납부하는 경우다. 임차인 입장에서는 모든 거래처의 대금을 말일에 결제하다 보니 임대료 납부도 이 시기에 맞추는 것 같다. 임차인은 해당 기간 동안 5회의 임차료 연체가 있지만, 단 한 번도 3기 차임액에 달하도록 연체한 적이 없고, 최대 연체한 금액이 100만 원이다. 따라서, 임대인의 마음은 상당히 불편할지 모르나 역시 임차인 C와 마찬가지로 임대인은 임차인에게 어떠한 불이익도 줄 수 없다.

영업이 잘되거나 다른 여러 가지 이유로 인해 장기간 임대차를 유지하고 계약을 종료하는 경우 연체된 임대료에 대해 많은 분쟁이 있다. 오랜 기간 영업한 임차인이 계약을 종료하고 보증금을 받아서 나가려고 하는데, 임대인과 임차인의 연체 임대료에 대한 계산이 달라 문제가 되는 것이다. 이때 임대료 납부에 관한 입증 책임은 임차인에게 있다.

2001. 8. 24. 선고, 2001다28176의 대법원 판결에 따르면, 임대차계약이 성립했다면 임대인에게 임대차계약에 기한 임료 채권이 발생했다 할 것이고, 임료를 지급했다는 입증 책임은 채무자인 임차인이 부담한다. 요즘은 대부분 임대료를 계좌이체로 납부하고 있어서 가능하다면 임차인은 일정한 계좌에서 임대료를 지급함으로써 향후 생길지 모르는 임대료 납부의 입증을 준비할 필요도 있다.

투자 시 확인해야 할
상가임대차법

앞서 살펴본 바와 같이 상가임대차법은 우리가 알고 있는 일반적인 법 상식과는 다른 특성이 있기에 상가 투자 시 다음 사항을 반드시 사전에 확인해야 한다.

먼저, 임차인은 최초 계약 포함해 최대 10년간 계약 갱신을 요구할 수 있고, 임대인은 정당한 사유가 없으면 거절할 수 없다. 따라서, 상가를 매수해서 직접 사용하고자 한다면, 매수 후에도 임차인을 내보내기 어렵다는 점을 인지해야 한다. 반드시 직접 사용할 계획이라면, 특약에 잔금 시 임차인을 승계하는 조건이 아닌, 공실 상태의 상가로 인도해야 한다고 규정해야 한다. 재건축을 목적으로 상가를 매수했다면, 임차인과 계약 체결 시 언제부터 재건축할 예정이므로 그 이후는 계약의 갱신이 불가능하다는 구체적인 일정을 특약에 기재해야 한다. 계약 당시는 재건축에 관한 고지가 없다가 계약 기간 중 단순히 재건축을 목적으로 임차인의 갱신 요구를 거절할 수 없다.

다음으로, 임차인은 신규 임차인을 구해 권리금을 회수할 수 있고 임대인이 정당한 사유 없이 이를 거절하면 손해배상의 책임을 진다. 주의할 점은 손해배상의 기준은 권리금에 상당한 금액이라 크다는 점과

10년의 기간이 지나 갱신 요구권이 없어도 임차인은 새로운 임차인을 구해 권리금을 회수할 수 있고 새로운 임차인은 다시 10년을 주장할 수 있다는 점이다. 이 또한 매수인이 직접 사용하려면 매매 당시 빈 상가 상태로 인도받는 방법이 가장 좋다.

과밀억제권역

　수도권은 수도권정비계획법에 따라 과밀억제권역과 성장관리권역, 자연보전권역으로 구분된다. 과밀억제권역은 수도권 내에서 인구 및 산업의 과도한 집중을 방지하고, 지속 가능한 발전을 도모하기 위해 설정된 지역으로, 이 지역에서는 신규 택지 개발이 제한되며, 산업 시설의 신설이나 확장에도 엄격한 규제가 적용된다. 이러한 조치는 과밀화로 인한 사회적·환경적 문제를 완화하고, 수도권 외 지역으로의 균형 있는 발전을 유도하기 위한 것이다.

　상가 및 주택임대차계약에서 최우선변제금 적용 시 이러한 과밀억제권역은 별도의 금액을 적용을 받는다. 2017년 6월 20일 이후 현재 과밀억제권역은 서울특별시, 인천광역시(강화군, 옹진군, 서구 대곡동·불로동·마전동·금곡동·오류동·왕길동·당하동·원당동, 인천경제자유구역 및 남동국가산업단지는 제외), 의정부시, 구리시, 남양주시(호평동, 평내동, 금곡동, 일패동, 이패동, 삼패동, 가운동, 수석동, 지금동 및 도농동만 해당), 하남시, 고양시, 수원시, 성남시, 안양시, 부천시, 광명시, 과천시, 의왕시, 군포시, 시흥시(반월 특수지역 제외)이다.

준대규모 점포의 권리금 회수 기회 보호

　준대규모 점포는 대규모 점포에 준하는 기준으로 유통산업발전법에서 ① 대규모 점포를 경영하는 회사 또는 그 계열회사가 직영하는 점포, 또는 ② 독점규제 및 공정거래에 관한 법률에 따른 상호출자제한기업집단의 계열회사가 직영하는 점포, 또는 ①, ②의 회사 또는 계열회사가 직영점형 체인사업 및 프랜차이즈 형 체인사업의 형태로 운영하는 점포로 슈퍼마켓과 기타 음·식료품 위주 종합소매업을 영위하는 점포로 규정하고 있다. 여기에서 나타내는 상호출자기업집단은 자산총액이 GDP의 0.5%(약 10조 원) 이상인 기업을 매년 공정거래위원회에서 지정한다. 2025년 5월 1일 기준 상호출자제한기업집단은 삼성, 에스케이, 현대자동차, 엘지, 포스코, 롯데, 한화, HD현대, 지에스, 농협, 신세계, 케이티, 씨제이, 한진, 카카오, 엘에스, 두산, DL, 셀트리온, 에이치엠엠, 중흥건설, 미래에셋, 네이버, 현대백화점, 에쓰-오일, 부영, 쿠팡, 하림, SM, 에이치디씨, 영풍, 효성, 호반건설, DB, 케이티앤지, 케이씨씨, 장금상선, 코오롱, 오씨아이, 넥슨, 세아, 엘엑스, 넷마블, 한국앤컴퍼니, 두나무, 이랜드이다.

　정리해보면 상호출자제한 기업집단에 해당하는 기업의 체인사업 및 프랜차이즈형 체인사업의 형태로 운영하는 점포로 슈퍼마켓과 기타 음·식료품 위주 종합소매업을 영위하는 점포도 준대규모 점포에 포함되어 상가임대차법상 권리금 회수 기회가 보호되지 않는다는 것이다. 대규모 점포와 준대규모 점포 임차인의 권리금 회수 기회를 보호하지 않는 이유는 임차인이 일정 규모 이상의 자산을 가졌다고 보아 임대인과의 관계에서 상대적 약자라고 보지 않기 때문이다.

  그러나, 준대규모 점포의 프랜차이즈 체인점의 경우에는 사실 일반 자영업자와 별반 차이가 없기 때문에 권리금 회수 기회를 보호해야 한다. 저자의 논문(〈준대규모 점포의 권리금 회수 기회 보호에 관한 고찰〉 2023, 대한부동산학회)뿐만 아니라 여러 곳에서 이미 이와 같은 사항을 지적한 바 있다. 2025년 기준으로 준대규모 점포인 GS와 신세계의 프랜차이즈 가맹점인 편의점(전국적으로 2만여 개 이상으로 추산)은 현재의 제도로는 법적으로 권리금 회수 기회를 적용받지 못한다. 실제 GS 편의점 가맹점은 준대규모 점포에 해당되어 권리금 회수 기회 보호가 안 된다는 서울중앙지방법원 2023.8.8. 선고 2022가단5232737 판결도 있다.

제7장
부동산 경매

우리는 살아가면서 자신의 의도 여부와 관계없이 다양한 삶의 현장에서 부동산 경매를 마주하게 된다. 부동산의 소유자인데 빌린 돈을 갚지 못하거나 세금을 납부하지 못해 경매에 처할 수도 있고, 돈을 빌려준 채권자인데 채무자로부터 채무를 상환받지 못해 경매를 진행할 수도 있으며, 임차인으로 사는 부동산이 임대인의 문제로 인해 경매에 처하기도 한다. 이번 장에서는 살면서 만나는 다양한 경매에 대해 일반적인 사항을 살펴보기로 한다.

부동산 경매란?

부동산 경매는 채무자(돈을 빌린 사람 등)가 채권(빌린 돈)을 상환하지 못할 때 부동산을 팔아 빚을 갚게 하는 제도다. 이때, 여러 사람에게 경쟁을 붙여 판매하는 금액이 높아지면 돈을 빌린 사람은 비싼 가격으로 팔게 되어 상환할 수 있는 금액이 많아져 좋고, 돈을 받는 사람도 빌려준 돈을 최대한 받을 수 있어 좋다. 또한, 부동산을 판매하는 과정 자체가 돈을 빌려준 사람이 아닌 법원을 통해 진행되기 때문에 공정하게 판매된다는 장점도 있다. 다만, 법원의 절차라 용어가 낯설어 잘 이해하지 못하면 손해를 보는 단점이 있다.

부동산 경매의 가장 큰 장점은 공정하고 투명한 매각 절차다. 경매는 모든 절차를 진행하는 기관이 법원이기 때문에 공정하다고 볼 수 있고, 매각 절차에 관한 사항이 법원 경매 정보 사이트 등을 통해 공개되기 때문에 절차 역시 투명하다. 법원에서 운영하는 법원경매 정보사이트(www.courtauction.go.kr)는 입찰 14일 전 모든 자료가 공개되고, 누구나 무료로 이용 가능하다. 다만, 과거의 경매 사건 검색 등이 어려운 단점이 있다. 이러한 단점을 극복하기 위해 정보제공 업체에서는 경매 기록을 데이터베이스화시켜 유료로 그 자료를 제공하기도 한다.

둘째, 경매는 진행되는 물건이 매우 다양하고 풍부하다. 부동산 경매 하면 대부분 아파트를 떠올리지만, 실제 매물을 자세히 살펴보면 아파트, 다세대주택 등의 주택은 기본이고, 양어장, 염전 등 매우 폭넓고 다양하다. 매년 수만 건의 매각 물건이 법원에 접수되어 매각이 진행된다. 실제 법원 경매 정보 사이트의 통계를 살펴보면 2021년 78,883건, 2022년 77,459건, 2023년 101,150건, 2024년 119,312건의 부동산이 법원 경매로 접수되고 있다.

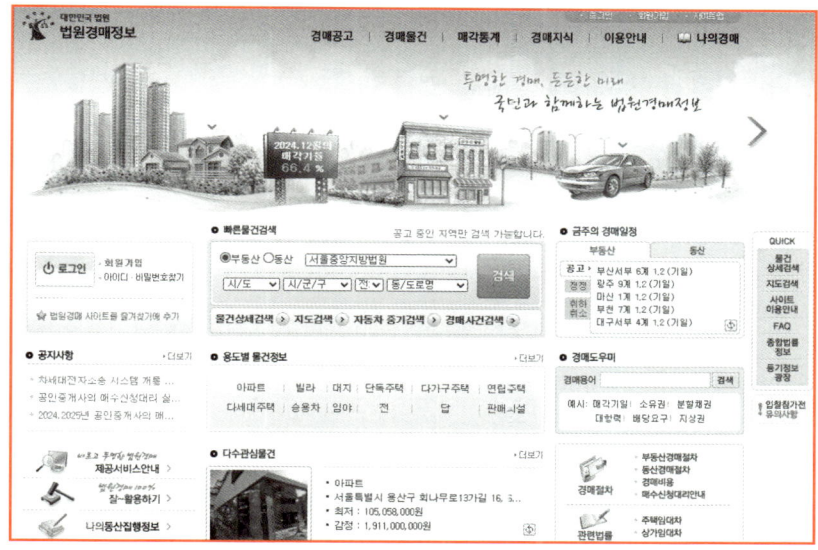

법원경매 정보 홈페이지

세 번째로는 부동산 투자자의 입장에서 보면 매우 과학적으로 투자가 가능하다. 일반적인 부동산 투자의 경우 미래의 불확실한 이익을 예측해 투자를 실행하게 되는데, 부동산 경매는 참여자가 매수가격을 결정해 시세보다 낮은 가격에 입찰하므로, 낙찰되면 바로 현재 시세 기준으로 수익이 확정된다. 이는 미리 수익률을 확정해 투자가 가능하다는 점에서 과학적인 투자로 볼 수 있다.

반면, 부동산 경매의 가장 큰 단점은 권리분석과 물건분석이 일반 매매 부동산에 비해 어렵다는 데 있다. 일반적인 매매 매물은 매수자가 직접 현장에 방문해서 매물의 상태를 확인할 수 있으나 부동산 경매 매물은 대부분 매물의 내부를 확인하기 어렵다. 경매를 당하는 소유자 또는 임차인 등의 점유자가 물건분석을 위해 찾아오는 입찰자를 위해 친절히 현장 안내를 하리라 기대하는 것은 거의 불가능하기 때문이다. 또한, 많은 사람들이 어려워하는 부분이 바로 해당 매물의 권리분석이다. 일반적인 부동산 매매는 공인중개사가 매물에 대한 권리를 분석해주는데, 경매는 초보자가 매물에 대한 객관적인 권리분석을 하기 어렵다. 경매 정보를 제공해주는 유료 업체에서도 해당되는 권리분석 및 배당표는 정확하지 않으니 참고용으로만 사용하라고 곳곳에서 안내하고 있다.

다음으로 일반적인 부동산 매매는 잔금을 치르면 해당 부동산을 인도받아 곧바로 사용이 가능하지만, 부동산 경매는 매각 대금을 모두 납부해도 바로 부동산을 인도받을 수 없는 경우가 대부분이다. 소유자 또는 임차인 등 누군가는 점유하고 있어 점유자를 내보내야 비로소 부동산을 인도받게 된다.

또한, 경매 절차에서 최고가 매수인으로 선정되었다 하더라도 법원에서 매각을 불허하면 잔금을 납부할 수 없고 보증금에 약간의 이자를 더해 돌려받게 된다. 일반 매매에서는 '계약금'의 성격이 납부되고 계약을 이행하지 못하면 '위약금'을 받는 반면, 부동산 경매에서는 '보증금'

을 납부하고 매각이 불허되면 보증금의 '이자' 상당액만 추가로 받게 된다. 마지막으로 부동산 경매는 법원에 모여서 매각가격을 결정해 입찰하기 때문에, 특별히 그 물건에 관심 있는 사람이 많다고 생각되면 원래 예상했던 금액보다 높은 가격에 입찰하게 될 수 있다는 단점이 있다.

부동산 경매는 그 절차에 따라 강제경매와 임의경매로 나누어볼 수 있다.

강제경매는 집행력이 있는 집행권원을 가진 채권자의 신청에 의해 집행권원에 표시된 이행청구권을 실현하기 위해서 법원이 채무자의 소유재산을 압류·환가한 매각 대금을 가지고 채권자가 금전 채권의 만족을 얻을 수 있도록 하는 절차를 의미한다. 집행권원이라 함은 이를테면 판결문 같은 것인데, 확정된 이행판결문, 가집행 선고부판결, 확정된 지급명령, 화해조서·조정조서·청구 인락조서 등 각종 조서와 공증된 금전 채권문서 등이 대표적이다.

임의경매는 담보권실행을 위한 경매로 채무자가 채무를 이행하지 않는 경우 저당권, 전세권, 담보가등기 등의 담보물권에 가지고 있는 경매권을 행사해 담보의 목적물을 매각한 다음, 그 매각 대금에서 다른 채권자보다 먼저 채권을 회수할 수 있는 경매를 의미한다. 강제경매가 채무자의 재산에 대한 인적 책임이라면 임의경매는 담보물권에 대한 물적 책임이 그 집행 대상이 된다.

부동산 경매
진행 절차

부동산 경매의 진행 절차를 세 단계로 요약하면 '압류', '환가', '배당'이다. 압류란 채무자가 임의로 처분하지 못하도록 경매 절차가 진행 중임을 등기에 기입하는 것을 말한다. 일반적으로 경매기입등기라고 말하는데, 이는 등기사항증명서의 갑구에 '임의경매개시결정' 또는 '강제경매개시결정'으로 나타난다. 환가란 부동산을 돈으로 바꾼다는 의미로, 경매 대상 부동산을 누군가 최고가에 매수해 매각 대금을 납부하면 해당 부동산 소유권을 가져가게 되는 부동산의 현금화를 의미한다. 배당이란, 매각 대금을 채권자에게 순서대로 분배하는 것을 의미한다.

정리해보면, 누군가는 해당 부동산의 소유자 등에 대해 채권을 갖고 있는데 채무자가 상환하지 못하면 채권자가 법원이라는 공공의 힘을 빌려 이를 매각해 다른 채권자들과 함께 순서대로 나눠 갖는 절차를 의미한다.

구체적인 경매 절차는 다음 그림과 같다.

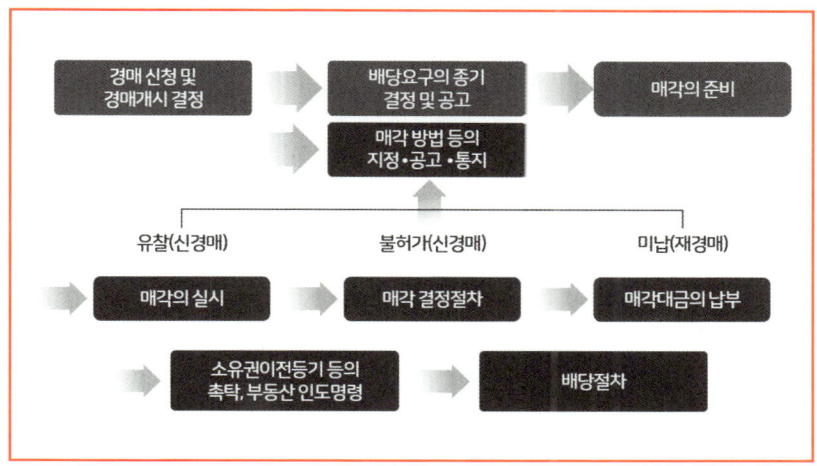

경매 진행 절차 (출처 : 법원경매정보 홈페이지)

　매각의 준비까지는 신청인의 신청에 의해 법원에서 하는 것이고, 매각 실시 단계에서부터 일반인이 입찰에 참여하게 된다. 입찰에 참여해 최고가로 낙찰되었다고 해서 바로 잔금을 납부하고 소유권을 가져오는 것은 아니고, 매각일로부터 통상 일주일 정도 지난 후 법원에서 매각허가결정을 해야 잔금을 납부할 수 있다. 일반적으로 잔금 납부와 동시에 점유자에 대한 인도명령 신청도 같이 하게 된다.

말소기준등기

부동산 경매의 가장 어려운 부분 중 하나가 바로 권리분석이다. 권리분석은 경매로 부동산을 매수했을 때, 해당 부동산의 등기에 말소되지 않은 권리가 남아 매수인이 그 부담을 가져야 하는지의 여부를 분석하는 것이다. 일반적인 매매는 해당 부동산에 대한 모든 권리를 잔금과 동시에 말소하는 조건이 거의 대부분이기 때문에 어떠한 권리도 남아 있지 않아 권리분석에 큰 신경을 쓸 필요가 없지만, 부동산 경매에서는 등기상 권리가 말소되지 않고 남아 매수인에게 인수될 수 있어 권리분석이 반드시 필요하다.

권리분석의 시작은 말소기준등기다. 말소기준등기란 경매 목적물의 권리 중 말소 또는 인수 여부를 결정하는 기준이 되는 등기를 의미하고, 말소기준등기 이후의 등기사항은 종류를 불문하고 매각되면 모두 소멸한다. 따라서, 말소기준등기만 찾으면 등기상 인수되는 권리 여부에 대한 사항을 정확히 파악할 수 있다. 또한, 이러한 말소기준등기는 임차인의 보증금을 인수해야 하는지의 여부와 인도명령의 대상이 되는지의 여부를 판단하는 기준이 된다. 즉, 말소기준등기 이후의 임차인은 보증금의 전액 배당 여부와 관계없이 매수인에게 보증금 반환을 요구할 수 없고 인도명령의 대상이 된다.

이처럼 중요한 말소기준 등기는 유효한 저당권, 근저당권, 압류, 가압류, 담보가등기, 경매개시결정등기 중 설정 일자가 빠른 것이 된다. 다만, 전세권은 건물 전체의 전세권자가 배당요구를 했거나 경매 신청한 경우에만 말소기준등기가 된다.

실제 사례를 들어 살펴보면 다음과 같다.

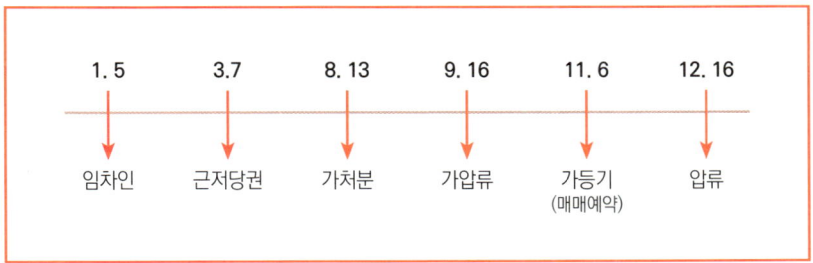

말소기준등기 찾기 예

위 사례에서 말소기준등기가 될 수 있는 권리를 찾아보면 3월 7일의 근저당권, 9월 16일의 가압류, 12월 16일의 압류다. 이 중 설정 일자가 가장 빠른 3월 7일의 근저당권이 말소기준등기가 된다. 따라서, 이후의 가처분, 가압류, 가등기, 압류는 매각으로 모두 소멸된다. 다만, 1월 5일의 임차인은 말소기준등기 이전의 임차인(부동산의 인도와 전입신고가 말소기준등기보다 빠른 대항력 요건을 갖춘)은 인수된다. 이처럼 말소기준권리보다 앞선 순위의 임차인은 배당요구를 하지 않으면 매수인이 임차인을 승계하고 배당요구를 한 경우 타 권리자보다 우선해서 배당받지만, 만약 그럼에도 불구하고 보증금 전액을 배당받지 못한다면 매수인이 승계한다. 즉, 받지 못한 보증금을 매수인이 부담한다는 것이다. 1순위인데 배당을 못 받을까 싶지만 최근 자주 보는 깡통전세 혹은 전세사기가 그 대표적인 예다.

 또한 앞서 5장과 6장에서 살펴본 주택임대차법과 상가임대차법에서 대항력 요건을 갖추면 제삼자에게 대항할 수 있다고 했는데, 경매에서는 다르게 적용된다. 매매의 경우 매수인은 임대인의 지위가 승계되지만, 경매의 경우 임차권은 임차주택에 대해 민사집행법에 따른 경매가 행해진 경우에 그 임차주택의 경락에 따라 소멸한다.
 하지만 보증금이 모두 변제되지 아니한 대항력이 있는 임차권은 그렇지 않다. 즉, 경매의 경우 앞의 사례처럼 말소기준등기보다 앞서 대항력 요건을 확보해야만 대항력이 유지되는 것이다. 따라서, 임차하려고 하는 주택 또는 상가의 등기부에 임차인보다 앞선 말소기준등기가 있다면, 최악의 경우 경매가 되어 보증금을 보호받지 못할 수도 있다. 다시 한번 등기부 확인의 중요성을 느낄 수 있는 부분이다.

경매 시 주의사항

경매는 접하게 되는 당사자의 지위에 따라 주의해야 할 부분이 다 다르다. 먼저, 임차인의 경우는 2가지로 나누어볼 수 있다. 임대인의 문제로 외부 관계자가 경매를 진행하는 경우와 계약 종료일이 지났음에도 보증금을 반환받지 못해 임차인 스스로가 해당 부동산을 경매로 진행하는 경우다. 임차인은 경매 절차에서 대항력과 우선변제권을 통해 임차인의 권리인 임대차 기간의 보장과 보증금을 보호받는 문제가 가장 중요하다.

살고 있는 주택의 경매가 진행되면 주거생활에 어려움이 많아진다. 경매 관련 기본 통지부터 온갖 우편물이 날아든다. 게다가 입찰하려고 하는 사람들이 현장답사의 목적으로 시도 때도 없이 방문하기도 한다. 혹은 컨설팅 및 또 다른 목적으로 임차인을 직접 찾아오기도 한다. 이러니 계속해서 해당 주택에 거주하는 데 어려움이 있다. 그래서 경매가 진행되면 이사하고 싶어 하는 경우가 많아 임차인으로서 배당요구를 한 이후 이사를 하기도 한다.

그러나 경매에서 임차인이 우선변제를 받으려면 배당요구 종기일까지 대항력 요건을 갖춰야 한다. 즉, 배당요구 종기일까지 주민등록을 이전하면 안 되고, 키를 넘겨줘도 안 된다. 물론 임차권등기가 완료된 이후는 가능하지만, 그렇지 않은 경우 배당요구 종기일까지 반드시 대항력 요건(주민등록과 점유)을 계속 유지해야 한다.

또 하나 주의해야 할 점은 경매 절차에서 배당요구 종기일은 변경될 수도 있다는 것이다. 예를 들어 배당요구 종기일이 5월 2일인 줄 알고 5월 4일 이사해 주민등록을 이전했는데, 배당요구종기일이 5월 9일로 변경되는 경우도 있다. 따라서, 배당요구 종기일 이후 이사계획이 있다면 법원에 직접 전화해서 배당요구종기일이 지났는지 확인해야 한다.

부동산 투자의 방법으로 경매를 선택하는 경우는 다음의 사항을 주의해야 한다. 먼저, 이 책의 10장에 나오는 '부동산 투자'의 일반적인 주의사항은 당연히 부동산 경매의 경우에도 적용되니 이 장에서는 예외로 한다. 부동산 경매 투자 시 특별히 주의해야 할 부분은 낙찰 후 인수해야 하는 권리에 관한 분석을 제대로 했는지의 여부다.

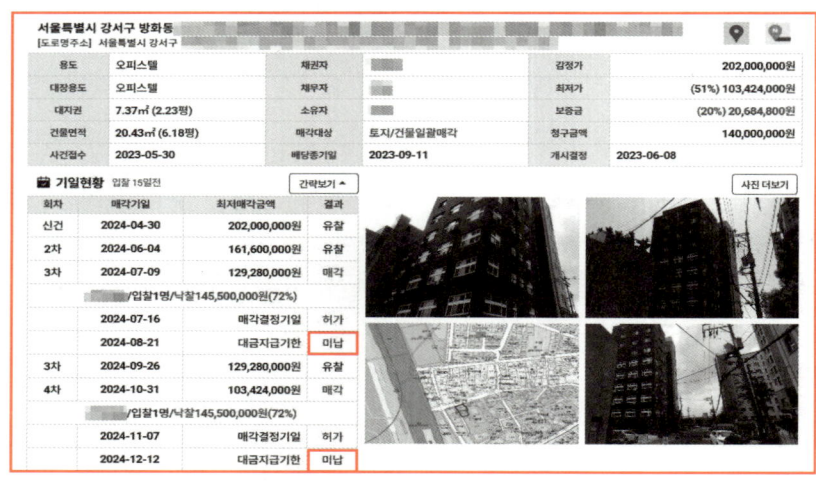

부동산 경매 낙찰대금 미납 사례 (출처 : 스피드 옥션)

부동산 경매 절차에서 권리분석을 잘못했다는 이유로 법원이 최고가 매수신고인에게 입찰보증금을 반환해주지 않는다. 따라서, 이는 고스란히 잘못 입찰한 사람의 손해가 된다. 부동산 경매에 관한 자세한 학습 후 권리를 분석해서 입찰하거나, 정확하게 알지 못한다면 해당 분야 전문가의 도움을 받아야 한다.

마지막으로, 주택 소유자에게 받을 돈이 있는데 돈을 받지 못해서 해당 주택을 경매로 매각해 회수하려고 하는 경우 경매 과정에서 비용 일부라도 회수되는지 살펴야 한다. 앞서 살펴본 보증금을 반환받지 못해 경매를 진행하는 경우도 마찬가지다. 이는, 시장조사와 권리분석 등 모든 사항을 종합적으로 적용해야 한다. 선순위 임차인의 보증금이 매매시세보다 높은 경우가 요즘 볼 수 있는 대표적인 사례다.

다음 그림에서도 이와 같은 예를 살펴볼 수 있다.

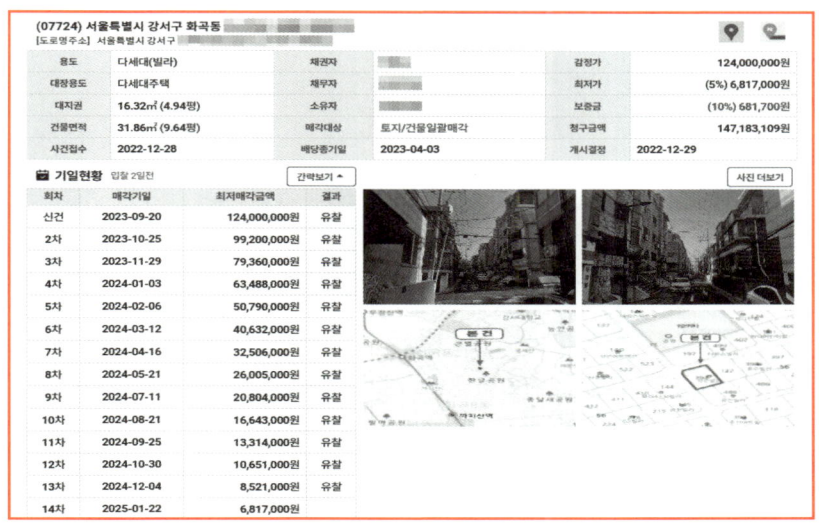

부동산 시세보다 임차보증금이 높은 경우 (출처 : 스피드 옥션)

전세사기 문제가 지속되는 상황에서는 이러한 사례가 계속 나타날 것이다. 이 사례의 경우, 감정가는 1억 2,400만 원인 데 반해 선순위 임차인의 전세보증금은 1억 4,500만 원인 경우다. 즉, 누가 얼마에 낙찰받든지 임차인의 보증금 1억 4,500만 원을 전액 배당받지 못하면 부족한 금액만큼을 낙찰자가 임차인에게 지급해야 한다.

예를 들어, 700만 원에 낙찰받는다면 임차인에게 부족한 1억 3,800만 원을 지급해야 하는 것이다. 극단적으로 1원에 낙찰받아 가져온다 해도 1억 44,999,999원을 낙찰자가 부담해야 한다. 그래서 해당 주택의 가격이 보증금보다 낮아 아무도 입찰하지 않는 것이다. 그렇게 되면 경매를 진행하기 위해 경매 신청자가 선납한 각종 집행비용을 회수하지 못한 채 경매가 중단될 수도 있다(집행비용은 감정평가비용과 각종 인지대 등이 포함되는데, 7억 원 정도의 아파트는 600만 원 내외가 된다). 즉, 채권 회수를 위해 경매 집행비용을 선납하고 보전받지도 못해 손해 보는 결과를 가져올 수 있다.

그렇다면 주택 시세가 보증금보다 낮은 경우 선순위 임차인은 어떻게 해당 주택에서 일부라도 회수해서 나올 수 있을까? 요즘은 전세보증금 반환보증으로 회수하는 것이 가장 좋은 방법이다(전세보증금 반환보증 제도에 관해서는 11장의 '부동산 소비자 금융'을 참고). 다만, 여러 가지 사유로 인해 전세보증금 반환보험에 가입하지 못했다면, 해당 주택을 경매 처분해서 배당받고 나와야 하는데, 낙찰이 안 되면 결국 임차인이 보증금에 해당하는 금액으로 낙찰을 받고, 잔금 납부는 배당금으로 대체해 해당 주택을 낙찰받을 수밖에 없다. 해당 주택의 소유자가 된 다음 매매를 통해 시세대로 매각해 일부 손실이 있더라도 회수해서 이전하는 것이다. 만약 반드시 보증금 전액을 받고 이주해야겠다면 안타깝지만, 해당 주택에 계속 거주해서 주택가격이 전세보증금보다 높아질 때까지 기다릴 수밖에 없다.

 마지막으로, 부동산 경매는 '시세보다 저렴하게 부동산을 사는' 장점이 있다고 앞서 살펴보았다. 여기서 주의할 점은 '저렴하게'이지, '산다'는 개념이 아니라는 것이다. 간혹, 입찰자가 몰리거나, 경매 정보 사이트의 조회 수가 높다거나, 경매 관련 유튜브에 소개되는 등 많은 사람이 관심을 갖는다고 해서 입찰가를 시세보다 높게 결정하는 경우가 있는데, 이럴 경우 차라리 급매물을 사는 것이 더 유리할 수도 있다.

초보 투자자를 위한
부동산 경매

부동산 경매는 부동산 투자자에게 언제나 좋은 투자 방식이 될 수 있다. 특히, 부동산 경기 상승기가 아닌 시기에서는 그 투자 효율이 더 좋을 수밖에 없다. 다만, 처음으로 부동산 경매에 투자하는 투자자들은 다음 사항을 유념해야 한다.

먼저 권리분석에 관한 사항이다. 경매에서 권리분석은 가장 중요한 사항이다. 등기사항증명서와 임차인 등 점유자 현황을 파악해, 낙찰 후 인수해야 하는 권리 및 임차인이 있는지를 확인해야 한다.

다음으로 현장 답사는 필수다. 서류만을 확인하고 입찰하면 큰 낭패를 볼 수 있다. 실제 현장에 가서 건물의 상태나, 주변 시세, 점유자 현황, 개발 계획, 주변 환경 등을 꼼꼼히 살펴야 한다.

세 번째, 낙찰가와 수익률 계산에 대한 부분이다. 감정가는 경매 개시 당시의 평가 금액이지, 입찰 당시의 시세가 아니다. 따라서 감정가의 몇 %라는 것은 큰 의미가 없다. 현재 시세 대비 얼마나 저렴하게 낙찰받았는지 여부와 그 외 수리비용, 명도비용 등에 대한 부분까지 감안해 명확한 수익률을 예측해야 한다.

네 번째, 명도 리스크에 대한 대비가 필요하다. 단순히 명도비용을 지급하면 이사 나가는 것이 아닐 수도 있고, 강제 집행 시 기간과 비용이 추가로 들어서 낙찰 후 바로 입주할 수 없는 경우도 있다.

다음으로 경매는 일반 매매와는 달리 대출이 제한될 수 있다. 또 은행에서 일반적으로 경매 잔금 대출을 전문적으로 하지 않기 때문에 정확한 예산을 세워 대출 가능 금액을 사전에 확인해야 한다. 예를 들어, 낙찰받은 부동산에 실제 성립 여부와는 관계없이 유치권이 신고되어 있으면 일반적인 잔금 대출은 거의 불가능하다. 대출 여부 및 범위에 대해서는 해당 경매 법정에서 대출을 전문적으로 알선하는 업체를 사전에 파악해서 대출에 관한 상담을 받아 자금계획을 안정적으로 세워야 한다.

마지막으로, 초보자는 특수물건을 가급적 피해야 한다. 지분경매, 유치권, 법정지상권, 공유물 분할경매 등은 수익이 클 수도 있지만, 상대적으로 위험도 크다. 따라서 어느 정도 분석 능력이 없다면 이러한 특수물건은 피해야 한다.

무료로 경매 정보를 볼 수 있는 사이트

많은 사람들이 부동산 경매에 관심을 가지고 있지만 대부분 정보를 제공하는 기관에서는 이를 유료로 제공하고 있다. 전문적으로 경매 정보를 살펴보는 투자자가 아니라면 이 비용이 부담스러울 수 있다. 이들을 위해 무료로 경매 정보를 얻을 수 있는 곳을 살펴본다. 정부 기관에서 운영하는 공식 사이트부터 일부 정보를 무료로 제공하는 민간 경매 정보업체까지, 다음 사이트들을 통해 부동산 경매 물건 검색 및 기본적인 정보 확인이 가능하다.

대한민국 법원 법원경매 정보(www.courtauction.go.kr)

대법원에서 운영하는 공식 부동산 경매 정보 사이트다. 전국 법원에서 진행되는 모든 경매 물건 정보를 가장 정확하고 신속하게 무료로 확인할 수 있다. 물건 기본 정보, 감정평가서, 물건 명세서 등 중요한 서류들을 무료로 열람할 수 있다는 장점이 있지만, 사용자 인터페이스가 다소 불편하게 느껴질 수 있고, 과거의 사건 검색 등 일부 제한 정보가 있다. 최근 사이트 개편을 통해 '조건별 정밀 검색 기능'과 '유찰 물건만 보기' 등 점점 많은 기능이 제공되고 있다.

한방 부동산(www.karhanbang.com)

한방 부동산은 한국공인중개사협회에서 운영하는 부동산 포털이다. 여기에서는 부동산 매물부터 뉴스에 이르기까지 다양한 정보를 제공하고 있다. 그중 하나가 무료로 제공하는 공·경매 정보다. 전국 부동산의 공·경매 매물을 검색해 기본 정보를 살펴보는 부분까지 회원가입을 하지 않고도 무료로 볼 수 있다. 더불어 매물 검색을 통해 주변의 시세까지 한 번에 살펴볼 수 있고, 인근 개업공인중개사 사무소도 찾아볼 수 있어 원스톱으로 기본 정보를 모두 확인할 수 있다.

지스옥션(www.zisauction.com)

일반적인 부동산 경매 정보 무료 열람사이트는 해당 물건의 기초사항만 무료 검색이 가능한 반면, 지스옥션은 기본적으로 권리분석사항까지 무료로 제공된다. 운영하는 해당 업체는 경매 정보 제공이 목적이 아니라, 경매 컨설팅을 해주는 사업을 하다 보니 운영 전략 중 하나로 일반인에게 무료로 경매 정보를 열람할 수 있도록 하는 것 같다.

기본적인 경매 정보 검색은 무료 사이트를 이용하더라도, 해당 부동산의 권리분석을 직접 하기 어려우면 반드시 해당 전문가의 도움을 받아야 한다.

제8장
임대주택의 모든 것

모든 국민이 자기 주택을 소유해서 거주한다면, 주택 문제 대부분의 이슈는 사라질 것이다. 안타깝게도 수도권에서는 아직도 절반 가까이가 타인 소유의 주택을 임대해 거주하고 있다. 이는, 전국적으로 주택 보급률이 100%를 넘는다는 기사에 반해 우리 사회의 문제를 나타내는 대표적인 지표다. 이 장에서는 민간임대주택에 관한 특별법에서 규정하고 있는 사항과 다양한 임대주택의 제도와 특징에 대해 살펴본다.

공공임대주택 제도

임대주택은 크게 건설임대주택과 매입임대주택으로 나눌 수 있다. 건설임대주택은 임대사업자가 임대를 목적으로 건설해서 임대하는 주택으로, 정부 등의 지원 여부에 따라 공공건설 임대주택과 민간건설 임대주택으로 구분한다. 공공건설 임대주택은 국가 또는 지방자치단체의 재정으로 건설하거나 건설·임대하는 주택 또는 국민주택기금의 자금을 지원받아 건설·임대하는 주택, 그리고 공공사업에 의해 조성된 택지에 건설·임대하는 주택 등으로 구성된다. 이에 반해, 민간건설 임대주택은 민간이 순수한 자기 자본으로 건설한 임대주택이다. 즉, 재정의 성격이 공공이냐, 민간이냐를 두고 구분하는 것이다. 매입임대주택은 임대사업자가 분양 또는 매매 등에 의해 소유권을 취득해서 임대하는 주택을 의미한다.

공공임대주택은 국가나 지방자치단체의 재정이나 주택도시기금의 지원을 받아 사회취약계층 등의 주거 안정을 목적으로 공급하는 임대주택이다. 입주자에게 주어지는 혜택이 큰 정도에 따라 입주하는 입주자의 요건을 달리 정해 제한한다. 시기별 정부 정책에 따라 다양한 공공임대주택이 공급되는데, 그 대표적인 특징을 비교해 살펴보면 다음 표와 같다.

구분		통합 공공임대	영구임대	국민임대	장기전세	공공임대 (5년/10년)	행복주택
① 임대 기간		30년	50년	30년	20년	5년/10년	30년 (입주 계층에 따라 거주 기간 상이)
② 공급 조건		보증금+임대료 (시세 35~90% 수준)	보증금+임대료 (시세 30% 수준)	보증금+임대료 (시세 60~80% 수준)	전세금 (시세 80% 수준)	보증금+임대료 (시세 90% 수준)	보증금+임대료 (시세 60~80% 수준)
③ 공급 규모		85㎡ 이하	40㎡ 이하	85㎡ 이하 (통상 60㎡ 이하)	85㎡ 이하 (통상 60㎡ 이하)	85㎡ 이하	60㎡ 이하
④ 공급 대상		무주택세대 구성원/ 무주택자	생계급여 또는 의료급여 수급자 등 [소득 1분위]	무주택세대 구성원 [소득 2~4분위]	무주택세대 구성원 [소득 3~4분위]	무주택세대 구성원 [소득 3~5분위]	무주택세대 구성원/ 무주택자 [소득 2~5분위]
⑤ 자산 기준	적용 대상	모든 공급 유형 (단, 우선공급 중 일부 적용 제외)	-	모든 공급 유형	모든 공급 유형	모든 공급 유형 [단, 기타 특별 제외]	모든 공급 유형
	금액 기준	총자산 : 36,100만 원 이하(2023) 자동차 : 3,683만 원 이하(2023)	-	총자산 : 36,100만 원 이하 자동차 : 3,683만 원 이하	부동산 : 21,550만 원 이하 자동차 : 3,683만 원 이하	부동산 : 21,550만 원 이하 자동차 : 3,683만 원 이하	총자산 : 36,100만 원 이하 자동차 : 3,683만 원 이하
⑥ 소득 기준	적용 대상	모든 공급 유형 (단, 우선공급 중 일부 적용 제외)	-	모든 공급 유형	모든 공급 유형	신혼, 생애 최초, 다자녀, 노부모 일반 (60㎡ 이하)	모든 공급 유형 (단, 주거 급여 수급자 제외)
	금액 기준	우선공급 : 기준 중위 소득 100% 이하 일반공급 : 기준 중위 소득 150% 이하	-	60㎡ 이하 : 70% 이하 85㎡ 이하 : 100% 이하	60㎡ 이하 : 100% 이하 85㎡ 이하 : 120% 이하	60㎡ 이하 일반공급, 생애 최초 우선공급, 신혼부부 우선공급 : 100% 이하	100% 이하 (단, 맞벌이 부부의 경우 120% 이하)

구분		통합 공공임대	영구임대	국민임대	장기전세	공공임대 (5년/10년)	행복주택
⑥ 소득 기준						다자녀, 노부모 특별공급: 120% 이하 신혼부부 잔여공급, 생애 최초 잔여공급: 130% 이하	
⑦ 공급 유형	일반	일반공급 - (자격) 청년, 신혼부부 (예비포함)· 한부모가족, 고령자, 일반 - (선정) 추첨으로 선정	일반공급 - (자격) 생계급여 또는 의료 급여 수급자, 국가유공자 등 - (선정) 지자체의 추천을 받은 자	일반공급 - (자격) 해당 지역 거주 무주택세대 구성원 - (선정) 순위, 자녀수, 배점 등에 따라 선정 ※ 50㎡ 이하: 지역으로 순 위 구분 ※ 50㎡ 초과: 주택청약종합 저축으로 순위 구분		일반공급 - (자격) 해당 지역 거주 무주택 세대 구성원 - (선정) 입주자저축 (청약저축, 주택 청약종합저축) 순위·순차	일반공급 - (자격) 대학생 (취준생 포함), 사회 초년생 (재취준생 포함), 신혼부부 (예비 신혼부부, 대학생·취준생 신혼부부 포함), 고령자, 주거 급여 수급자, 산업단지 근로자 - (선정) 순위 및 추첨으로 선정
	특별 우선	• 철거민 등 • 국가유공자 등 • 다자녀가구 등 • 장애인 기초생활 보장급여 수급자 등 • 장기복무 제대군인, 북한 이탈 주민 • 비주택 거주자 등 • 청년 • 신혼부부· 한부모가족 • 고령자	• 수급자 선정 기준의 소득 인정액 이하인 국가 유공자 등 • 귀환국군 포로 • 수급자 신혼부부	• 3자녀 이상 가구 • 국가유공자 등 • 영구 임대 입주자 • 비닐간이공작물 거주자 • 신혼부부 • 사업지구 철거민 • 기타 공급 대상		• 다자녀 특별 • 신혼부부 특별 • 생애 최초 특별 • 노부모부양 특별 • 국가유공자 특별 • 기타 특별	• 대학생 (취준생 포함) • 청년(사회 초년생 포함) • 신혼부부 • 고령자 • 주거급여 수급자 • 산업단지 근로자

주택임대사업자

　임대사업자란, 공공주택사업자가 아닌 자로서 1호 이상의 민간임대주택을 취득해 임대사업을 할 목적으로 민간임대주택에 관한 특별법(이하 '민간임대주택법'이라 한다) 제5조에 따라 등록한 자를 말한다. 통상 주택 외의 부동산 임대업을 하는 사업자도 임대사업자라고 칭하고 있어, 이를 구분하기 위해 일반적으로 '주택임대사업자'라 칭한다. 민간임대주택이란 임대 목적으로 제공하는 주택으로서 임대사업자가 같은 법 5조에 따라 등록한 주택을 말한다.

　일반인이 주택 한 채를 임대하다가 나중에 시세차익이 나면 매각하겠다는 목적으로 취득하는 경우, 위에서 말하는 주택임대사업자에 해당할까? 정답은 본인의 의사에 달려 있다. 앞서 보았듯이 임대하는 모든 주택 소유자가 주택임대사업자가 되는 것이 아니라, 법에 따라 등록한 사람만 주택임대사업자가 되는 것이다. 주택임대사업자로 등록하면 여러 가지 의무와 혜택이 부여된다. 정부 입장에서는 안정적으로 임대주택을 공급하고자 하는데, 정부의 공급만으로는 부족해서 민간에서 일정 기간 이상 일정 조건에 맞춰 임대주택을 공급하면 그에 따른 혜택을 부여하는 제도다. 다만, 최근 경향으로는 주택임대사업자에 대한 의무는 늘어나는 반면 혜택은 줄어들고 있다.

2025년 5월을 기준으로 주택임대사업자에게 부과되는 대표적인 의무는 다음과 같다. 이는 민간임대주택법의 규정사항이다.

① **부기등기의 의무** : 민간임대주택법 제5조의2에 따라 임대사업자는 등록한 민간임대주택이 임대의무 기간과 임대료 증액 기준을 준수해야 하는 재산임을 소유권등기에 부기등기해야 한다. 이를 위반하면 500만 원 이하의 과태료 처분이 있다.

4	소유권이전	2021년4월30일 제81010호	2021년4월15일 매매	소유자 서울특별시 강서구 거래가액 금320,000,000원
4-1	민간임대주택등기	2021년5월6일 제84707호	2021년5월4일 민간임대주택 등록	이 주택은 민간임대주택에 관한 특별법 제43조제1항에 따라 임대사업자가 임대의무기간 동안 계속 임대해야 하고 같은 법 제44조의 임대료 증액기준을 준수해야 하는 민간임대주택임

주택임대사업자의 부기등기 (출처 : 인터넷등기소)

② **임대차계약 시 권리관계 등 설명** : 민간임대주택법 제48조에서는 민간임대주택에 대한 임대차계약을 체결하거나 월임대료를 임대보증금으로 전환하는 등 계약 내용을 변경하는 경우에 임대사업자는 임대보증금의 보증 기간, 선순위담보권 및 세금 체납 사실, 임대의무 기간 중 남아 있는 기간 등에 관한 사항을 임차인에게 설명하고 이를 확인받도록 규정하고 있다. 이를 위반하면 500만 원 이하의 과태료가 부과된다.

③ **표준임대차계약서의 사용 의무** : 민간임대주택법 제7조에서는 임대사업자가 민간임대주택에 대한 임대차계약을 체결하려는 경우에는

국토교통부령으로 정하는 표준임대차계약서(민간임대주택법 시행규칙 별지 제24호 서식)를 사용해야 한다. 이를 위반하면 1,000만 원 이하의 과태료가 부과된다. 흔히 통용되는 주택임대차에 관한 표준계약서는 2가지 서식이 있다. 먼저 주택임대차법 제30조에서는 주택임대차계약을 서면으로 체결할 때는 법무부장관이 국토교통부장관과 협의해서 정하는 주택임대차표준계약서를 우선으로 사용하도록 하고 있다.

이러한 양식은 주택임대차관계에서 분쟁의 소지가 있는 부분을 계약 당시 명확하게 규정해, 상대적 약자인 임차인을 보호하기 위해 만들어졌다. 다만, '당사자가 다른 서식을 사용하기로 합의한 경우에는 그러하지 아니하다'라는 단서 조항으로 인해 실무에서는 오히려 거의 사용하는 예가 드물다. 또한, 주택임대사업자에게 사용 의무가 있는 표준임대차계약서와 혼동의 우려도 있다.

주택임대사업자가 법에따라 의무적으로 사용해야 하는 임대차계약서 양식은 법무부 홈페이지 (https:// www.moj.go.kr)의 법무정책서비스 >>> 법무/검찰 >>> 주택임대차법령정보에서 다운로드받을 수 있다.

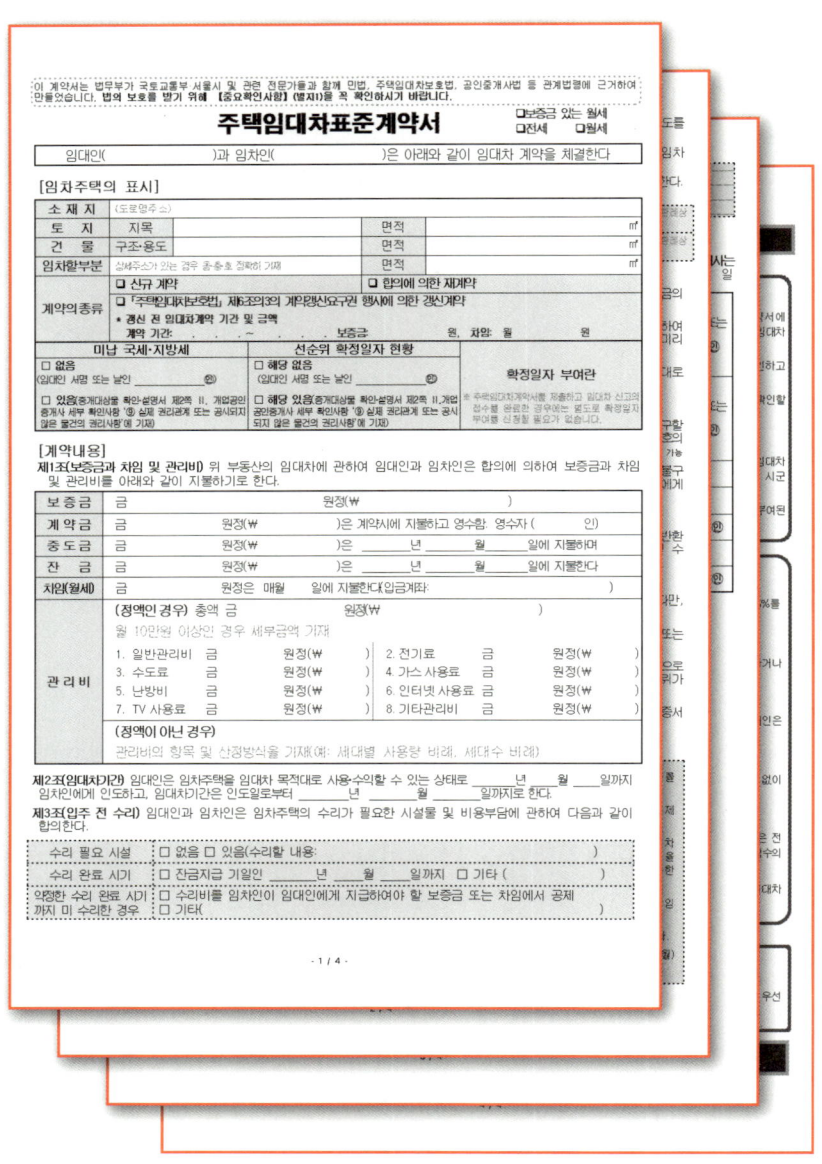

주택임대차법 제30조에 따른 권장 표준계약서 (출처 : 법무부 홈페이지)

민간임대주택법에 규정된 중요사항을 임차인에게 계약 당시 알림으로 인해 임차인의 권리 보호에 훨씬 중요한 역할을 하는 표준임대차계약서는 민간임대사업자의 경우 의무사항이기에 해당 양식을 사용하고 있다. 하지만 이는 특약까지 추가하면 7장의 계약서 서식이 되어, 실무에서 계약의 양 당사자에게 해당 규정이 얼마나 인식되고 있을지는 다소 의문이 든다. 해당 양식은 국토교통부 홈페이지 또는 렌트홈(https://www.renthome.go.kr)의 민원법정서식 메뉴에서 다운로드받을 수 있다.

이 2가지 양식의 계약서 모두 일반적으로 사용하는 1장짜리의 부동산 임대차계약서에 비해 당사자 간 분쟁을 줄이고 임차인의 적극적인 보호를 위해 중요한 서식임은 분명하다. 다만, 사용 효율성을 보다 높이기 위해 2가지의 계약서를 1가지 양식으로 통일해서 실제 계약 현장에서도 많은 사용이 있도록 활용하는 방안이 필요해 보인다.

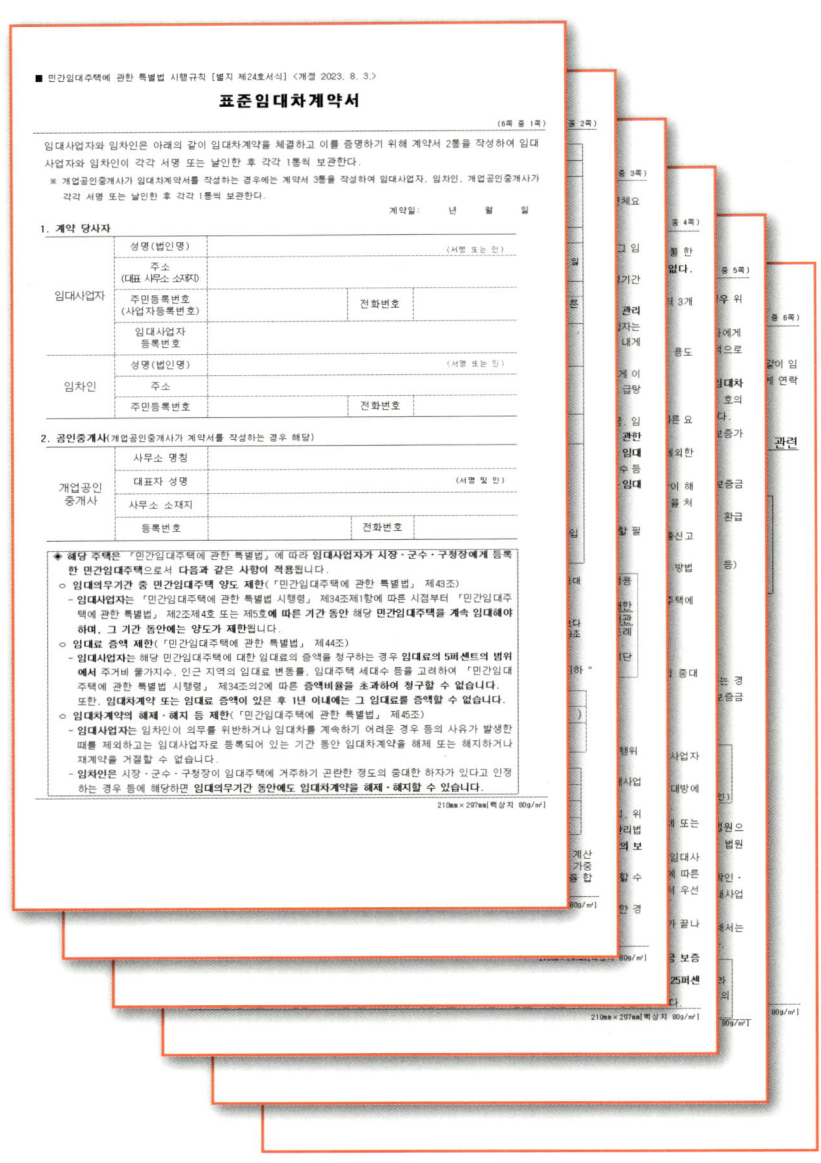

민간임대주택법 시행규칙에 따른 표준임대차계약서 (출처 : 렌트홈)

④ **임대차계약 조건 신고** : 민간임대주택법 제46조에 임대사업자는 민간임대주택의 임대차 기간, 임대료 및 임차인(준주택에 한정한다) 등 대통령령으로 정하는 임대차계약에 관한 사항을 임대차계약을 체결한 날(주택임대사업자 등록 전에 종전 임대차계약이 있는 경우 민간임대주택으로 등록한 날을 말한다), 또는 임대차계약을 변경한 날부터 3개월 이내에 시장·군수·구청장에게 신고 또는 변경 신고를 하도록 하고 있다. 신고의 의무는 신규계약뿐만 아니라 기존 임차인과 갱신계약, 재계약, 묵시의 갱신 등을 포함해 모두 신고해야 한다. 이를 위반하면 1,000만 원 이하의 과태료가 부과된다.

⑤ **임대주택 공급 신고** : 민간임대주택법 제42조의 규정에 의해 동일한 주택단지에서 30호 이상의 민간임대주택을 공급하는 경우, 임차인을 모집하려는 날의 10일 전까지 민간임대주택 공급신고서를 시장·군수·구청장에게 제출해야 한다. 이를 위반하면 1,000만 원 이하의 과태료가 부과된다.

⑥ **임대료의 증액 제한** : 민간임대주택법 제44조에서는 보증금과 차임 등 임대료를 증액하려는 경우, 임대료의 5%의 범위를 초과해서 청구해서는 안 되고, 계약 또는 증액이 있은 후 1년 이내에는 증액 청구를 할 수 없다. 보증금을 월차임으로 전환하는 경우 월차임 전환율(5장 주택임대차법 참조)을 적용해야 한다.

예를 들어 보증금 1억 원에 월세 50만 원인 계약에서 임대료를 5% 인상한다면, 보증금 1억 500만 원에 월세 525,000원이 된다. 통상 보증금은 그대로 두기 때문에 보증금을 1억 원으로 두고 인상할 수 있는 보증금 500만 원은 월차임으로 전환된 20,833원을 인상되는 월차임 525,000원에 더하면 545,833원이 된다. 즉 보증금은 그대로 두고 월세 45,833원이 인상의 한도액이 되는 것이다. 이는 5장 주택임대차보호법의 월차임 전환률에 따라 구할 수도 있고, 렌트홈에서도 계산해볼 수 있다. 이러한, 임대료 증액 한도 규정을 위반하면 3,000만 원 이하의 과태료가 부과된다.

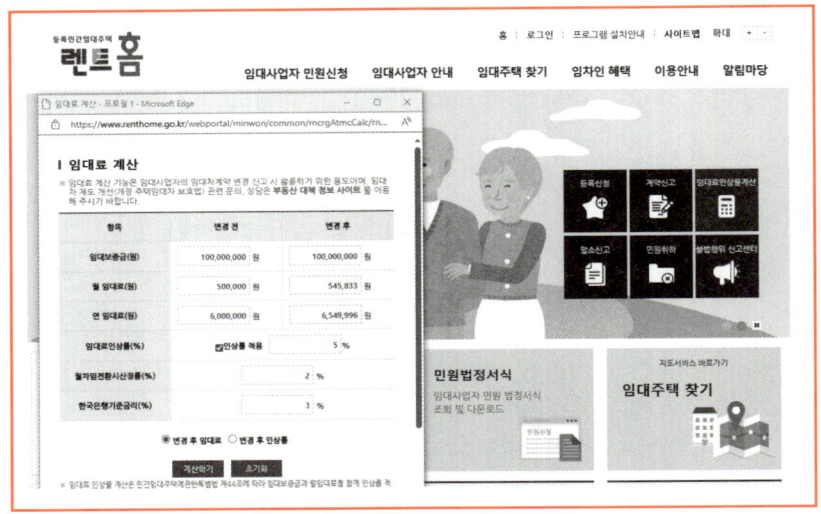

임대료 계산 예시 (출처 : 렌트홈)

⑦ **임대의무 기간 준수** : 민간임대주택법 제43조에 따라 임대사업자는 10년의 임대의무 기간 동안 민간임대주택을 계속 임대해야 하며, 그 기간이 지나지 않으면 이를 양도할 수 없다. 다만, 다른 주택임대사업자에게 포괄양도의 형식으로 양도할 수는 있다. 포괄양도가 진행되면 양도인은 시장·군수·구청장에게 신고해야 하고, 이를 위반하면 3,000만 원 이하의 과태료가 부과된다. 또한 2025년 6월 4일부터 민간임대주택

법 일부 개정을 통해 비아파트를 대상으로 의무임대 기간 6년이 적용되는 단기등록임대 제도가 도입된다. 예전에도 4년짜리 단기임대주택 제도가 있었다가 폐지된 바 있다. 주택에 관한 정책은 꾸준히 한 방향으로 진행되어야 하는데, 정부가 바뀔 때마다 그 방향이 완전히 바뀔 수 있다. 바람직하지 않다고 생각되지만, 정책적으로 계속 변경될 수 있는 부분이다.

⑧ 임대차계약 유지 : 민간임대주택법 제45조에 따라 임대사업자는 임차인이 의무를 위반하거나 임대차를 계속하기 어려운 경우 등 대통령령으로 정하는 사유가 발생한 때를 제외하고는 임대사업자로 등록되어 있는 기간 동안 임대차계약을 해제 또는 해지하거나 재계약을 거절할 수 없다. 대통령령으로 정한 거절 사유는 거짓이나 그 밖의 부정한 방법으로 민간임대주택을 임대받은 경우, 임대사업자의 귀책 사유 없이 임대 개시 후 3개월 이내에 입주하지 않은 경우, 월 임대료를 3개월 이상 연속해서 연체한 경우, 민간임대주택 및 그 부대시설을 임대사업자에게 동의를 받지 않고 개축·증축 또는 변경하거나 본래의 용도가 아닌 용도로 사용한 경우, 민간임대주택 및 그 부대시설을 고의로 파손 또는 멸실한 경우, 표준계약서상의 의무를 위반한 경우 등이다. 이 규정을 위반하는 경우 1,000만 원 이하의 과태료가 부과된다.

⑨ 준주택의 용도 제한 : 민간임대주택법 제50조에서 민간임대주택으로 등록한 준주택은 주거용이 아닌 용도로 사용할 수 없도록 규정하고 있다. 예를 들어, 오피스텔을 임대주택으로 등록한 경우 임차인이 반드시 주거용으로 사용해야 한다. 임차인이 주거하지 않은 채 사업자등록을 신청하고 사업을 한다면 명백한 위반이다. 이를 위반하면

1,000만 원 이하의 과태료가 부과된다.

⑩ 보증금 반환보증의 가입 : 민간임대주택법 제49조에서는 임대사업자는 임대사업자등록이 말소되는 날까지 민간임대주택을 임대하는 경우 임대보증금에 대한 보증에 가입하도록 하고 있다. 이를 위반하면 3,000만 원 이하의 범위에서 보증금의 10% 이하에 해당하는 과태료가 부과된다. 이외에도 300세대 이상 또는 150세대 이상의 공동주택임대사업자에 대한 의무 규정이 각각 있으나 이는 부동산 전문가 회사의 경우에 해당한다고 판단해 생략한다.

이상 살펴본 바와 같이 주택임대사업자에게는 많은 의무 규정을 부여한다. 특히, 3,000만 원 이하의 과태료가 부과되는 10년의 임대 기간 준수와 5% 이하 증액한도 규정은 임대인에게 과도하다 할 만큼 엄격하나, 임차인에게는 매우 중요한 사항이다. 그렇기에 임차인 입장에서는 같은 임대조건의 주택이 있다면, 가능한 한 임대인이 주택임대사업자로 등록된 주택을 임차하는 것이 더 유리한 선택이 된다.

주택임대사업자에게 많은 의무 규정을 부여한 만큼 이에 상응하는 혜택이 있다. 정책적으로 가장 유리한 혜택은 주로 세금에 관한 규정인데, 대표적 혜택 3가지를 정리해보면 다음과 같다.

① 취득세 감면 : 원래는 2024년 폐지되는 혜택이었으나 2027년 12월 31일까지 한시적으로 연장되었다. 전용면적 60㎡ 이하는 취득세가 면제되고(200만 원 초과 시 85% 감면), 전용면적 60㎡ 초과 85㎡ 이하는 면적에 따라 50~75%를 감면받게 된다. 실제 전용면적 60㎡ 이하의 임

대주택이 많아 주택임대사업자 대부분이 가장 큰 혜택을 보는 것 중 하나다.

② **재산세 감면** : 재산세 감면 역시 폐지되는 혜택이었으나 2027년 12월 31일까지 한시적으로 연장되었다. 공동주택과 오피스텔의 경우 전용면적 40㎡ 이하는 100% 면제이고, 40㎡ 초과 60㎡ 이하는 75% 감면, 60㎡ 초과는 50%가 감면된다. 다가구주택의 경우 모든 가구의 면적이 40㎡ 이하인 경우 재산세가 전액 면제되나 한 가구라도 40㎡를 초과하면 감면이 제외된다.

③ **종합부동산세 합산 배제** : 주택임대사업자로 등록된 주택은 종합부동산세 합산 대상에서 제외될 수 있다. 단, 2019년 9월 14일 이후 조정대상지역 내 신규 취득한 주택은 합산과세 대상이다.

추가로, 임대소득세의 감면 혜택과 양도소득세 중과배제 및 장기보유 특별공제, 소형 비아파트의 경우 청약 시 주택 수 산정 제외 등 다양한 혜택이 있다. 다만, 이는 정책의 변화로 인해 변경될 수 있으니 해당 시점에서 적용되는 구체적 사항들을 세무사 상담 등을 통해 정확히 확인할 필요가 있다.

임대주택과
보증금 반환보증

전세 또는 월세 형태의 임대주택을 찾는다고 하면, 임차인에게 가장 유리한 주택은 어느 것일까? 이는 임대인이 가장 수익을 적게 가져가는 형태 순으로 정해지게 된다.

먼저 공공임대주택이 가장 임차인에게 유리하다. 공공임대주택은 임대인이 공공의 성격으로 수익을 극대화하는 목적보다 임차인의 주거 안정에 더 큰 목적을 두고 있기 때문이다. 다만, 공공임대주택은 입주자의 소득이나 무주택 여부 등 다양한 전제 조건이 있어 이에 해당하는 사람만 입주가 가능하다. 공공임대주택은 마이홈(https://www.myhome.go.kr)에서 직접 찾아볼 수 있다.

공공임대주택 다음으로 임차인에게 유리한 형태는 민간임대주택으로 등록된 주택이 될 것이다. 민간에서 직접 운영하지만 앞서 살펴본 여러 가지 혜택을 주면서, 반대급부로 임대차에서 가장 중요한 임대료 인상과 공급 기간의 의무 규정 등을 두어 제도적으로 주거 안정을 꾀하고 있다. 일반 주택임대차는 임차인이 변경될 때 임대인의 임대료 인상에 제한이 없지만, 주택임대사업자는 임차인이 변경되더라도 직전 임대료보다 5%를 초과해서 임대료를 인상할 수 없기 때문에, 임대인은 임대료 인상을 위해 임차인을 변경할 필요가 없고, 계속해서 같은 임차인이 거주할 수 있어 임차인의 주거 안정이 이루어진다. 민간임대주택은 앞서 살펴본 렌트홈에서 직접 찾아볼 수 있다.

전세가격 등의 하락으로 인해 임차인이 계약 종료 후 보증금을 반환받지 못하는 경우가 많아지고, 전세사기 피해가 광범위하게 발생하고 있어 이른바 전세보증금 반환보증에 가입하는 사례가 많아졌다. 전세보증금 반환보증에 가입하려면 여러 조건에 충족되어야 한다. 먼저, 주택 소유권의 권리침해가 없어야 한다. 예컨대 경매 기입등기가 되어 있거나, 압류등기가 기입되어 있으면 가입이 불가능하다.

또한, 전입세대열람내역 확인 결과 타 세대의 전입 내역이 없어야 하고, 건축물대장에 위반건축물로 기재되어 있지 않아야 한다. 전세계약 기간이 1년 이상 되어야 하고, 공인중개사가 확인한 전세계약이어야 하며, 보증금이 주택공시가격의 126% 이내여야 한다. 얼마 전까지만 해도 보증금이 주택공시가격의 150%까지 가능했지만, 보증사고가 많이 발생해 이를 126%까지 엄격하게 제한한 것이다. 126%는 공시가격의 140%와 부채비율의 90%까지를 인정해 이 둘을 곱해 그 한도로 정한 것이다. 이전에는 공시가격의 150%와 부채비율의 100%까지를 인정해 150%였던 것이 축소되었다.

그리고, 담보 대출, 질권설정 또는 채권양도 통지된 전세 대출의 경우 보증이 불가능하다. 내용이 좀 복잡해 보이나 사실은 단순하다. 매매가 대비 전세가 비중이 과도하게 높지 않고, 일체의 선순위 권리 없는 정상적인 주택이면 가능하다는 것이다. 원룸 오피스텔 등 소형 주거시설의 경우 공시가격 126%가 보증 가입의 중요한 기준이 되므로 이를 계약

전에 확인해야 한다.

대표적인 임대주택 보증금 반환보증기관으로는 주택도시보증공사와 한국주택금융공사, 서울보증보험이 있다.

보증기관별 특징은 다음 표와 같다.

	주택도시보증공사(HUG)	한국주택금융공사(HF)	서울보증보험(SGI)
명칭	전세금반환보증보험	일반전세자금보증	전세금보장신용보험
자격	계약서상 임차인 (개인, 법인, 외국인)	한국주택금융공사 전세 대출 이용자	계약서상 임차인 (개인, 법인, 외국인)
임차 주택	아파트, 오피스텔, 단독주택, 다가구주택, 연립주택, 다세대주택, 노인복지주택	아파트, 도시형생활주택, 연립주택, 단독주택, 다가구주택, 다세대주택, 준주택인 오피스텔, 노인복지주택	아파트, 오피스텔, 단독주택, 다가구주택, 연립주택, 다세대주택, 도시형생활주택
반환 조건	주택임차권등기명령을 마친 후 이행청구 가능	한국주택금융공사로 임차보 증금 반환채권의 양도 절차 를 마친 후 청구 가능	보험금 지급 전에 집을 비워줘야 함.
한도	수도권 7억 원 이하, 그 외 지역 5억 원 이하	수도권 5억 원, 지방 3억 원	10억 원 이하
보증료 율	아파트 : 0.115%~ 기타 : 0.129%~	기준 : 0.04% 우대대상 : 0.02%	아파트 : 0.192%~ 기타 : 0.218%~

전세보증금 반환보증의 경우, 전세가격이 지속적인 상승 시기이던 예전에는 보증금을 반환받지 못했던 사례가 거의 없어 필요하지 않았던 부분인데 최근에는 전세계약의 필수 요건처럼 되어 있다. 이로 인해 임차인으로서는 필요 없던 부담이 생겨난 것이다. 그럼에도 불구하고 보증 사고가 늘어나면서 보증기관에서는 재정의 부담이 되고, 이는 다시 보증료율을 올리는 근거가 된다. 임차인은 계약 시 일정 부분의 보증

료만 내고 보증에 가입하게만 되면 100% 보증금을 반환받을 수 있다는 부분 때문에 전세 시세 등의 검증에 소홀해질 수 있다는 문제 제기로 인해 최근 보증의 범위를 전세보증금의 90%로 제한하자는 논의가 지속되고 있다.

 누군가는 이러한 전세 제도의 문제로 인해 주택 시장의 피해가 크니, 전세 제도를 정책적으로 없애야 한다고 주장하기도 한다. 그러나 전세 제도의 존폐는 정책으로 결정할 사항이 아닌, 시장에서 선택하고 결정하도록 해야 한다. 정책은 이러한 제도로 인허 발생하는 문제점을 사전에 보완해주는 것으로 족하다.

주택임대차계약 신고제

 2021년 6월 1일부터 본격 시행된 주택임대차계약 신고제는 부동산 시장의 투명성을 높이고, 임차인의 권리를 실질적으로 보호하기 위한 제도적 장치로 도입되었다. 이 제도는 기존의 전세 및 월세계약이 제도권 밖에서 이루어지는 관행을 줄이고, 정부가 임대차 시장의 현황을 보다 정확히 파악할 수 있도록 한다는 데 핵심 목적이 있다.
 임대차 3법 중 하나로 평가되는 이 제도는 전월세신고제라는 명칭으로도 알려져 있으며, '부동산 거래신고 등에 관한 법률' 개정을 통해 제도화되었고, 다음과 같은 특징이 있다.

신고 의무와 대상
 해당 제도에 따르면, 보증금이 6,000만 원을 초과하거나 월세가 30만 원을 초과하는 주택임대차계약은 계약 체결일로부터 30일 이내에 신고해야 한다. 신고는 임대인과 임차인이 공동으로 해야 하지만, 계약서를 첨부하는 경우 한 사람만의 단독 신고도 가능하다. 신고 대상 지역은 서울, 인천, 경기 등 수도권 전역과 6대 광역시, 세종시 및 도내 '시' 지역을 포함하며, 농촌 지역과 같은 '군' 단위 일부 지역은 현재 제외된다.
 신고의 대상이 되는 계약은 단순히 신규 계약에만 한정되지 않고, 임대료가 변동된 갱신계약도 포함된다. 단, 임대료에 변동이 없는 갱신계약은 신고 의무에서 제외되며, 기존 계약의 단순 연장인 경우에는 신고 대상이 되지 않는다.

신고 방법과 절차

임대차계약 신고는 온라인과 오프라인 모두 가능하다. 온라인 신고는 국토교통부의 '부동산거래관리시스템(https://rtms.molit.go.kr)'을 통해 24시간 접수 가능하며, 공동인증서나 간편 인증을 통해 로그인 후 신고서를 작성하면 된다. 이때 임대차계약서 사본, 위임장(대리 신고 시), 신분증 등을 첨부해야 한다.

오프라인 신고는 임대차 주택 소재지 관할의 읍·면·동 주민센터에 직접 방문해서 신청할 수 있다. 특히 고령자, 정보 취약계층, 외국인 임차인 등 디지털 접근성이 낮은 계층을 고려해 다양한 방법이 허용된다. 공인중개사를 통한 대리 신고도 허용되는데, 이 경우에는 임대인 또는 임차인의 위임장과 함께 공인중개사 자격증 사본 등을 첨부해야 한다.

제도적 효과 및 확정일자 자동 부여

주목할 점은 신고 완료 시 자동으로 확정일자가 부여된다는 것이다. 기존에는 임차인이 별도로 법원 또는 주민센터에 방문해서 확정일자를 부여받아야 했지만, 이 제도는 신고와 동시에 임대차계약에 확정일자 효력이 부여된다. 이는 주택 경매 등 비상 상황 발생 시 임차인의 보증금 우선변제권 확보에 결정적인 도움이 된다.

또한, 전입신고 시 임대차계약서를 함께 제출하면 자동으로 임대차 신고로 간주되어 별도의 이중 절차 없이 간편하게 신고를 완료할 수 있다. 다만 계약 체결 후 30일 이내에 전입신고가 이루어지지 않으면, 별도로 임대차계약 신고를 해야 과태료를 면할 수 있다.

과태료 부과 및 계도 기간 종료

이 제도는 시행 초기 2년 동안 계도기간을 두어 과태료를 부과하지 않았으나, 2025년 6월 1일부터는 이 계도기간이 종료되었다. 현재는 신고 지연이나 거짓 신고 등 위반사항에 대해 최소 2만 원에서 최대 30만 원까지의 과태료가 부과된다. 이는 당초 과태료 상한선이 100만 원이었던 것과 비교하면 완화된 금액이다. 정부는 부담을 줄이는 대신 제도의 정착을 유도하고자 했다.

제도의 의미와 전망

주택임대차계약 신고제는 단순한 행정절차가 아니라, 주택임대차 시장의 구조적 문제를 해결하기 위한 근본적 접근 방식이라 할 수 있다. 신고자료는 향후 정부의 임대차 정책 수립, 주거 복지 예산 배분, 임차인 보호 제도 설계 등에 기초 데이터로 활용되며, 나아가 '임대차 정보 공개'와 같은 정책적 확장으로도 이어질 가능성이 크다.

무엇보다도 이 제도는 임차인의 권리 보호를 법제화한 실질적 진전이며, 사적 계약이라는 이유로 방임되어왔던 시장에 대한 공적 개입의 중요한 이정표로 평가받고 있다. 신고 문화가 정착될수록 임대차 관련 분쟁은 줄어들고, 임대인과 임차인 모두에게 책임 있는 계약 관행이 확립될 것으로 기대된다. 특히, 이전에는 주택임대사업자에게만 부과되는 신고 의무가 이제는 모든 주택임대차에 적용되어 신고 의무가 있다는 부분을 기억해야 한다.

부동산 정책이란 무엇인가?

　부동산 정책은 정부가 부동산 시장에 개입해 특정 목적을 달성하기 위해 수행하는 일련의 활동과 규제를 의미한다. 이는 토지와 건물의 소유, 이용, 거래, 개발 등 부동산과 관련된 모든 영역에 영향을 미친다.

　부동산 정책은 단순히 '집값 잡기'만을 의미하는 것이 아니라, 부동산 시장 안정, 주거 안정 및 복지 향상, 자산 격차 완화 및 조세 형평성 제고, 국민 경제의 안정적 성장 등의 목표를 가지고 있다. 이를 위해 정부는 세금(취득세, 보유세, 양도소득세 등), 금융 규제(대출 규제 등), 거래 규제(신고제, 허가제 등), 개발 및 공급 규제(용적률, 건폐율, 지구 지정 등), 주거 복지 정책(임대주택 공급, 주거비 지원 등) 등 다양한 수단을 활용한다.

　부동산은 부동성, 영속성, 고가성, 이질성, 정보의 비대칭성 등 일반 상품과는 다른 독특한 특성을 가지고 있다. 이러한 특성들로 인해 부동산 시장에서는 가격 불안정 심화, 주거 불평등 및 부담 가중, 자산 불평등 확대, 토지 자원의 비효율적 이용, 외부 효과 문제 등이 발생할 수 있어 정부의 정책적 개입이 필수적이다.

　이에 따른 정부의 부동산 정책은 필요하지만, 동시에 여러 가지 한계점도 가지고 있다. 시장의 복잡성 및 예측의 어려움, 정책 시차, 예상치 못한 부작용 발생, 정치적 영향 및 일관성 부족, 국지적 특성 간과, 정보의 비대칭성 및 정보 부족, 집값 안정 vs 건설 경기 부양, 보유세 강화 vs 거래세 완화 등의 경우처럼 한 가지 목표 달성에 집중하면 다른 목표가 희생될 수 있는 등의 한계도 있다.

이러한 한계 때문에 부동산 정책은 만능 해결책이 될 수 없으며, 신중한 설계와 지속적인 모니터링, 그리고 시장 및 국민과의 소통이 매우 중요하다. 가능한 시장의 기능에 맡기면서 반드시 필요한 부분에 대해 제한적으로 부동산 정책을 펼쳐 시장에 개입하는 것이 바람직하다 할 것이다.

제9장
주택청약

뉴스를 보면 어디에서 누군가는 수십만 대 일의 경쟁을 뚫고 청약에 당첨되어 엄청난 시세차익을 얻었다고 하는 반면, 어느 지역에서는 청약이 미달되어 분양가를 할인한다는 소식이 들린다. 같은 시기에 분양했음에도 그 결과는 천차만별인 것이다. 이 장에서는 일반적인 부동산 청약의 개념과 당첨 제도를 살펴보고, 상대적으로 당첨의 확률이 낮은 청년세대가 준비해야 하는 청약 상품을 알아본다.

주택청약 제도의 이해

주택청약은 새로 지은 주택 등을 분양할 때, 시행사가 해당 내용에 관해 '입주자 모집 공고'를 하면 청약자가 분양가, 면적, 대금 납부 계획 등의 내용을 확인해 그 내용대로 계약을 체결할 것을 목적으로 하는 일방적이고 확정적인 의사표시다. 일반 주택 시장에서는 주택을 구매하고자 하는 사람이 많으면 이에 따른 매매가격이 시장가격으로 결정되고, 부동산 경매에서는 최고가 입찰자의 가격으로 매수가 이루어진다. 그러나 주택청약 제도는 높은 가격에 경쟁 입찰하는 방법이 아닌, 정해진 가격으로 매수하는 방식이라 많은 사람들이 선호한다. 다만, 해당 주택을 구매하고자 하는 사람이 많으면 미리 공정하게 계획된 방법에 따라 추첨 등을 통해 당사자를 확정하는 방식이다.

우리나라 최초의 주택청약 제도는 1977년 국민주택 우선공급에 관한 규칙을 신설하면서, 공공주택을 대상으로 시행되었다. 당시에는 대규모 주택 건설에 필요한 자금을 마련하기 위해 시행된 제도였고, 오늘날의 제도는 주택 공급에 관한 규칙에 따라 시행되고 있다. 국민이 청약저축에 가입하면 그 자금은 주택도시기금에 편입되어 공공주택을 짓는 것 등에 사용되며, 현재는 그 자금을 주택도시보증공사(HUG)에서 관리하고 있다.

청약통장 상품

대부분의 청약 신청 유형은 'APT 청약'이다. 청약주택은 종류에 따라 국민주택과 민영주택으로 나누어볼 수 있다. 국민주택은 국가, 지방자치단체, LH 및 지방공사가 건설하는 주거전용면적 85㎡ 이하의 주택이나 국가나 지방자치단체의 재정 또는 주택도시기금을 지원받아 건설·개량하는 주거전용면적 85㎡ 이하의 주택을 말한다. 이는 공공성이 강한 성격을 띤다. 민영주택은 국민주택을 제외한 주택을 말한다.

청약통장의 종류에는 주택청약종합저축, 청약저축, 청약부금, 청약예금, 이렇게 4가지가 있다. 각각 상품의 특징을 살펴보면 다음 표와 같다.

구분	주택청약종합저축	청약저축	청약부금	청약예금
가입 대상	누구나	무주택자	만 19세 이상(유주택자 가능)	
저축 가능액	월 2~50만 원	월 2~10만 원	월 5~50만 원	200~1,500만 원
국민주택청약	가능	가능	불가능	불가능
민영주택청약	가능	불가능	가능	가능
특징	현재 가입 가능한 통장	85㎡ 이하 국민주택	85㎡ 이하 민영주택	모든 면적의 민영주택
예치금 충족일	입주자 모집 공고일 당일	입주자 모집 공고 전일		

청약통장 종류별로 청약할 수 있는 주택이 정해져 있으나, 아직 청약통장에 가입하지 않았다면 현재는 '주택청약종합저축'만 가입이 가능하므로 고민할 필요 없이 주거래 은행에서 가입하면 된다.

간혹, 정부의 정책 중 청년을 위한 정책이 한시적인 상품으로 만들어져 나오기도 하는데, 이를 적극적으로 활용할 필요가 있다. 2024년 2월 출시된 청년주택드림 청약통장이 그 예다. 가입 자격만 된다면 절대적으로 유리한 통장이니 적극적으로 가입하기를 권하는 상품이다. 참고로, 이 장의 마지막 추가 정보 부분에 청년주택드림 청약통장에 관한 자세한 내용을 설명했다.

청약 신청 및 당첨자 선정

국민주택과 민영주택은 입주자 선정 방식에서 많은 차이가 있다. 과거에는 단순히 청약저축 가입 기간이 길면 당첨에 유리했는데, 2007년 청약 구조는 대대적인 개편을 하게 된다. 국민주택의 경우, 주거전용면적이 40㎡를 초과하는 주택에 대해서는 3년 이상 무주택세대 구성원으로 저축총액이 많은 자부터 순차적으로 당첨자를 정한다. 다만 이때 저축총액의 1회 납입 인정 기준은 25만 원(2024년 10월까지는 10만 원)까지다. 즉, 월 50만 원씩 10년을 납부한 경우 인정되는 총액은 6,000만 원이 아니라 기간에 따라 월 10만 원 또는 월 25만 원만을 인정하게 되는 것이다.

민영주택의 입주자 선정 방식은 청약 가점제가 적용된다. 청약 가점제는 무주택 기간(최고 32점), 부양가족 수(최고 35점), 저축 가입 기간(최고 17점)의 점수를 합산해 총점이 높은 사람 순서로 선정되는 방식이다. 구체적인 가점 항목 및 점수는 다음 표와 같다.

가점 항목	가점 구분	점수	가점 구분	점수
무주택 기간 (가점 상한 : 32점)	1년 미만	2	8년 이상~9년 미만	18
	1년 이상~2년 미만	4	9년 이상~10년 미만	20
	2년 이상~3년 미만	6	10년 이상~11년 미만	22
	3년 이상~4년 미만	8	11년 이상~12년 미만	24
	4년 이상~5년 미만	10	12년 이상~13년 미만	26
	5년 이상~6년 미만	12	13년 이상~14년 미만	28
	6년 이상~7년 미만	14	14년 이상~15년 미만	30
	7년 이상~8년 미만	16	15년 이상	32
부양가족 수 (가점 상한 : 35점)	0명	5	4명	25
	1명	10	5명	30
	2명	15	6명 이상	35
	3명	20	-	
입주자 저축 가입 기간 (가점 상한 : 17점)	6월 미만	1	8년 이상~9년 미만	10
	6월 이상~1년 미만	2	9년 이상~10년 미만	11
	1년 이상~2년 미만	3	10년 이상~11년 미만	12
	2년 이상~3년 미만	4	11년 이상~12년 미만	13
	3년 이상~4년 미만	5	12년 이상~13년 미만	14
	4년 이상~5년 미만	6	13년 이상~14년 미만	15
	5년 이상~6년 미만	7	14년 이상~15년 미만	16
	6년 이상~7년 미만	8	15년 이상	17
	7년 이상~8년 미만	9	-	

다만, 민영주택의 경우 주거 전용면적별 선정 기준을 정해 해당 범위 안에서만 가점제를 적용하고 이외의 경우에는 추첨하게 되는데, 추첨 방식에도 순서가 있다. 추첨으로 공급되는 주택수의 75%를 무주택세대에 속한 자에게 우선공급하고, 나머지 주택은 무주택세대에 속한 자와 1주택을 소유한 세대에 속한 자에게 우선공급한다. 그러고도 남으면 2주택 이상 주택 소유자에게 공급하게 된다. 지역과 면적에 따른 선정

비율은 다음 표와 같다.

주거전용면적	85m² 초과 공공건설 임대주택	수도권 내 공공주택 지구	투기과열 지구	청약과열 지역	그 외의 지역
60m² 이하	-	가점제 40%			가점제 40% 이하
60m² 초과 85m² 이하	-	가점제 70%			가점제 40% 이하
85m² 초과	가점제 100%	가점제 80%		가점제 50%	추첨제 100%

청약가점은 일반인이 한 번에 정확히 계산해내기 어려운 경우가 있는데, 인터넷 청약홈(https://www.applyhome.co.kr)에서 본인의 청약 가점제 점수계산, 모의청약, 청약 정보, 청약 신청, 청약 제도 안내 등 다양한 정보를 직접 확인할 수 있다.

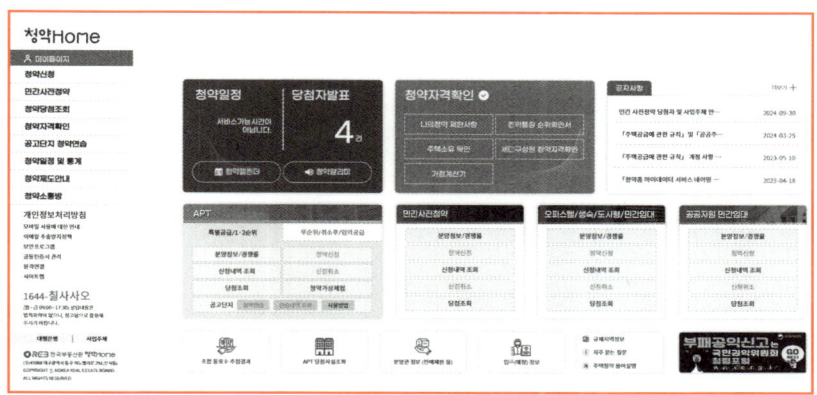

한국부동산원의 청약홈 (출처 : 청약홈 홈페이지)

청약에 당첨되었는데 자금 조달 등 여러 문제로 당첨을 포기하게 되면 상당한 페널티를 받게 된다. 구체적으로 그 내용을 살펴보면, 먼저 당첨을 포기하더라도 이미 당첨된 순간 청약통장을 사용한 것으로 간주한다. 따라서, 기존에 가입했던 가입 기간, 납입 회수, 금액 조건이 모두 초기화되는 것이다. 결국, 청약통장을 재가입해 새롭게 쌓아가야 한다. 이는 청약 포기 페널티 중 가장 강력한 사항이다.

청약 당첨을 포기하면 발생하는 두 번째 페널티는 부동산 규제 종류에 따라 청약 재당첨이 제한된다는 것이다. 투기과열지구와 분양가 상한제 적용주택은 당첨일로부터 10년, 청약과열지역은 7년, 토지임대주택과 투기과열지구 내 정비사업의 경우 5년간 제한되는 등이다. 이는 주택 공급에 관한 규칙 제54조에 명확하게 규정되어 있다.

세 번째 패널티는 1순위 신청이 제한되는 것인데, 투기과열지구와 청약과열지구에서는 5년간 국민주택과 민영주택의 일반공급 1순위 신청이 제한된다. 2023년 12월 31일 이후 서울특별시 강남구, 서초구, 송파구, 용산구만 이에 해당하는데 투기과열지구 등은 계속해서 선정 또는 해제되므로 해당 시기에 직접 확인해야 한다.

마지막으로 청약 당첨을 포기하게 되면 특별공급 중 생애 최초특별공급의 기회가 사라진다. 생애 최초특별공급은 청약에 한 번도 당첨된 적이 없는 사람들에게만 적용되는 것이기 때문에 당연히 없어지게 된다.

청약을 포기하는 이유는 다양하다. 잔금 등 자금 마련의 어려움이 생기거나, 대출금리가 감당하기 어려울 정도로 상승하거나, 주택 시장이 급락하는 시기이거나, 선호하지 않는 동 또는 호수가 배정된 경우 등이 그런 경우다. 하지만 앞서 살펴본 대로 청약에 당첨되고 나서 이를 포기하게 되면, 평생 이룬 청약 실적을 잃어버리는 등의 많은 벌칙을 받게 되기 때문에 청약 전 분위기에 휩쓸리지 말고 신중하게 주택 시장과 분양 현장 시세, 금리, 자금 여력 등을 살펴보고 청약을 진행해야 한다.

다만, 예비당첨자로 청약에 당첨되었는데 청약을 포기하면 이에 따른 페널티는 부가되지 않는다.

부동산 투자의 시작, 아파트 청약

청년세대의 경우, 인기 있는 지역에서 청약통장을 활용해 입주자로 당첨되기에는 많은 어려움이 있다. 실제로, 인기 많은 지역의 경우 25세에 청약에 가입하고 매월 10만 원씩 납입하면, 40대 후반에야 당첨 가능성이 있다는 말이 나올 정도다. 청년세대는 저축 가입 기간, 부양가족 수, 무주택 기간에 해당하는 점수가 상대적으로 낮을 수밖에 없다. 그렇다고 하더라도 청약 저축에는 가입해 계속해서 청약 가점을 높이는 준비가 필요하다.

이처럼 정책적 배려가 필요한 사람들을 위한 특별공급 제도에 도전해볼 수도 있다. 특별공급은 다자녀가구, 신혼부부, 국가유공자, 노부모 부양, 청년 등 정책적 배려가 필요한 사회계층이 분양(임대)받을 수 있도록 주택 마련을 지원해주는 제도인데, 청년세대의 경우 공공주택에 도전하는 것이 그나마 유리하다. 공공주택은 공공주택사업자가 국가 또는 지방자치단체의 재정이나 주택도시기금을 지원받아 건설 또는 매입해 공급하는 다음에 해당하는 주택을 말하는데, 임대 또는 임대 후 분양 전환을 목적으로 공급하는 주택인 '공공임대주택'과 분양을 목적으로 공급하는 주택으로서 국민주택규모(주거전용면적 85㎡ 이하, 수도권 및 도시지역 외 읍면은 100㎡ 이하) 이하의 주택인 '공공분양주택'을 말한다.

공공주택 중 전용면적 60m² 이하의 분양주택 또는 분양전환 임대주택 전체 건설량의 15%에 해당하는 물량을 입주자 모집 공고일 현재 청년(만 19세 이상 만 39세 이하로 혼인 중이 아니며, 과거 주택을 소유한 사실이 없는 사람)인 자에게 먼저 공급하는 제도가 청년 특별공급 제도다. 물론 무주택자이면서 소득은 본인의 월평균 소득이 전년도 도시근로자 가구, 원수별 가구당 월평균 소득의 140% 이하이고, 본인의 총자산 가액이 통계청에서 발표하는 가계금융복지조사에 따른 소득 3분위의 순자산 평균값의 80% 이하(10만 원 단위에서 반올림) 등에 해당해야 하는 조건이 있다. 전년도 도시근로자 가구원 수별 가구당 월평균 소득은 LH(한국토지주택공사), SH(서울주택도시공사), 각 지자체 및 주택도시기금 홈페이지에서 확인할 수 있다. 참고로 2025년의 전년도 도시근로자 가구원 수별 가구당 월평균 소득 140%는 다음과 같다.

(단위 : 원)

	1인 가구	2인 가구	3인 가구	4인 가구	5인 가구	6인 가구
140% 구간	4,695,438	6,919,210	9,405,477	10,670,87	11,256,68	12,182,295

2024년 통계청의 가계금융복지조사 결과에 따르면, 소득 3분위의 순자산 평균값은 3억 1,337만 원이고, 80% 해당하는 금액은 2억 5,070만 원이다.

청년 특별공급 이외에도 신혼부부, 생애 최초 주택구매 등의 특별공급도 노려볼 만하다. 다음 표에 대상 주택의 규모와 공급물량, 대상자, 자격 및 선정 방법 등을 정리해보았다. 지면 관계상 100% 내용을 싣지 못해 해당 사항은 해당 주택의 입주자공고문을 자세히 확인하거나 인터넷 청약홈에서 살펴보면 된다.

	청년	신혼부부	생애 최초 주택 구입
대상 주택	공공주택 중 전용면적 60m² 이하의 분양주택 또는 분양전환 임대주택	전용면적 85m² 이하의 분양주택	전용면적 85m² 이하의 분양주택
공급 물량	건설량의 15%	민영주택 : 건설량의 18% 내 국민주택 : 건설량의 30% 내 공공분양 : 건설량의 20~40% 내	민영주택 : 건설량의 9% (공공택지 : 19%) 내
대상자	입주자 모집 공고일 현재 청년(만1 9세 이상 만 39세 이하로 혼인 중이 아니며, 과거 주택을 소유한 사실이 없는 사람)인 자	민영주택 : 혼인 기간 7년 이내 국민주택 : 혼인 기간 7년 이내 공공분양 신혼부부 : 입주자 모집 공고일 현재 혼인 기간이 7년 이내이거나 만 6세 이하 자녀가 있는 자 예비 신혼부부 : 혼인을 계획 중이며 일정 기간 내 혼인 사실을 증명할 수 있는 자 한부모가족 : 입주자 모집 공고일 현재 만 6세 이하의 자녀를 둔 부 또는 모	생애 최초(세대 구성원 모두)로 주택을 구입하는 자 중 다음의 요건을 모두 충족 ① 일반공급 1순위인 무주택 세대의 세대주 또는 세대구성원 ② 입주자 모집 공고일 현재 혼인 중이거나 미혼인 자녀가 있는 분 ③ 입주자 모집 공고일 현재 근로자 또는 자영업자로서 5년 이상 소득세를 납부한 자 ④ 입주자 모집 공고일 현재 혼인 중이 아니거나 미혼인 자녀가 없는 '1인 가구'는 추첨제(30%) 자격으로만 신청 가능
자격	1. 무주택자 신청자(청년) 본인이 입주자 모집 공고일 현재 주택 또는 분양권 등을 소유하고 있지 않으며, 과거 주택 또는 분양권 등을 소유한 이력이 없어야 함 2. 소득 기준 충족 신청자(청년) 본인의 월평균 소득이 전년도 도시근로자 가구원수별 가구당 월평균소득의 140% 이하	1. 무주택세대 구성원 2. 소득 기준 충족 해당 세대의 월평균 소득이 전년도 도시근로자 가구당 월평균 소득의 130%((예비)부부 모두 소득이 있는 경우에는 140%) 이하	1. 무주택세대 구성원 2. 소득 기준 충족 해당 세대의 월평균 소득이 전년도 도시근로자 가구당 월평균 소득의 130% 이하는 소득 우선공급(70%), 130% 초과 3억 3,100만원 이하는 추첨제(30%) 신청 가능

	청년	신혼부부	생애 최초 주택 구입
자격	3. 자산 기준 충족 신청자(청년) 본인의 총자산 가액이 통계청에서 발표하는 가계금융복지조사에 따른 소득3분위의 순자산 평균값의 80% 이하, 신청자(청년)의 부모의 총자산 가액이 소득 3분위의 순자산 평균값의 300% 이하 4. 기타 당첨자 발표일이 동일한 주택 전체에 대해 1인 1건만 신청 가능	3. 부동산 가액 기준 충족 해당 세대가 소유하고 있는 부동산 가액이 '국민건강보험법 시행령' 제42조 제1항에 따른 보험료부과점수의 산정 방법에서 정한 재산 등급 25등급에 해당하는 재산금액의 상한과 하한을 산술평균한 금액 이하 4. 기타 당첨자 발표일이 동일한 주택 전체에 대해 1세대에서 1인만 청약 신청 가능	3. 기타 당첨자 발표일이 동일한 주택 전체에 대해 1세대에서 1인만 청약 신청 가능
선정 방법	〈우선공급〉 근로자 또는 자영업자로서 5년 이상 소득세를 납부한 청년에게 배정 물량의 30%를 우선공급 〈잔여공급〉 우선공급에서 입주자로 선정되지 않은 자를 포함해 공급 〈우선공급 및 잔여공급에서 경쟁이 있는 경우 입주자 선정 순서〉 ① 지역 우선공급 기준(해당 주택건설지역 거주자) ② 배점 다득점 순(우선공급 9점 만점, 잔여공급 12점 만점)	1순위 : 신혼부부 : 혼인관계에 있는 배우자와의 사이에서 출산한 미성년인 자녀가 있는 경우 한부모가족 : 입주자 모집 공고일 현재 만 6세 이하의 자녀(태아 포함)를 둔 경우 2순위 : 1순위에 해당하지 않는 신혼부부, 예비 신혼부부 〈우선공급 및 잔여공급에서 경쟁이 있는 경우 입주자 선정 순서〉 ① 지역 우선공급 기준(해당 주택건설지역 거주자) ② 배점 다득점 순(우선공급 9점 만점, 잔여공급 12점 만점)	〈우선배정〉 기준소득에 해당하는 신청자에게 배정 물량의 50%를 우선공급하며, 경쟁이 있는 경우 추첨으로 선정 상위소득에 해당하는 신청자와 기준소득의 입주자로 선정되지 않은 자를 대상으로 배정 물량의 20%를 공급하며, 경쟁이 있는 경우 추첨으로 선정 배정 물량 30%는 아래에 해당하는 자 전부를 대상으로 공급하며, 경쟁이 있는 경우 추첨으로 선정 ① 1인 가구 신청자 ② 입주자 모집 공고일 현재 혼인 중이거나 미혼인 자녀가 있는 자 중 소득 기준은 초과하나 부동산 가액 기준을 만족하는 추첨제 신청자 ③ 소득 우선공급 자격을 충족한 자 중 입주자로 선정되지 않는 자

청년 세대들을 위한 청약은 중장년 세대에 비해 유리한 사항이 거의 없어, 상대적 배려 차원에서 나온 정책에 따른 특별공급을 먼저 도전해 보는 것이 그나마 더 나은 방법이 될 수 있다. 그리고, 아직 청약에 가입하지 않은 청년이 있다면 꼭 '청년주택드림 청약통장'에 가입하거나, 소득 등 조건이 맞지 않아 가입이 어렵다면 '주택청약종합저축'에라도 반드시 가입해 미래를 준비하는 것이 필요하다.

청년주택드림 청약통장

　청년주택드림 청약통장은 정부가 무주택 청년의 주택 구입과 자산 형성을 지원하고 주거비 부담을 완화하기 위해 출시한 정책 상품이다. 기존의 청년우대형 주택청약종합저축을 확대 개편해 2024년 2월 21일부터 시행되었는데, 이 통장은 저축 기능을 넘어 청약 당첨 시 저금리 대출까지 연계해 청년층의 생애 주기별 내 집 마련 과정을 전반적으로 지원하는 데 그 목적이 있다.

　청년주택드림 청약통장에 가입하기 위해서는 다음의 조건을 모두 충족해야 한다. 먼저, 만 19세 이상 만 34세 이하인 청년(병역 이행 기간(최대 6년)은 현재 연령에서 차감하고 계산)이어야 하고, 직전년도 신고소득이 있는 자로서 연소득 5,000만 원 이하인 근로, 사업, 기타소득자(직전년도 소득이 확정되지 않은 기간에는 전전년도 소득으로 인정하며, 근로 기간 1년 미만으로 직전년도 신고소득이 없는 경우 당해 급여명세표 등으로 연소득 환산 후 가입 가능하고 비과세 소득만 있는 현역병 등도 가입 가능)이면서, 주택을 소유하지 않은 무주택자이어야 한다.

　주택청약종합저축에 비해 가입 조건이 까다로운 만큼 다음과 같이 혜택이 많다.

　① **금리** : 가입 기간을 2년 이상 유지하면 최대 연 4.5%의 금리(기본금리 + 우대금리)를 제공

　② **이자소득 비과세** : 소득 요건을 충족하던(전 과세기간 총 급여액 3,600만 원 이하인 근로소득자 또는 종합소득 금액 2,600만 원 이하인 사업/기타소득자 등), 최대

500만 원의 이자소득에 대해 비과세 혜택을 적용

③ **소득공제 혜택** : 연 납입액(최대 300만 원 한도)의 40%까지 소득공제 혜택을 받을 수 있음(총 급여액 7,000만 원 이하인 근로소득자 등 무주택세대주 요건 충족 시)

④ **납입 한도** : 월 최소 2만 원부터 최대 100만 원까지 확대

⑤ **계약금 목적 중도 인출 허용** : 청약 당첨 시 계약금 납부를 위해 적립금의 일부를 한 차례 중도 인출할 수 있도록 해서 실제 주택 구입 시 자금 부담을 경감

⑥ **청년 주택드림 대출 연계** : 청년 주택드림 청약통장을 통해 청약에 당첨된 경우, 일정 요건 충족 시 최저 연 2%대의 저금리로 분양가액의 최대 80%까지 구입 자금 대출을 지원하는 청년 주택드림 대출을 이용할 수 있고, 이 대출은 결혼, 출산 등 생애 주기 변화에 따라 추가적인 금리 인하 혜택도 제공

따라서, 가능한 조건이라면 반드시 청년주택드림청약통장에 가입해야 한다. 또한, 기존의 주택청약종합저축이나 청년우대형 주택청약종합저축 가입자도 요건 충족 시 청년 주택드림 청약통장으로 전환할 수 있으며, 이 경우 기존 납입 기간, 횟수, 금액 등이 연속으로 인정된다.

제10장
부동산 투자

누구나 '부동산' 하면, 대표적으로 '투자'라는 단어가 연상될 것이다. 부동산 공부를 한다고 하면 대개 10명 중 9명은 투자에 관한 공부를 하고 있는 것이 엄연한 사실이다. 이 장에서는 모두가 관심을 갖는 부동산 투자에 대해 좀 더 이론적으로 접근해보고 실제 부동산 투자 시 어느 지역의 어떤 부동산에 투자하라는 내용보다는 부동산 투자 초보자가 겪는 오류를 사전에 방지하는 것에 그 초점을 맞춰보고자 한다. 또한, 부동산의 종류별, 투자 유형별 각각의 주의점을 살펴본다. 결국, 손해를 보지 않는 것이 가장 안전한 투자의 시작이 될 것이다.

부동산 투자의
의의

투자는 생산활동을 통해 장래의 수익을 획득할 것을 목적으로 합리적인 안정성과 원금의 궁극적인 회수를 전제로 일정 기간 동안 특정 자산에 자본을 투입하는 것을 의미한다. 즉, 장래의 불확실한 수익을 위해서 현재의 확실한 소비를 희생하는 행위를 '투자'라고 한다. 부동산 투자는 부동산을 대상으로 장래의 수익을 얻기 위해 현재의 대가를 희생하는 것이다.

이러한 부동산 투자는 일반 투자 대상에 비해 다음과 같은 또렷한 특징이 있다.

먼저, 투자 기간의 장기성이다. 부동산 투자는 일반적인 투자에 비해 긴 시간이 필요하다. 아무리 단기간 투자라 해도 적어도 몇 개월은 필요로 하고, 재개발·재건축, 토지 투자 등은 10년 이상의 시간을 필요로 하기도 한다. 하루에도 수십 번 사고팔 수 있는 주식 투자에 비하면 장기간 투자의 특징이 있다.

다음은 다른 투자에 비해 투자 금액이 크다는 점이다. 그래서 상대적으로 고가인 부동산 투자에는 대부분 금융 제도를 활용한다. 이 점을 이용해서 정부는 부동산 가격 조절을 위해 간접적 시장 참여의 방법으로 금융 제도를 제한하기도 한다. 대표적으로 LTV, DSR 규제 등이 이에 해당한다.

또한, 부동산은 말 그대로 움직이지 않는 재산이다. 부동산의 가장 대표적인 특성 중의 하나가 비이동성(위치의 고정성)인데, 부동산은 위치가 고정되어 있고, 위치는 부동산 투자에 큰 영향을 준다. 예를 들어, 아파트가격이 침체된다고 해도 서울 강남의 아파트가격은 오를 때가 많다. 당연한 이야기지만, 그렇다고 해서 지방에 있는 아파트를 강남으로 옮길 수는 없다. 즉, 위치가 투자 수익에 직결되기도 한다.

부동산 투자를 주식 투자에 많이 비교한다. 그 이유는 투자 방식과 관련해 쉽게 비교하기 쉬운 방법 중 하나가 주식 투자이기 때문이다. 부동산 투자가 주식 투자에 비해 좋은 점은 안정성이 크다는 것이다. 주식은 상장 폐지가 되어 휴짓조각이 될 수도 있지만, 부동산은 가격이 하락한다고 해도 아예 가치가 없어지지 않고 어느 정도 가격을 형성하고 있기 때문에 상대적으로 더 안전하다고 본다. 그리고 주식 투자는 주가의 상승과 배당 이익을 가지고 수익을 판단하지간, 부동산 투자는 운영 수익과 자본이득으로 구성되며 보유 기간 동안 감가상각에 따른 절세효과가 있다.

그 밖에 부동산 투자는 투자자의 자유로은 시장참여가 제한되기도 하고, 법적 권리사항 및 물적 관리에 대한 대책이 필요하며, 투자 과정에 참여하는 주체들이 다양하다는 특징이 있다.

부동산 투자와 투기

부동산 투자는 다양한 장단점과 그 사회적 기능이 있어 다음의 표로 정리할 수 있다. 이는 일반적인 경향을 나타낸 것으로, 장단점과 각 기능은 반드시 어느 하나에 속하지 않고 때로는 서로 혼재해 나타나기도 한다.

장점	• 운영 수익과 매각에 따른 양도차익이 가능 • 지렛대 효과를 얻을 수 있음 • 단순한 현금 보유와 비교해 절세 효과 등이 발생함 • 인플레이션 헷징 기능이 있음 • 소유의 긍지를 느낄 수 있음 • 부동산을 담보로 금융권에서 대출이 용이함	단점	• 환금성이 낮음 • 최근에는 간접 투자 활성화로 환금성이 낮은 위험을 완화시켜주고 있음 • 부동산 투자에 따른 사업 위험이 큼 • 부동산 투자에 수반되는 거래비용이 과다함 • 소유자 마음대로 토지를 이용하지 못함 • 거래 단위가 거액이고, 분할해서 부동산을 매입하기가 곤란함
순기능	• 기업들의 부동산 개발 사업의 참여 촉진 • 도시나 택지의 민간 개발사업 증가 • 주택 공급의 증가로 만성적인 공급 부족 해소	역기능	• 근로의욕의 상실 • 기업 경쟁력의 약화 • 물가 상승으로 인한 수출 부진 • 국토의 균형적 발전의 저해·국토의 효율적 이용을 곤란하게 함

실생활에서 익숙하지는 않지만 '아시타비(我是他非)'라는 사자성어가 있다. 글자 그대로 해석하면 '나는 옳고 남은 그르다'라는 뜻이다. 이보

다는 '내로남불(내가 하면 로맨스, 남이 하면 불륜)'이라는 신조어가 더 익숙한데, 부동산 투자와 투기를 구분할 때, 이 단어의 예시가 필요하다.

학문적으로 부동산 투자와 투기를 구분하면 다음과 같다.

구분	투자	투기
행위자	실수요자	가수요자
대상물	기개발지, 아파트 점포 등 항구적 용도의 자산	미성숙지
이익	정당한 이익	양도차익
가격	정상가격	투기가격
구입량	필요량	필요량 이상
이용 및 관리자	있음	없음
이익 발생 기간	장기간	단기간
정책	권장	규제

그러나 이러한 구분에 따라 투자와 투기를 무 자르듯이 잘라 구분하기는 어렵고, 그 구분의 실익도 없다. 예를 들어, 주택을 실수요로 사서 거주할 예정인 경우, 대부분은 향후 집값이 더 오를 것이라고 예상하는 지역의 주택을 구입할 것이다. 또한, 직접 거주하지는 않으면서 주택을 구입해 향후 양도차익을 예상해 부동산을 미리 사두는 경우가 있다. 주변에서도 흔히 볼 수 있는 경우다. 이런 경우 대부분 부동산 투자라고 하지, 부동산 투기로 규정하지는 않는다.

부동산 시장의 참여자

부동산 시장에는 다양한 참여자가 각각의 목적을 가지고 참여하고 있다. 부동산 시장 참여자를 다음과 같이 세분화 할 수 있다.

가장 대표적으로 시장에서는 물건을 사는 사람이 있어야 한다. 이를 투자자 또는 지분 투자자라고 칭한다. 부동산 투자에 대한 궁극적인 의사결정을 하는 주체로 저당 투자자와 구별하기 위해 일반 투자자를 지칭한다. 개인, 주식회사, 합자회사 등 여러 형태로 나타나며, 부동산으로부터 연유하는 여러 가지 이익을 향유함을 목적으로 한다. 투자자가 가지는 여러 가지 권리는 법적 환경에 따라 좌우된다.

다음으로 저당 대출자(저당 투자자)가 있다. 저당대부(대출)를 해주는 대출자도 투자금의 일부를 제공하는 셈이다. 주요한 대출자는 은행, 보험회사, 신탁회사, 투자 기금 등이고, 이들 대출자는 이자 수입을 목적으로 부동산 시장에 참여한다.

해당 부동산을 직접 사용하지 않고 임대할 경우, 임차인도 시장 참여자가 된다. 임차인은 대상 부동산을 직접 점유해서 사용하는것으로 시장에 참여하는 것이다. 임차인은 부동산 투자의 중요한 수입원이므로 투자자들은 임대공간에 대한 수요를 면밀히 분석해야 한다.

정부를 시장 참여자라고 하면 다소 의아해할 수 있다. 정부 또는 공공에서 부동산을 매입하는 경우는 극히 일부분이기 때문이다. 여기에서 의미하는 정부는 투자자의 지위가 아니라 정책으로 부동산 시장에 참여하는 것을 의미한다. 정부는 정책으로 투자자, 대출자, 임차인 상호관계에 많은 영향을 미친다. 투자자에게는 취득에서 처분까지 제한을 가할 수 있고, 대출자에게는 이자율, 대출 규모, 화폐 정책 등을 제한할 수 있다. 무엇보다 중요한 정부 규제는 과세 정책이다. 주택 수에 따라 취득세를 중과하거나 양도소득세를 중과하는 것 등이 그 대표적인 사례다.

그 밖의 시장 참여자로는 공인중개사, 자산관리사, 감정평가사, 세무사 등을 들 수 있다. 이들은 대상 부동산과 의사결정 주체 간의 부분적·일시적 지원 기능을 한다. 이렇게 다양한 시장 참여자들로 인해 부동산은 시장에서 가격이 결정된다. 물론 매도인과 매수인 중 누가 시장에서 우위를 차지하는지가 부동산 매매가격의 흐름을 결정하는 큰 이유가 되지만, 그 외에도 이렇게 다양한 시장 참여자들의 영향으로 부동산 가격이 변동되기도 한다.

부동산 투자 결정 시
고려해야 할 사항

 부동산 투자 경험이 적은 사람들이 부동산 투자를 할 때, 실패하게 되는 데는 몇 가지 공통점이 있다. 부동산에 투자하기로 결정했다면 적어도 다음의 몇 가지 사항은 반드시 투자 전에 고려해야 한다.

 먼저, 부동산 투자에는 다양한 위험이 있음을 이해해야 한다. 일반적으로 사업상 위험에 대해서는 고려하는 측면이 있지만, 사업상 외의 위험 유형들도 부동산 투자 시 고려해야 할 대상이다.

위험의 유형	내용
사업상 위험	시장 위험, 운영 위험, 위치적 위험
금융적 위험	지렛대 효과로 투자 수익률의 진폭을 확대
법적 위험	조세, 임대료 규제 등 정부 정책에 따른 위험
인플레 위험	물가 상승률에 못 미치는 부동산 가격 상승
유동성 위험	처분하기 어려울수록 할인 부담
관리 위험	대상 부동산을 새로운 상황에 대응 시 위험

 다음으로는, 투자의 목적과 시기를 명확히 해야 한다. 간혹 매물을 구입해 향후 임대로 운영할 예정이나, 임대가 안 될 시 본인이나 자녀가 사용하면 된다고 생각하는 투자자를 볼 수 있다. 이렇게 목적이 불분명

하면 성공하는 투자가 되기 어렵다. 임대가 안 되는 부동산을 매입하는 것 자체가 문제다. 또한, 앞서 살펴본 부동산의 특성 중 부동산이 다른 투자와는 달리 환금성이 떨어진다고 한 바 있다. 이는 자금을 부동산에 투자했는데 갑자기 돈이 필요한 경우 부동산을 팔아 곧바로 현금화시키기 어렵다는 것을 의미한다. 즉, 원래 설정한 투자 기간이 도래하기 이전에 현금화하려면 시장에 급매가격에 매도해야 하고 그만큼의 손실이 생길 수 있다는 의미다.

그리고 무엇보다 시세에 대해 정확한 판단이 필요하다. 부동산 매매가격은 매도인이 시장에 제시한 의뢰가격(호가)이 있고, 현재 시장에서 시장가격이 있으며, 실제 거래된 거래가격이 있다. 같은 아파트 단지의 매물이라고 하더라도 통상 매도인의 의뢰가격이 시장가격보다 높은 경향이 있고, 시장가격은 거래가격보다 높은 경향이 있다. 물론 이는 시장 상황에 따라 달라지는데, 완전한 매도 우위의 시장이 형성되면 정반대의 상황이 나타나기도 한다. 매도 우위 시장은 사려는 사람이 더 많은 시장을 의미하는데, 물건(부동산)을 파는 사람이 상대적으로 협상의 우위에 있다.

반대 개념으로 매수 우위 시장은 팔려는 사람이 더 많은 시장으로, 물건을 사는 사람이 협상의 우위에 있게 된다. 일반적으로, 가격 상승기 또는 매도 우위 시장에서는 과거의 거래가격보다 더 높은 거래가격이 형성되고, 가격 하락기 또는 매수 우위 시장에서는 직전 거래가격보다 더 낮은 거래가격이 형성된다. 투자자 입장에서는 현재의 시장이 매도 우위 시장인가 매수 우위 시장인가를 먼저 살펴본 후, 시장가격과 거래가격을 확인하면 어느 정도 시세 파악이 가능하다. 시장의 매물가격은 부동산 매물 포털인 한방 부동산, Npay 부동산 등에서 확인할 수 있고,

국토교통부의 실거래가 공개시스템에서 아파트, 연립주택, 다세대주택 등부터 토지, 공장, 창고까지 다양한 부동산의 실거래가를 확인할 수 있다.

부동산 가격을 결정하는 중요한 요인을 살펴보면 위치, 주변 환경, 면적, 경과 연수, 아파트의 경우 세대 수, 접도 폭 등 매우 다양하다. 이는 부동산 투자를 할 때 중요 결정요인이 되기도 한다. 다만, 부동산 투자 시에는 이러한 요인 외에 반드시 해당 부동산의 물건분석이 필요하다. 주거용 부동산을 예로 들어 보면, 간혹 투자자들은 '내가 살 집이 아니고 임대할 텐데'라며 해당 부동산 자체의 물건분석을 간과하는 경우가 있다. 그러나 내가 살기 좋은 집이어야 세입자도 살기 좋고, 그래야 임대도 잘된다. 벽지가 지저분한 것은 큰 비용을 들이지 않고 도배를 하면 해결되지만, 앞 건물에 가려 해가 들어오지 않는 집이라면 매수인 단독의 노력으로는 해결할 수 없다.

또 하나, 부동산 투자를 할 때 해당 부동산의 권리분석이 중요하다. 일반적으로 공인중개사를 통한 거래계약의 경우는 공인중개사가 해당 부동산의 권리분석을 해준다. 하지만 직거래로 매수 또는 경·공매 등으로 매수할 때는 투자자 본인이 권리분석을 할 수밖에 없다. 거래 당사자가 소유자 본인인지부터 등기사항증명서에 소유권을 제한하는 사항이 있는지, 근저당권과 임차권의 유무 및 승계 여부 등의 전반적인 권리분석을 해야 한다.

마지막으로 투자 수익에 대한 사전 계산을 해 보아야 한다. 부동산 투자 수익은 매물을 취득해 운영(임대)하면서 얻는 소득이익(Income Yield)과 매각을 해서 얻은 양도차익(Capital Gain)을 통해 얻는 수익으로 나눠볼 수 있다. 임대하면서 높은 수익률을 올리고, 매각할 때도 큰 양도차익이 나는 부동산 매물에 투자하고 싶은 마음은 누구나 있겠지만, 이 두 가지 수익은 서로 반대되는 특성이 있다. 즉, 임대 수익률이 높으면 양도차익에 대해 큰 기대를 하기 어렵고, 반대로 양도차익이 클 것으로 기대되면 임대 수익률은 떨어지게 된다. 실제로, 서울 강남에 있는 상가건물은 임대 수익률이 시장 금리에 훨씬 밑도는 1% 이하 수익률이지만 매도 시 양도차익을 기대하면서 거래되는 반면, 양도차익 기대가 거의 없는 지방의 상가건물은 10%에 육박하는 수익률이라도 잘 거래되지 않는 경우가 있다.

　부동산의 종류에 따라 수익률의 비중이 달리 적용되기도 한다. 예를 들어, 서울의 일부 아파트 월세 수익률은 2025년 현재 시중 금리를 밑도는 경우가 있다. 즉, 아파트에 목돈을 투자해 월세를 받는 경우 은행에 적금을 드는 것보다 수익률이 낮다는 것이다. 이는 당장의 수익률보다 양도차익을 기대하는 경향이 크기 때문이다. 반면, 상가의 경우는 주택보다 상대적으로 임대 수익률이 매매가격에 큰 영향을 미친다. 상가가 비어 있어도 임대인이 절대 임대료를 낮추지 못하는 이유가 여기에 있다. 만약 월세 200만 원인 상가가 계속 공실이 되어 월세를 100만 원으로 낮춘다면 수익률이 절반으로 떨어지고, 수익률로 매매하는 상가의 특성상 전체 매매가격이 절반으로 떨어진다고 보는 것이다.

부동산 종류별 투자 특징

부동산 투자는 앞서 살펴본 대로 현재의 자본을 투자해 미래의 수익을 얻고자 하는 방법에서는 모두 같다. 모든 부동산 투자는 실물 경기와 부동산 정책, 금리 변동 등으로 시세 변동의 위험이 있다. 또한, 다른 투자와는 달리 애초에 투자 전략을 가능한 한 장기적인 관점에서 바라봐야 그나마 수익률을 높일 수 있다. 단기 시세차익을 노려 투자하면 세금 등으로 인해 제대로 수익을 실현하기 어려울 수도 있다. 또한, 개발 호재에 대한 분석과 건물의 경우 임대 수요 등도 확인해야 한다. 때로는 부동산 종류에 따라 투자 자금의 회수 시기와 투자 수익의 포커스가 달라지기도 한다. 부동산 종류별 대표적인 투자에 관한 특징은 다소 차이가 있을 수밖에 없다.

아파트 투자

아파트 투자는 가장 많은 사람들이 선택하는 부동산 투자다. 아파트 투자의 특징은 거래가 활발하고 가격 투명성이 높으며, 환금성이 우수하다는 데 있다. 또한, 물건분석과 권리분석이 다른 부동산에 비해 상대적으로 수월하다. 가격에 관한 정보도 쉽게 구할 수 있는데, 1장에서 살펴본 국토교통부 실거래가 시스템과 Npay 부동산, 한방 부동산 등을 통해 실거래가와 현재 시장에 나와 있는 매물의 호가를 비교적 정확하게 확인해볼 수 있다. 다만 지금 시기에 아파트를 구입해 과연 가격이 상승할 것인지를 판단하기는 어렵다. 시세 상승 가능성이 많은 아파트의 특징은 신축, 교통 등 접근성, 학군, 주거환경, 개발계획의 발표 이전, 인구 유입 증가 시점 등의 특징이 있다. 여기서 한 가지 확인해야 할 것은 '거래가 잘 이루어지는가'의 여부다. 주택경기가 호황이면 거래량이 많을 것이고, 그 반대면 거래량 또한 감소할 것이다. 투자하고자 하는 아파트 단지를 결정했다면, 먼저 해당 지역 전체의 부동산 거래량과 해당 단지의 부동산 거래량을 비교해볼 필요가 있다. 신축 등 특별한 경우가 아닐 때, 지역의 전체 아파트 거래량 상승 비율보다 해당 단지의 거래량이 더 많이 상승한 단지가 있다면 해당 단지에 대한 주민의 수요가 더 많다고 볼 수 있다.

아파트 투자의 또 다른 특징으로는 상대적으로 시세가 안정적이고 편의시설이 우수한 반면, 관리비 등 부대비용이 높다는 데 있다. 또한, 정부의 부동산 규제 시 가장 직접적인 영향을 받는다. 대표적으로 꾸준한 상승이 예상되는 지역에 정부가 토지거래허가제를 시행한다든지, 주택담보 대출의 규제와 보유세 부담의 증가 정책으로 거래가 위축될 수도 있다. 따라서, 아파트 투자 시에는 가격이 높고 규제가 심한 지역일수록 대출 한도와 보유세 부담 등도 반드시 고려해야 한다.

빌라 투자

다세대주택과 연립주택을 일반적으로 빌라라 칭한다. 빌라에 투자하는 가장 큰 이유는 다른 부동산에 비해 적은 금액으로 투자할 수 있기 때문이다. 유튜브와 SNS 등에서 소액 투자 뜨는 무자본 투자로 성공 사례를 가장 많이 보이는 것도 빌라 투자다. 다만, 빌라는 아파트에 비해 처음 투자를 할 때 가격 평가를 하는 데 어려움이 있다. 같은 건물의 실거래 사례를 확인할 수 있다면 가장 좋겠으나, 그렇지 못할 경우 가격에 관한 기준을 세우기 어렵다. 물론 각종 부동산 관련 포털에 나와 있는 인근의 빌라 매물가격을 기준으로 삼기는 하나, 이는 매도인이 희망하는 호가이기 때문에 그 가격에 거래되기 어려울 수도 있다. 따라서 무엇보다 매수 시점에서 가격을 평가하는 데 신중해야 한다. 매수하고자 하는 매물을 거꾸로 인근 부동산 공인중개사 사무소에서 얼마 정도에 매도 가능한지 상담해보는 것도 한 방법이 된다.

빌라 투자의 두 번째 어려움은 바로 환금성이다. 아파트보다 빌라는 바로 파는 데 어려움이 많아 매각하기에 상당한 시간이 소요될 수 있다. 그래서 빌라 투자는 경매 등으로 구입하는 등 특별히 시세보다 매우 낮은 가격에 매수하는 것이 아니라면 매각에 어려움이 있다. 그렇다고 높은 가격의 전세를 끼고 매수하는 이른바 갭투자를 한 경우, 전세가 하락 등으로 인해 더 큰 문제가 발생할 수 있다. 보유하는 기간 동안 아파트에 비해 임대 수익은 높지만, 관리가 잘 안 되어서 하자 발생 우려도 있어 최초 투자 시 모든 상황을 잘 고려해야 한다.

이처럼, 빌라 투자는 가격이 저렴해서 진입장벽이 낮고 높은 임대 수익이 가능하지만 시세 상승이 아파트에 비해 제한적이고 관리가 취약하다는 단점이 있다. 또한, 노후화가 진행되면서 수익성이 줄어들 가능성도 있다. 그래서 빌라에 투자하는 경우 건축 연한, 대지 지분, 주차 공간 여부 등 기본 정보 확인과 정확한 시세 파악이 무엇보다 중요하다.

단독주택 및 다가구주택 투자

주택은 담보가치 대비 대출의 한도가 정해져 있다. 더군다나 가구 수가 여러 개인 단독주택과 다가구주택은 대출 시 소액임차인의 우선변제금을 방 개수만큼 공제하도록 되어 있어 실제로는 거의 대출이 불가능하거나 매매가 대비 매우 낮은 비율의 대출단 가능하다. 따라서, 매수 가격에 비하면 현금 투자 비율이 다른 부동산보다 큰 특징이 있다. 간혹, 대출을 최대한 이용하고자 신탁등기를 하는 경우도 있는데, 최근 전세사기 등의 문제가 사회문제화되면서 일단 임차인은 신탁등기 된 부동산을 피하려고 한다. 또한 신탁을 이용한 대출 만기에 대출 갱신이 되지 않거나 이자의 상승으로 인해 곤란해지기도 한다.

단독주택과 다가구주택의 투자 장점은 임대 수익률도 있지만, 다른 한편으로는 토지 가치의 상승을 기대할 수 있다. 즉, 현재는 수익률이 조금 낮지만 향후 토지가격 상승으로 인해 양도차익을 크게 가져갈 수도 있는 것이다. 다만, 건축 연한이 너무 오래된 건물의 경우 리모델링 또는 수선 비용을 투입해야 할 수 있다. 또한, 토지가격 상승에서 중요한 부분을 차지하는 해당 토지의 용도지역과 그에 따른 건폐율·용적률 등 건축 규제도 확인해야 한다.

비교적 최근에 지어진 다가구주택 중에는 '다중주택'도 있다. 다중주택은 전체 연면적이 330㎡(100평) 이하의 규도이고 주택으로 사용되는 곳이 3개 층 이하여야 한다. 작은 대지에 비해 건물도 깨끗하고, 임대도 잘되며, 상대적으로 수익률이 높게 나온다. 다만, 독립된 주거의 형태를 갖추면 안 되기 때문에 각 호실에 화장실을 별도로 만들 수 있지만, 가스레인지와 인덕션, 싱크대 등 주방 시설을 갖추면 안 된다. 따라서 건물 일부에 별도의 공용 주방 공간을 만들어 건축하고, 준공검사 이후 이러한 주방 공간도 하나의 원룸으로 만들고 나머지 방들에 주방 시설을 설치하기도 한다. 다만, 이렇게 해서 수익률을 높일 수는 있으나 이는 엄연한 위법이고, 나중에 이 같은 사실이 적발되어 주방을 철거하는 경우도 많다. 다중주택을 매수하는 경우는 이 부분을 반드시 확인해야 한다.

오피스텔 투자

오피스텔이 일반 주택과 가장 크게 다른 점은 주택이 아니라는 점이다. 건축물대장상으로는 '업무 시설'에 해당한다. 다만 1~2인 가구가 거주할 주택이 부족하고, 실제로 많은 사람이 주거로 이용하고 있어서 이를 준주택으로 분류하기도 한다. 주택이 아니기 때문에 일반 주택과 달리 취득세 등도 4.6%가 적용되고 1가구 1주택 양도소득세 비과세에도 해당하지 않는다. 하지만 임대한 오피스텔에 임차인이 주민등록 전입을 해서 주거용으로 사용하는 중에 내가 실제 거주하는 주택을 매도하면, 해당 오피스텔도 주택 수에 포함되어 1가구 1주택 양도소득세 비과세 혜택을 받지 못한다.

그래서 주거용이 아닌 업무용으로 임대를 했다고 해도 내가 거주하는 주택을 양도하기 전에 반드시 해당 오피스텔의 전입 세대를 열람해 임차인이 전입했는지 여부를 확인해야 한다. 임차인의 전입을 미리 막기 위해서는 최초 계약 시 주거용으로 임대를 주면 안 되고, 계약서 특약에도 전입하지 않기로 하고, 전입으로 인해 임대인이 세금에 대해 불이익을 받으면 모두 배상한다는 등의 특약을 넣어 사전에 주민등록의 전입을 제한할 필요가 있다.

오피스텔도 빌라와 같이 소액 투자가 가능한 부동산이다. 오피스텔은 빌라보다 상대적으로 더 좋은 입지에 있고, 규모도 훨씬 커서 관리에 대한 부담이 적어 선호하는 부동산 투자 대상 중 하나다. 앞에서 부동산 투자는 크게 임대 수익과 시세차익을 기대한다고 했는데, 오피스텔 투자는 시세차익보다 임대 수익만을 계산해 본인의 투자 성향에 맞는지 고민해야 한다. 왜냐하면 오피스텔은 다른 부동산 투자 상품에 비해 시세차익을 내기가 어렵기 때문이다.

다음 자료는 한국부동산원에서 발표한 2025년 1분기 전국 오피스텔 가격 동향을 시각화한 것이다. 서울을 제외하고 전국적으로 매매가격

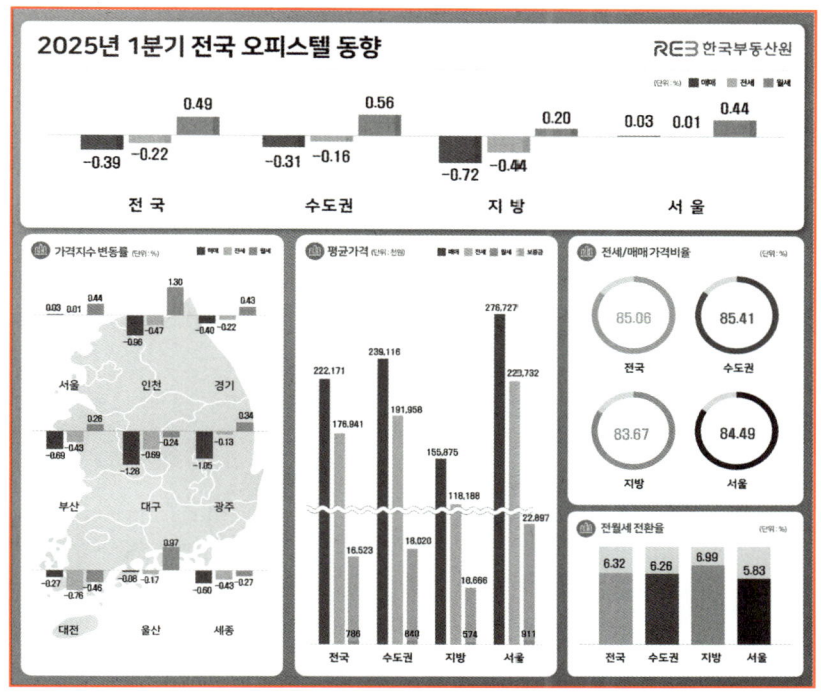

전국 오피스텔 동향 자료 (출처 : 한국부동산원)

과 전세가격이 하락함을 알 수 있다. 서울도 거의 의미 없는 수준의 가격 상승이 나타났다. 다만, 월세가격은 서울을 포함해 전국적으로 상승했음을 알 수 있다. 물론 부동산 경기에 따라 시기별 변동 폭은 다르겠으나, 오피스텔은 주로 이러한 경향을 보이는 특성이 있다. 다주택 등의 문제로 인해 부득이 오피스텔에 투자하는 경우, 시세차익을 원한다면 가급적 대단지의 투룸 오피스텔을 추천한다. 대부분이 원룸 형태로 구성된 오피스텔 중에서 상대적으로 전용면적이 넓은 오피스텔은 귀하기도 하고, 수요도 생각보다 많아 원룸형 오피스텔보다 가격 상승 폭이 큰 특징이 있다.

상가 투자

상가에 투자하려고 하는 경우, 먼저 '주된 수익을 어디서 취할 것인가?'를 결정할 필요가 있다. 상업용 부동산의 경우 매매가격의 결정은 대부분 수익률로 결정된다. 그래서 상업용 부동산을 보유하는 동안 낼 수 있는 임대 수익은 매우 중요한 기준이 된다.

같은 단지 내 동일한 층, 동일 면적 아파트의 경우 월세를 얼마 더 받거나 보증금을 얼마 더 받느냐에 따라 매매가가 크게 달라지지 않는다.

반면, 상가는 같은 지역의 비슷한 면적의 매물이라도 임대 소득이 높으면 매매가격이 이에 상응해 현격히 달라진다. 시내 중심 상권의 1층 상가 공실을 보면 더 쉽게 이해할 수 있다. 유동 인구도 많고 임대 수요도 많은 지역이지만 공실로 있는 가장 큰 이유는 임대료가 높기 때문이다. 임차인이 영업하면서 해당 임대료 이상의 수익을 내야 하는데, 이것이 쉽지 않다. 임대인 입장에서는 임대료를 낮춰 임차인을 구할 수 있겠지만, 임대료를 낮추면 수익률이 내려가고, 건물 매매가격 자체가 낮아지기 때문에 쉽게 결정할 수 없다.

임대수익 이외에 자본이득(매매차익)을 노려 상가에 투자하는 경우도 있다. 대표적으로 강남의 상업용 부동산이 그 예가 된다. 간혹 이 지역의 상업용 부동산은 수익률이 은행 금리에도 못 미치는 1% 이하의 매물일지라도 거래가 된다. 이는 향후 매도했을 때의 차익을 기대하고 투자하는 것이다. 유튜브 또는 인터넷 포털 등에서 연예인 누가 강남의 빌딩을 몇십억 원의 매매차익을 보고 매도했다는 기사를 종종 접하기도 한다. 그러나 이와 같은 현상은 상업용 부동산 투자에서 일반적인 사례가 아니다. 앞서 이야기한 대로, 상업용 부동산은 수익률을 보고 그 투자 여부를 결정하는 판단을 우선해야 한다.

초보 투자자의 경우, 현재 임대료 수익률만 보고 투자를 결정하는 것에도 주의를 기울여야 한다. 임차인은 영업이 어려워지면 임대차 기간 종료 후 나가면 그만이지만, 투자자는 임차인이 없는 건물도 본인 소유다. 다시 이전 수준 이상의 임대료를 낼 수 있는 임차인을 구해야 하는데, 주변 시세와 비교해 경쟁력이 없으면 임차인 구하기가 어려워진다. 따라서, 투자 시점에서 임차인이 있다고 하더라도 현재 임대료 수준이 주변 시세에 비해 어느 정도의 경쟁력이 있는지, 현재 임차인이 나가면 어렵지 않게 신규 임차인을 구할 수 있는지도 살펴야 한다. 이런 측면에서는 소위 바닥권리금이 있는 상가가 유리하다. 왜냐하면, 현재 임차인은 권리금을 회수하기 위해 업종이 다르더라도 어떻게든 새로운 임차인을 구하려고 노력하기 때문이다.

또한 현재의 임차 업종이 지속 가능한 업종인지도 고려해봐야 한다. 이는, 소상공인시장진흥공단의 프로그램(소상공인 365의 상권분석, https://bigdata.sbiz.or.kr)을 이용해 상권분석(13장의 '상권' 참고)을 해서 확인할 수 있다. 해당 프로그램을 통한 상권의 분석은 모두 무료로 사용할 수 있고, 신뢰할 만한 정보를 제공하고 있다. 현재의 상가 업종이 적정한지를 확인할 수 있는 또 한 가지 방법은 카카오맵 또는 네이버 지도의 거리뷰 사진을 통해 확인하는 것이다. 해당 상가의 과거 사진을 확인해볼 수 있는데, 자주 간판(업종)이 바뀌는 것은 아닌지 검토해볼 필요가 있다. 업종이 자주 바뀐다는 것은 현재 업종의 영업이 잘된다고 하더라도 상권 등의 한계로 인한 위험이 있을 수 있기 때문이다. 초보 상가 투자자의 경우 상권분석과 거리뷰의 확인만으로도 상가 투자의 실패를 어느 정도 예방할 수 있다.

신축 아파트 분양은 대부분 청약 경쟁을 통해 이루어진다. 주택 시장 경기에 따라 달라지지만, 경쟁률 또한 높을 때가 많고, 분양권에 프리미엄이 몇억 원씩 붙어 거래되었다는 뉴스 기사도 자주 볼 수 있다. 그래서 신축 아파트를 사면 가격이 오른다는 뭔지 모를 분위기가 있다. 이러한 느낌으로 아파트 상가를 선택해서는 안 된다. 아파트 상가는 수천 세대의 주민을 기본 상주 인구로 영업할 수 있고, 슈퍼마켓, 세탁소 등 꼭 필요한 생활 필수 시설들이 입점할 수 있어 영업과 임대 수익이 안정될 수 있다고 생각하기 쉽다.

그러나 현실은 그렇지 않은 곳이 많다. 인터넷을 통한 쇼핑이 요즘 소비의 한 트렌드이다. 심지어 오늘 저녁에 인터넷으로 장을 봐서 주문하면 내일 새벽에 집 앞으로 배송해주는 서비스도 경쟁적으로 제공되고 있어 단지 내 슈퍼마켓의 주민 이용도가 훨씬 낮아졌다. 또한, 예전에는 많은 회사원이 정장에 흰 셔츠 차림으로 출근했다면 지금은 출근 복장도 자유로워졌고, 가정에서 쉽게 쓸 수 있는 세탁이나 의류 관리 관련

가전제품들이 많아졌다. 예전만큼 세탁소 이용도 많지 않은 현실이다. 모든 업종이 마찬가지다.

그리고 주민의 이동 동선도 고려해야 한다. 지하철역 등으로 걸어가는 거리가 가장 가깝고 편한 동선으로 주로 이동하기 때문에 오히려 단지 밖 출퇴근의 주된 동선에 있는 상가가 더 영업이 잘되는 경우도 있다.

따라서 신축 아파트 상가 분양은 아파트 분양과는 전혀 다른 양상을 지니고 있으므로 분양 시 주의해야 한다. 또 하나, 대부분의 신축 아파트 상가임대료는 대체로 입주 시 가장 높고, 시간이 지나면서 점점 하락하다가 안정화되는 특성을 지닌 곳이 많다. 여러 가지 이유가 있겠지만, 단지에 꼭 필요한 만큼이 아닌 시행사의 필요에 따른 만큼 공급이 이루어지기 때문에 입주 후 계속해서 공실이 발생하고, 이에 따라 임대료가 낮아지는 경향이 있는 것이다. 입주 시기의 높은 임대료도 사실 시장가격이라기보다는 분양가에서 적정한 수익률로 임대료를 책정하다 보니 높아질 수밖에 없는 것이다.

신도시 개발 등 택지지구의 분양 상가는 상가 투자가 처음인 사람들에게 별로 권하지 않는다. 상가는 주택과는 매우 다른 특성을 보이는데, 예를 들어 아직 개발이 완성되지 않는 지역에 오피스텔이 공급되면 주변 환경이 불편하더라도 임대료를 조금 저렴하게 낮추면 임차인을 금방 찾을 수 있다. 하지만 상권이 활성화되지 않은 지역의 상가는 임대료를 절반으로 낮춰도 임차인이 들어오지 않는 경향이 있다. 상가 임차인은 임대료 수준이 입점 여부를 결정하는 중요한 요인 중 하나지만, 그보다 먼저 영업이 될 지역인지를 살펴보기 때문이다. 장사가 잘 안될 곳인데 임대료가 싸다고 입점해 시설 등 투자비를 넣어 수익을 내지 못하면 오히려 마이너스가 되기 때문이다. 주거로서의 오피스텔은 불편한 만큼 저렴하면 선택할 수 있지만, 상가는 무료로 입점하더라도 잘못하면 임차인이 매월 손실을 볼 수 있다.

코로나19를 극복하면서 우리의 소비 성향에도 많은 변화가 생겼다. 통계청의 2025년 음식 배달 서비스는 2024년 대비 10% 이상 성장했고, 온라인 쇼핑 총 거래액도 2024년 대비 3.5% 이상 증가한 것으로 나타났다. 특히, 모바일 쇼핑이 활성화되어 전체의 3/4 이상이 스마트폰 앱으로 쇼핑을 하고 있다. 쿠팡, 알리익스프레스, 신세계, 네이버 등 많은 기업들이 앞다투어 온라인 쇼핑 앱을 출시하고 있고, 소비자도 손쉽게 이를 이용하고 있다. 결국 오프라인의 매출은 줄고, 온라인의 매출은 늘어나는 상황이 계속되는 것이다. 이는, 특별한 지역적 특성이 없는 한 현재보다 상권이 더 발전하기 어렵다는 것을 의미하고, 결국 상가의 수익률이 감소될 수 있음을 의미하기도 하는 것이다.

택지지구의 개발 등으로 생겨나는 신도시에서 상가의 공실 문제가 자주 발생하고 있다. 이는, 사업 수행 과정에서 사업의 수익성 확보를 위해 상가를 공급하는 것인데, 결국 필요 이상으로 과도한 공급이 입주 후 공실로 이어지는 사회 문제가 되는 것이다. 특히, 이 부분은 공급자 측면의 고민이 매우 필요해 보이는 대목이다.

마지막으로, 아파트 단지 내 상가 등 집합건물의 경우 관리단이 결성되어 있는 곳이 있는데, 관리단의 의결로 '관리규약'이 만들어진 곳이다. 이 관리규약에서 특정 호실에서만 가능한 업종이나 특정 호실에서는 불가능한 업종이 정해져 있을 수도 있는데, 해당 상가에 투자 시에는 이를 확인해야 한다. 내 상가인데 내 마음대로 원하는 업종의 임차인을 받지 못할 수도 있기 때문이다.

토지 투자

토지 투자는 부동산 투자에서 매우 어려운 부분 중 하나다. 투자한 토지를 매각해 투자금과 수익을 회수하는 데도 다른 종류의 부동산보다 많은 시간이 걸린다. 매매도 활발하지 않고, 투자 시기에 매수가가 적절한지에 대한 평가도 어렵다. 개발계획 등을 고려해 향후 개발이 된 시점에서는 수익을 내고 매도할 수 있겠지만, 초보 투자자의 경우 지인 등의 권유로 무작정 투자했다가 팔지도 못하고 십수 년이 지나도록 소유하고 있는 경우도 많이 본다. 매수 시점에서 이미 높은 가격에 매수해 시세차익도 오히려 손실인 경우도 있다. 그렇다고 당장 개발 호재나 가격 상승으로 인한 이익을 기대하기도 어려워 진퇴양난이 된다.

토지에 관한 특이한 특징 중 하나는 우리나라 사람들은 나이가 들수록 본인 소유의 조그마한 땅이라도 소유하기를 원한다는것이다. 아파트나 상가와 같은 부동산이 아니라 온전한 토지 그 자체를 원하는 느낌이다. 어찌 보면 인간의 본능일지 모르겠지만, 수익을 기대하고 투자하는 방법으로는 좋은 방법은 아니다. 간혹, 토지 투자로 많은 수익을 냈다는 투자자도 있으나 이는 매우 드문 사례다. 해당 토지를 필요로 하는 사람이 향후 얼마나 늘어날까 하는 부분이 투자 성공의 중요한 방향이 될 것이다. 가격 평가에 대한 어려움도 많기 때문에 경매나 공매의 방법이 가장 시장가에 가까운 가격이고, 초보 투자자의 경우 이 방법 외에 토지에 투자한다면 보다 세심하게 가격을 살펴야 한다.

시골의 한적한 임야를 매수해 전원주택 등으로 개발하려고 하는 경우가 있다. 바로 건축이 가능한 대지를 구입하는 경우 토지 비용이 많이 필요하기 때문에 상대적으로 가격이 저렴한 임야를 개발하려는 것이다. 그런데 이때 주의해야 할 부분이 있다. 바로 토지의 경사도다. 대규모 사업의 경우, 시행사에서 사전에 반드시 검토하지만, 개인이 토지에 투자하는 경우 이를 간과해 큰 손해가 발생하기도 한다. 지역별로 다르지만 대체로 개발행위허가가 가능한 기준은 경사도 18도 미만인 토지다. 따라서 경사도가 이보다 높은 토지의 경우, 개발행위 허가가 나지 않아 원래의 목적대로 쓸 수 없을 수 있다. 각 지역마다 도시계획 조례를 통해 개발행위 제한이 되는 경사도를 규정하고 있기에 사전에 이를 반드시 확인해야 한다.

이처럼 토지 투자는 개발 가능성이 가장 핵심 측면이라 볼 수 있는데, 용도지역, 인허가 가능성, 개발 제한 여부 등을 사전에 충분히 검토하고, 사업 지연으로 인한 장기보유 가능성에 대해서도 충분한 검토가 필요하다.

오피스 투자

오피스 투자는 기업에 사무용 임대 공간을 제공하는 특징이 있다. 중대형 빌딩에 직접 투자하는 경우는 별개로 하고, 초보 투자자도 쉽게 접근할 수 있는 전용면적 33~66㎡(10~20평) 내외의 오피스 투자에 관한 사항을 살펴보면 다음과 같다.

먼저, 오피스는 동일한 임차인에게 장기적인 임대가 가능해 임대 안정성이 높다. 일반 주택과는 달리 사업을 하는 업무 공간의 경우, 특별히 사업 확장으로 인한 이전 계획이나 폐업의 경우가 아니면 잘 이동하지 않는 특성이 있기 때문이다. 다만, 경기에 상대적으로 민감도가 매우 높은 편이다. 특히, 개인이 집합건물의 한 호실에 투자해서 임대하는 경우 상대적으로 소형 오피스일 가능성이 크고, 그곳에 임차하는 임차인의 기업 규모도 소형일 가능성이 크다. 이러한 경우, 장기적인 임대 수익률을 보고 투자했으나 경기 침체로 인한 임차인의 이탈이 발생해 예상치 못한 손실이 발생할 수 있다. 그래서 경기 침체를 정확하게 예측할 수는 없지만, 주변 기업의 수요 및 해당 오피스 건물의 공실률, 해당 호실의 계약 갱신 조건 등을 확인한 후에 투자하는 자세가 필요하다.

오피스를 임차해 사업을 하는 임차인도 상가임대차법의 적용을 받는다. 따라서 임차인에게는 갱신요구권이 10년 간 보장되고, 임대료 인상의 한도도 5%가 적용된다. 간혹 신규 단지에 오피스가 대량 공급되어 임차인을 구하기 어려워서 매우 저렴하게 임대하는 경우도 있다. 시장 상황이 어려워 어쩔 수 없지만, 몇 년뒤 시장 임대료가 높아지더라도 해당 임차인은 10년간 갱신요구할 수 있고 임대료 인상도 5%로 제한된다는 점을 고려해야 한다.

투자 유형별
특징과 장단점

신축 분양

신축 분양은 새로 건설되는 아파트나 주택, 상가 등을 분양받아 투자하는 방법이다. 아파트 등의 분양은 건설사가 준공 전에 일반 수요자에게 청약을 통해 분양권(입주권)을 부여하며, 당첨자는 계약금과 중도금을 나누어내고 준공 후 소유권을 취득한다. 청약 경쟁률이 높을 경우, 로또 청약이라 불릴 만큼 당첨의 가치가 크며, 분양가 상한제가 적용된 지역에서는 주변 시세보다 저렴한 가격에 새 아파트를 얻을 기회가 있다. 다만 분양권은 일정 기간 동안의 전매 제한이 있어 즉시 거래가 불가능한 곳도 있으니 확인이 필요하다.

신축 분양 투자의 가장 큰 매력은 새 아파트의 프리미엄이다. 요즘은 무조건 신축에만 투자하는 성향을 가리켜 '얼죽신(얼어 죽어도 신축, 얼어 죽어도 아이스 아메리카노를 본뜬 듯하다)'이라는 말이 유행하고 있다. 신축을 분양받는 투자는 계약 시점에 분양가의 10% 정도만 납부하고 중도금 대출을 활용하면 기존의 동일 가격의 주택 매매에 비해 잔금 시까지 투자금이 적게 들어가는 장점도 있다. 최근 건설경기의 어려움으로 신축 공급량이 적어지고 있어, 아파트 가격의 상승을 이끄는 주된 동력이 신축이 되기도 한다.

또한, 신축은 최신 트렌드의 평면 설계와 각종 편의시설, 깨끗한 주거환경 등 새집의 질적 만족도도 높아 실거주 겸 투자 수요를 동시에 만족시켜 시장 상승기에 큰 시세차익을 제공하기도 한다. 다만, 분양 당시 분양가 상한제 등의 적용으로 주변 시세보다 월등히 낮은 가격으로 분양하는 경우, 청약 신청자가 몰려 분양에 당첨될 가능성은 극히 낮다. 2025년 7월 분양한 서울 성동구 성수동의 '오티에르 포레'의 경우, 40가구 모집에 27,525명이 몰려 평균 688.1대 1의 경쟁률을 보였다. 정부의 대출규제 정책 전에 입주자 모집공고가 나와 규제 적용 대상에서 제외되어 청약 접수가 몰린 것이다.

반면 청약 제도의 단점도 있다. 먼저, 최초 분양이 아닌 당첨 취소 물량에 대한 청약 등은 단기간에 큰 자금을 조달해야 하는 부담이 있다. 청약 당첨 후 계약금과 잔금을 단시간에 준비해야 할 경우도 있기 때문이다. 실제 최근 분양 시장에서 시세차익만 기대하고 자금 준비 계획 없이 청약했다가 당첨 후 자금을 마련하는 데 문제가 있어 계약을 포기하는 사례가 늘고 있다. 2023년 서울 강남권 래미안 원펜타스와 래미안 레벤투스 청약에서도 이러한 현상을 보여줬다. 청약에서 당첨되면 거액의 차익이 예상되어 수만 명이 청약에 몰렸지만, 정작 당첨되고 보니 높은 분양가로 인한 잔금 부담과 당국의 자금출처 조사 등으로 다수가 계약을 포기한 것이다. 9장의 '주택청약'에서 설명했듯이, 청약에 당첨된 후 계약을 포기하면 청약 가점과 통장이 소멸되는 등 청약 제도에서는 큰 불이익이 발생한다.

다음으로, 부동산 가격은 늘 상승하는 것만은 아니기 때문에 청약받은 시점과 입주 시기의 시간 차이로 인해 경기가 침체되면 분양권의 프리미엄이 떨어지거나 심지어는 마이너스 프리미엄이 발생할 수 있다. 금리 상승기에는 서울 인기지역의 신축 아파트 분양권조차 분양가보다 수천만 원 낮게 거래되는 사례도 있다.

이처럼 청약은 당첨 시점과 잔금 시점의 시간 차이가 있어 그 시기에 발생하는 시장의 경기에 따른 장단점이 공존한다. 경쟁률이 높은 청약 당첨은 사실 투자자의 의지대로 당첨되는 것이 아니다. 다만, 상가 등 아파트 이외의 건축물 분양은 청약으로 완판되지 않아 이른바 '선착순'으로 분양하는 경우가 많다. 이러한 선착순 분양은 투자자가 충분히 검토해서 직접 선택할 수 있는 투자 대상이 된다.

신축 분양으로 투자하려는 경우, 다음의 사항을 사전에 검토해야 한다.
첫째, 투자 전 자금계획을 면밀히 세워야 한다. 계약금, 중도금, 잔금 일정별로 필요한 자금의 규모와 자금 조달이 가능한지 여부의 점검이 필요하다.
둘째, 청약 조건과 전매 제한 기간을 확인해야 한다. 분양권 전매가 가능한 시점, 또는 실거주 의무 기간이 있는 경우 실거주 기간에 대한 이주계획, 관련 세금 등을 사전에 숙지해야 한다.
셋째, 분양가가 주변 시세 대비 적정한지 가격에 관한 분석도 중요하다. 아무리 신축이 좋다지만, 너무 높은 분양가는 향후 프리미엄 감소 위험이 있기 때문이다.
넷째, 건설사의 신뢰도와 재무 상황도 살펴볼 필요가 있다. 최근 부동산 경기 침체와 PF 대출 등의 문제로 인해 시행사 또는 시공사의 부도나 공기 지연 사례가 발생하고 있는 곳도 있어 이를 검토할 필요가 있다.
다섯째, 분양받고자 하는 해당 지역의 미분양 현황과 수급 전망을 살펴보아야 한다. 특별하게 수요 증가 원인은 없는데 공급만 과잉되는 지역의 분양은 신중히 접근할 필요가 있다.

마지막으로, 향후 금리 동향 등 거시환경 고려해야 한다. 저금리 시기에는 수요가 증가하는 반면 금리 상승기에는 분양권의 수요가 위축될 수 있기 때문이다.

구옥 매입

구옥 매입은 준공된 지 오래된 기존 주택이나 아파트를 사는 투자 전략이다. 흔히 구축 아파트라고 불리는 20년 이상 된 아파트 또는 다세대주택·연립주택, 단독주택, 빌라 등 노후 주택들이 이에 속한다. 이러한 부동산은 신축 대비 가격이 저렴하고, 실물자산으로서 현재 존재하기 때문에 바로 임대 수익을 낼 수 있다는 장점이 있다. 또한 과거에 지어진 주택일수록 도심의 기존 주거지역에 위치한 경우가 많아 입지 조건이 양호하다. 구옥을 매입한 후 리모델링을 통해 가치를 높이거나, 장기보유하며 재개발·재건축 호재를 기다리는 전략도 구옥 매입 투자의 한 방법이다. 예를 들어, 30년 된 아파트를 매수해서 내부 수리를 거쳐 신규 아파트 전세 수준의 임대를 놓거나, 미래 재건축 확정 시 조합원 자격으로 새 아파트를 분양받는 식이다.

구옥 매입의 가장 큰 장점은 낮은 진입장벽이다. 같은 지역에서 동일한 평형이라도 신축 대비 구축 주택의 매매가는 훨씬 저렴한 편이므로, 상대적으로 적은 자본으로 내 집 마련이나 투자가 가능하다. 가격이 낮다는 것은 매매가 대비 전세가 비율이 높을 가능성이 크고, 이는 소위 갭투자가 용이하다는 의미이기도 하다. 실제로 2010년대 중반 이후 전세금이 매매가에 육박하자 적은 자본으로 구옥 주택을 매입하는 갭투자 열풍이 불기도 했고, 이는 결국 근래의 전세가격 하락으로 인한 보증금 반환이 어려워지는 사회적 문제를 양산하기도 했다.

또한, 구옥 아파트는 이미 기반시설과 안정적인 주변 생활권이 형성되어 있어 실수요자가 꾸준히 발생한다. 학교, 상권 등이 이미 안정된 지역의 오래된 아파트는 신축이 없어도 그 희소성으로 가치를 인정받는다. 예를 들어 1기 신도시나 목동 등의 구축 단지들은 한때 새 아파트 선호현상 속에 저평가되었지만, 정부의 재건축 추진 소식이 나오자 바로 가격이 뛰어오르는 등 반등하는 모습을 보였다. 재건축에 대한 기대감도 구옥 투자의 매력 중 하나다. 오래되어 낡았다는 것은 그만큼 향후 재건축사업을 통해 신축으로 탈바꿈할 가능성이 있다는 뜻이며, 재건축이 현실화될 경우 투자 수익은 매우 커질 수 있다. 이처럼 장기적 관점에서의 가치 상승을 노릴 수 있다는 것이 구옥 투자의 매력이다.

다만, 구옥은 신축에 비해 물리적·경제적 위험이 존재한다. 우선 노후화로 인해 유지보수 비용이 꾸준히 들어갈 수 있다. 건물 외벽의 균열, 설비 교체 등의 예기치 못한 수선비가 발생할 수 있어 수익을 잠식하기도 한다. 또한, 건축 연한이 오래될수록 가치가 떨어지는 경향이 있어, 부동산 경기 침체 시 가격 하락 폭이 클 수 있다는 점도 위험요소다. 실제로 서울 노원구의 1988년 준공된 어느 주공 아파트의 경우, 호황기였던 2021년 9월 8억 원까지 거래되던 것이 불과 4년 만인 2025년 초에 5억 원대까지 떨어지며 2억 원 넘게 급락했다. 이는 강남권 구축 아파트도 예외가 아니다. 1980년대 준공한 강남 개포의 한 아파트는 재건축을 앞두고 2021년 21억 원에서 2024년 15억 원대로 26%나 가격이 하락했다. 이는 고금리와 원자재 가격의 폭등에 따른 공사비 상승으로 예상 재건축 부담금이 커진 영향으로 분석된다. 구옥을 재건축 기대감에 샀더라도 막상 사업이 진행되는 동안 추가 비용 부담이 커지면 가격이 하락할 수밖에 없는 것이다.

또한, 주의해야 할 부분을 앞에서 이야기했듯이 갭 투자 실패로 인한 전세사고다. 전세보증금을 승계해 구옥을 여러 채 매입하는 전략은 가격이 상승하는 시장에서는 유효했으나, 가격 하락장에서는 전세금을 돌려주지 못하는 깡통전세를 양산했고, 이는 사회적으로 큰 문제가 되었다. 그리고 구축 주택은 환금성(유동성) 문제가 있을 수 있다. 인기 지역 신축에 비해 찾는 이가 적어 급매로 내놓아야 할 상황에서는 원하는 시세를 받기 어렵고, 거래 성사까지 시간이 오래 걸릴 수 있다. 재개발·재건축을 염두에 두고 샀더라도 사업성이 불투명하면 오랜 기간 자금이 묶여 수익을 내기 어려운 채로 유지될 수 있는 부분도 구옥 투자의 단점이라 할 수 있다.

이러한 부분을 감안해서 구옥 투자 시 유의해야 할 사항을 정리해보면 다음과 같다.

먼저, 매입 대상 건물의 노후 상태를 점검해야 한다. 구조적 결함이나, 누수 등 향후 수리비 예상 목록의 확인이 필요하다. 아파트 등은 관리사무소가 별도로 있어 수선 및 보수를 정기적으로 하고 있지만, 관리사무소 등의 관리 주체가 없는 빌라 등에 투자하는 경우 수선과 보수를 상시로 하지 않으므로 더욱 주의 깊게 살펴야 한다. 같은 이유로 건축 연한이 너무 오래된 빌라를 투자로 매입하는 경우, 가급적 최상층은 피하는 것이 좋다. 최상층의 누수가 건물 전체 외벽에 해당하는 것이라도 주민들의 동의가 없어 간혹 단독으로 수리비를 부담하는 경우도 있기 때문이다.

다음으로, 실제 거래 사례를 파악해서 적정 매입가를 산정해야 한다. 매수가격이 낮을수록 좋겠지만, 너무 싸다면 그만한 이유가 있는지도 분석해야 한다. 개발 예정지에 투자하는 경우 해당 주택의 재개발·재건축 계획 유무와 현실성을 확인해야 한다. 정비구역에 지정되었는지의 여부, 조합 설립 추진위원회 상황, 조합설립 인가 여부 등 구체적인 내용을 확인해야 한다. 또, 현재의 전세가격이 아닌 주변 시세에 따른 전세가율 및 임대 시 수익률을 계산해야 한다. 간혹 시세보다 비싼 전세 임차인을 구해서 갭투자 형식으로 매물로 내놓는 경우도 있기 때문이다. 전세를 줄 경우, 내 자본 비중과 월세 전환 시 수익도 검토할 필요가 있다. 시기와 지역에 따라 다르지만, 전세보다 대출을 받고 월세로 임대하는 경우 수익률이 더 높은 경우가 있다. 만약 갭 투자를 하는 경우에는 전세보증금 반환 능력을 고려하고, 보증보험 가입 등 세입자 보호 조치를 확인해야 한다.

구옥 투자를 하는 경우 주변에 향후 신축 입주 예정 물량이 많은 지역은 피하거나 주의할 필요가 있다. 주변에 신축 주택의 공급이 증가하면 구옥가격은 하락의 우려가 발생하기 때문이다. 마지막으로 보유 기간에 관한 계획의 수립이 필요하다. 단기 차익 실현에 집중하는 경우 양도세 등도 고려해야 하고, 장기 재건축을 목표로 하는 경우 그에 따른 전략을 수립하고 그에 맞는 자금계획도 준비해야 한다.

부동산 경매

부동산 경매 투자는 법원 경매를 통해 부동산을 낙찰받아 매입하는 방식이다. 채무불이행 등으로 부동산이 법원의 경매 절차에 넘겨진 물건을 공개 입찰을 통해 사는 것으로, 일반 매매보다 저렴하게 살 수 있는 특징이 있다. 경매로 나오는 부동산은 아파트, 주택뿐만 아니라 상가, 토지 등 다양하며, 전국적으로 수많은 물건이 쏟아진다. 2024년 법원에 접수된 경매 사건은 11만 9,000여 건에 이른다.

투자자는 물건별로 정해진 입찰 기일에 법원에 출석해 희망 낙찰가를 제출하고, 최고가 입찰자가 낙찰을 받고, 낙찰 후 일정 기간 내에 잔금을 완납하면 소유권이 이전된다. 일반적인 매매와는 달리 매도인과의 가격 등에 관한 협상이 없고 명확한 규칙에 따라 진행되므로, 규칙을 잘 이해하고 권리관계를 분석할 수 있다면 좋은 물건을 싸게 살 수 있다는 점이 매력이다.

부동산 경매는 7장에서 그 특징과 장단점을 살펴보았다.

다만, 부동산 경매로 투자하는 경우 다음의 사항을 유의해야 한다.
먼저, 경매 물건의 등기부사항증명서와 임차인 현황을 잘 따져 권리분석을 철저히 해야 한다. 말소기준 등기를 확인하고, 임차인 권리관계 파악 등은 필수다. 다음으로 현장답사의 중요성이다. 현장 답사를 통해 물건의 실물 상태와 주변 환경 미리 체크해야 한다. 아무리 잘 아는 지역의 매물이라고 하더라도 반드시 입찰하기 전 현장 답사를 해야 한다. 그래야 해당 부동산에서만 나타나는 예상치 못한 하자 또는 문제점과 장점을 사전에 살필 수 있어 보다 정확한 입찰가격을 확정할 수 있다.

또한, 대부분 입찰가를 계획해 경매에 참가하는데, 이때 법원의 분위기와 감정에 휘둘리지 않고 시세 대비 충분한 안전마진을 확보해서 입찰해야 한다. 그리고 낙찰 비용 외 추가로 필요한 비용을 감안해 자금계획을 세워야 한다. 예를 들면, 낙찰 후 명도 비용 및 절차를 예상해서 점유자에게 인도금 지급 등의 협상 비용도 고려해야 한다. 더불어 세금과 절차비용 등도 감안해 수익계산에 활용해야 한다. 또한, 자금 조달계획을 정확하게 세워야 한다. 경매 입찰 전에 반드시 잔금 납부 기한 내 대출 실행이나 현금 마련이 가능한지 점검이 필요하다. 간혹, 물건의 권리에는 문제가 없으나 잔금을 확보하지 못해 잔금 미납으로 보증금을 포기해야 하는 사례가 있다.

부동산 경매 관련해서 마지막으로 유의해야 할 사항은 초보자라면 흔히 말하는 특수물건(지분 물건, 법정지상권, 유치권 등)은 피하고, 부득이 할 때는 전문가의 상담을 받기 권한다. 어설픈 분석으로 잔금까지 납부한 후 문제가 발생할 수 있기 때문이다.

재개발·재건축

재개발·재건축은 현재의 건축물 등을 철거해 새롭게 주택 등을 건설하는 것이다. 기존의 건물을 철거해서 새롭게 아파트 단지를 지어 토지 등 소유자에게 입주권을 주고, 나머지 물량을 분양해 분양 수익으로 건축비 등 사업비를 충당하고 그 부족금은 조합원이 분담해 사업을 완료한다. 따라서, 사업성이 좋은 지역의 경우 결과적으로 분담금 없이 새 아파트를 분양받을 수도 있고, 반대로 사업비가 너무 많아 신축 아파트를 일반 매수하는 것과 비슷한 비용이 소요될 수도 있다. 재개발·재건축의 절차와 사업 방식 등 모든 사항을 설명하기에는 너무 범위가 넓어 기본적인 사항만 살펴본다.

길을 다니다 보면, '정밀안전진단 통과', '정비구역 심의 통과', '조합 설립인가 승인', '사업시행계획 인가 완료' 등의 문구가 적힌 현수막을 간혹 보게 된다. 오래된 아파트 단지에 이런 현수막이 붙어 있으면, '재건축이 되나 보다'라고 막연하게 생각하게 된 경우가 대부분이다. 재개발과 재건축에 관한 내용을 이해하려면 먼저 간단하게나마 용어에 대한 이해가 필요하다. 평상시에는 사용하지 않는 용어들이라 낯설지만, 각각의 용어가 실제 무엇을 의미하는지 먼저 살펴보자.

- **정비사업** : 도시 및 주거환경정비법(이하 '도시정비법')에 따라 도시 기능을 회복하기 위해 정비구역을 지정해서 열악한 정비 기반시설을 정비하고, 노후·불량한 주택 등 건축물을 개량 또는 건설하는 사업으로, 정비사업의 종류에는 주거환경개선사업과 재개발·재건축사업이 있다.
- **정비구역** : 정비 기반시설이 열악하고 노후·불량한 건축물이 밀집한 지역을 계획적으로 정비사업을 시행하기 위해, 지정 고시된 구역이다.
- **정비계획** : 정비구역을 계획적, 체계적으로 정비하기 위해 수립하는 구체적인 시행계획으로, 정비사업의 명칭, 구역 및 면적, 도시계획시설 설치계획, 공동이용시설 설치계획, 건축물의 주용도, 건폐율·용적률·높이에 관한 계획이 포함되어야 한다.
- **노후·불량 건축물** : 건축물이 오래되어 훼손되거나 일부가 멸실되어 붕괴, 그 밖의 안전사고 우려가 있는 건축물이거나 내진 성능이 확보되지 않은 건축물 중 중대한 기능적 결함이 있거나, 부실 설계·시공의 구조적 결함이 있거나, 지방자치단체 조례에서 정한 연수 이상의 건축물을 의미한다.
- **정비 기반 시설** : 주민의 생활에 필요한 도로, 상하수도, 공원, 공용주차장, 가스 등의 공급 시설, 녹지, 하천, 공공 등지 광장, 소방, 수용 시

설 등을 의미한다.
- **토지 등 소유자** : 주거환경 개선사업 및 재개발사업의 경우에는 정비구역에 위치한 토지 또는 건축물의 소유자 또는 그 지상권자를 의미하고, 재건축사업의 경우에는 정비구역에 위치한 건축물 및 그 부속 토지의 소유자를 의미한다.
- **사업 시행자** : 정비사업을 시행하는 주체를 의미하며, 조합 또는 토지 등 소유자나 공공 시행자, 지정, 개발자 등을 말한다.

재개발이나 재건축이라는 용어는 들어봤는데, 정비사업이라는 용어는 낯설 수 있다. 원래 정비사업의 범위 안에 재개발과 재건축이 포함된다. 정비사업이란, 주거환경이 불량한 지역의 도시 기능을 회복하기 위해 도로, 공원, 상하수도, 전력 공급, 도시가스 등과 더불어 주택 등 건축물도 개량 또는 건설하는 사업이다. 주거환경이 불량한 모든 지역을 할 수는 없고, 도시정비법에서 정한 절차에 따라서 정비계획을 체계적이고 효율적으로 계획해서 합당한 지역만 사업을 실시할 수 있다. 이때, 정비 기반 시설 중 정비사업의 시행 여부를 쉽게 판단할 수 있는 요소는 도로다.

도로는 우리 생활에 꼭 필요한 시설로 제대로 설치되어야 사람들이 편하게 보행 가능하며, 차량이 다닐 수 있다. 오래된 동네의 경우 도로가 좁거나 집 앞까지 연결되지 않은 경우가 있다. 이런 경우, 일반 차량은 물론이고 위급 상황 시 꼭 필요한 긴급 차량이 진입할 수 없을뿐더러 기존의 노후한 관들을 제때 교체하지 못해서 생활이 불편해진다. 이런 불편을 겪지 않도록 도로 폭이 좁고 구불구불한 곳의 주택이나 건물이 낡았다면 주거환경 개선 사업이나 재개발사업을 시행할 수 있고, 도로는 넓고 반듯반듯하지만, 건물이 낡았다면 재건축사업을 시행할 수 있다.

구체적으로 다음과 같이 주거환경 정비사업과 재개발사업, 재건축사업의 특징을 구분해볼 수 있다.

구분	주거환경 정비사업	재개발사업	재건축사업
조건	소득이 낮은 주민들이 모여 사는 주거지역 중 노후주택, 도로 미비, 생활시설 부족한 지역	낡은 주택과 좁은 도로로 인해 정비 기간 시설이 열악한 지역	정비 기반 시설은 양호하나, 노후 불량한 공동주택이 밀집한 지역
사업 시행자	국가, 지방자치단체	조합	
대상	정비 기반 시설과 건축물을 정비		정비 기반 시설을 정비하지 않고 건축물만 정비

재개발사업과 재건축사업을 구분하는 중요한 기준 중 하나는 안전 진단 절차다. 재건축사업은 건물만 철거 후 서로 짓는 사업으로 기존 건물의 노후 정도에 따라서 구조의 안전성이나 보수 비용이 달라지고 주변 환경에 따라 계획을 세워야 하는 만큼 안전 진단은 꼭 필요한 절차다. 즉, 재건축사업은 안전 진단을 통해 일정 등급이 되어야만 사업을 추진할 수 있기 때문에 정비계획을 세우기 전에 반드시 선행되어야 한다.

재개발·재건축 투자의 장점은 미래 가치 상승 폭이 크다는 점이다. 사업이 성공적으로 완료되면 투자자는 신축 아파트 입주권을 얻게 되고, 해당 새 아파트의 시장가격은 사업 전 오래된 집값과 비교해 몇 배에 이를 수 있기 때문이다.

극단적인 예를 들자면, 서울시 서대문구 재개발지역의 한 단독주택은 감정가가 1억 5,400만 원이었지만 재개발이 진행되면서 새 아파트(전용 84㎡)를 배정받을 권리가 생기자 웃돈만 6억 원이 넘는 가격인 총 7억 7,400만 원에 거래된 사례도 있다. 이는 재개발 완성 후 받을 새 아파트의 가치가 현재 시세로 7억 원 이상의 프리미엄을 형성하고 있음을 의미하는 것이다. 이처럼 사업 진척에 따라 조합원 입주권에 높은 프리미엄이 붙어, 투자 수익이 가시화된다.

재개발·재건축 투자의 또 다른 장점은 지렛대 효과다. 오래된 집을 매입할 때는 그리 비싸지 않았는데, 사업을 거쳐 신규 아파트를 받으면 그 차액만큼이 투자 수익이 실현되는 구조이기 때문이다. 특히 과거에는 해당 지역 토지를 소유하고 있던 원주민들의 경우, 적은 부담으로 대폭 개선된 주거환경과 부를 얻는 경우가 많았다. 더불어 정비사업 참여로 지역 환경이 개선되고 도시가치가 올라가는 공익적 효과도 있다.

그럼에도 불구하고 재개발·재건축 투자는 여러 가지 단점이 있다. 결정적으로, 재개발·재건축 투자는 진행 과정의 불확실성과 변동성이 크다.

그 이유는 첫째, 사업 기간이 매우 길고 변수가 많기 때문이다. 조합 설립부터 이주, 철거, 착공, 분양, 준공까지 통상 10년 이상 소요되기도 하는데, 그 사이 부동산 경기, 정부 정책, 주민 갈등 등에 따라 사업이 지연되거나 무산될 위험이 있다. 실제 사례로, 서울의 유명한 재건축 추진 단지들은 조합설립 이후 10~20년이 지나도 착공을 못 하고 있는 곳이 있다.

둘째, 추가 비용 부담(분담금) 리스크가 클 수 있다. 재건축의 경우 사업 비용이 증가하면 조합원들에게 추가 분담금 청구가 발생하는데, 예상

보다 분담금이 크게 늘어나면 수익성이 줄어들거나 조합원 개인이 감당하기 어려워지기도 한다. 재건축 과정에서 공사비 증액 문제로 조합과 시공사가 갈등을 빚어 공사가 중단된 단지도 있다.

셋째, 정책 및 규제 변화에 취약하다. 주택 시장의 상황이나 정책의 방향에 따라 재건축 초과 이익 환수제, 분양가 상한제, 안전 진단 강화·완화, 도시계획 변경 등의 제도가 시행되고 이에 따라 사업성이나 사업 기간이 크게 영향을 받는다.

넷째, 조합 운영의 투명성과 내부 리스크도 고려해야 한다. 조합 임원의 비리나 비효율적 사업 진행, 시공사와의 분쟁 등으로 추가 비용이 발생하거나 법정 소송으로 번지면 사업 자체가 위험해진다. 실제로, 서울의 한 재건축 단지에서는 조합이 일부 절차를 서면결의로 처리한 것을 두고 조합원 간 소송전이 벌어져 수천억 원대 소송으로 비화된 사례도 있다. 이는 결국 조합원 모두의 손실이 되는 것이다.

이렇듯 재개발·재건축 투자는 고위험·고수익의 전형으로, 사업이 잘 풀리면 큰 이익을, 잘못되면 긴 시간 손실과 고통을 감수해야 하는 양면성을 가진다. 이러한 재개발·재건축 투자 시 반드시 유의해야 할 사항은 다음과 같다. 먼저, 사업 진행 단계의 확인이 필요하다. 조합 설립 여부, 인가 단계, 이주 개시 등 현황을 파악해야 하고 초기 단계 사업은 리스크가 큼을 인지해야 한다.

다음으로, 예상 분담금 수준과 추가 부담 가능성을 검토해야 한다. 조합 제공 자료와 주변 사례를 참고해 가구당 분담금을 추산하고 감당 가능한지 따져볼 필요가 있다. 특별한 경우가 아니면, 분담금은 줄어드는 경우보다 늘어나는 경우가 더 많다.

셋째, 조합 재무 건전성 및 운영 투명성도 확인해야 한다. 조합 예산, 대출 현황, 임원 비리 소문 등을 체크해 내부 리스크의 평가가 필요하다. 또한, 투자 대상지역의 사업성을 종합 검토해야 한다. 분양가 상한제 적용 여부, 향후 분양 시 수요, 인허가 난이도 등 사업 수익에 영향을 미치는 요소를 점검해서 파악해야 한다. 그리고, 정책 변화 추이도 살펴볼 필요가 있다. 재건축 초과 이익 환수, 안전 진단 기준, 도시계획 등의 법령이 사업에 미치는 영향은 지대하므로 이를 예의주시해야 한다.

투자 자금은 장기 투자로 계획을 세워야 한다. 최소 5~10년을 바라보고 길면 그 이상의 경우도 예상해서 자금 운용 계획을 세우며, 중간에 급히 팔아야 하는 상황이 오지 않도록 유동성 자금을 마련해야 한다. 사업 추진은 길어지는데 중간에 현금이 필요해 매도하는 경우 오히려 손실이 발생할 가능성도 크다.

마지막으로 기본적인 사업에 대한 이해가 필요하다. 분양이나 구옥 매입을 통한 투자는 현 시세와 향후 시세의 차이에 대한 수익을 예상하지만, 재개발과 재건축은 사업을 직접 시행하는 조합의 구성원이 되기 때문에 사업 성패에 따른 결과를 공유할 수밖에 없는 구조다. 즉, 사업 성패에 관한 책임을 함께 지는 것이다. 사업 추진의 중간 단계에 투자로 들어가는 경우, 관련 이해가 부족한 초보자라면 전문가의 조언을 활용해 권리관계(조합원 지위 양도 제한 등)와 계약서를 꼼꼼히 검토해야 한다.

지역주택조합과 민간임대주택조합

재개발·재건축사업과 지역주택조합과 민간임대주택 조합은 모두 조합이라는 형식으로 사업이 시행된다는 특징이 있다.

민간임대주택조합은 조합원들이 모여 민간임대사업자(주택사업자) 자격으로 임대주택을 건설해 임대사업을 운영하기 위해 만든 조합이다. 즉, 수익형 부동산(임대 수익)을 목적으로 주택을 공동 개발 및 관리하는 것으로 조합원이 출자해 조합을 설립해 주택을 건설하고, 일정 기간(보통 8~10년) 임대 후 분양 전환(또는 계속 임대)이 가능한 사업을 진행하는 것이다. 관련 법 규정은 민간임대주택법이 적용된다.

민간임대주택조합의 주요 특징으로는 임대 수익이 조합원들에게 배당되거나, 추후 매각 이익을 노릴 수 있고, 분양가 규제 등이 일부 완화 적용되어, 정부 규제에서 비교적 자유로운 편이라는 특징이 있다. 민간임대주택조합은 안정적인 임대 수익 기대가 가능하고, 초기 비용 부담이 분산되며, 분양 전환 시 시세차익을 기대할 수 있고, 세제 감면 등의 정부 지원 혜택을 일부 받을 수 있는 장점이 있다. 반면, 장기 임대 의무 기간(8~10년)의 부담이 있고, 임대료 상승 제한 등으로 수익성에 제약이 있으며, 조합 운영 미숙 시 리스크 발생 위험과 관리비용의 지속적인 부담이라는 단점이 있다.

따라서, 민간임대주택조합에 투자하려는 경우, 임대 의무 기간을 정확히 확인(8~10년 동안 매각 제한)하고, 연 5% 이내 임대료 상승의 제한이 있음을 숙지해야 한다. 또한, 사업자(조합) 및 시행사의 재무 상태, 사업 경험을 확인해서 신뢰성을 평가해야 하고, 예상 수익률과 공실률 리스크도 고려해야 한다. 장기간 임대해야 하기 때문에 시설 유지·보수 등의 관리비용이 추가로 소요될 수 있음을 체크해야 한다.

최근에는 지역주택조합의 사업이 어렵다는 사실이 널리 알려지면서, 일부 지역에서는 이와는 다른 민간임대아파트 협동조합 추진이 붐을 일으키고 있다.

민간임대아파트 추진에 관한 기사 (출처 : 연합뉴스)

협동조합으로 추진되는 민간임대아파트는 조합이 토지 사용권의 80%를 확보해야 하나, 토지 매입비 등 사업비 확보를 위해 사전에 예비 임차인이나 투자자를 모집하기도 해서 주의가 필요하다.

따라서 민간임대아파트 투자는 해당 지역의 자치단체에 직접 문의해 그 진행사항 등을 직접 확인해야 한다.

지역주택조합은 특정 지역의 주민이 조합을 구성해 공동으로 토지를 매입하고 직접 주택을 건설하는 방식으로, 저렴한 가격에 내 집을 마련하기 위한 목적으로 조합이 설립된다. 조합원이 모여 토지를 확보하고

민간건설임대주택 회원 가입 주의 현수막 (출처 : 청주시 게시 현수막)

시공사를 선정해 공동주택을 건설하는 것으로 주택법이 적용된다. 주택법이 적용된다는 것은 관련 규정 및 감독이 강화됨을 의미한다.

지역주택조합의 가장 큰 특징은 조합원 자격인데, 조합 설립인가 시 해당 지역에 6개월 이상 거주한 무주택자 또는 85㎡ 이하 1주택 소유자만 조합원이 될 수 있다. 또한, 토지 확보부터 인허가, 사업 진행까지 조합이 주도하게 된다.

지역주택조합의 장점은 시세보다 저렴한 가격에 주택 마련이 가능하고, 초기 투자 비용이 비교적 낮으며, 조합원이 사업에 적극적으로 참여할 수 있다는 데 있다. 반면에 토지 확보 지연 및 사업 실패의 위험이 크고, 인허가 절차가 복잡하고 장기화 가능성이 있으며, 이에 따른 사업 지연과 좌초 리스크가 있고, 추가 분담금 발생 가능성이 큰 단점이 있다.

지역주택조합에 투자할 때는 무엇보다 먼저 토지 확보 여부에 유의해야 한다. 전체 토지 매입률을 반드시 확인해야(95% 이상 확보 필수) 한다. 조합원을 모집하는 대부분의 현장은 토지 확보가 아직 덜 된 곳이 많다. 조합 설립 인가 여부도 확인이 필요한데, 인가받은 정식 조합인지 조합 설립 추진위원회 상태인지 확인해야 한다. 사업비 증가 시 조합원이 추가 비용을 분담해야 할 수도 있고, 시공사 선정 여부, 계약 체결 여부 등의 확인도 필요하다. 또한, 토지 매입 지연, 인허가 문제로 사업이 중단될 가능성이 항상 존재하며, 회계 공개 여부, 총회 개최 주기 등을 확인해서 조합이 운영리스크를 최소화하는지 투명성도 검토해야 한다.

일반적인 투자에 비해 확인할 사항도 많다는 것은, 그만큼 사업 위험성이 높다는 것을 의미한다. 민간임대주택조합과 지역주택조합의 성공 및 실패 확률에 대한 통계는 구체적이지 못하지만, 일부 보도 등을 통해 추정할 수 있다. 지역주택조합의 전국 평균 성공률은 약 17% 정도로 추정해볼 수 있는데, 열 곳 중 한두 곳만이 최종적으로 성공한다고 볼 수 있다. 주된 사업 실패 요인은 토지 확보 지연, 인허가 문제, 조합 운영의 불투명성, 추가 분담금 발생 등의 원인으로 지적된다.

민간임대주택조합은 사업 성공률에 대한 공식적인 통계가 부족하다. 토지 확보율이 80% 이상이고, 조합원이 공개 모집된 경우, 비교적 안정적인 사업 진행이 가능하지만, 조합이 사라지거나 사업이 진행되지 않아 출자금을 회수하지 못하는 사례가 증가하고 있다.

그래서 이들 사업의 홍보 내용을 보면 지역주택조합이라는 단어 혹은 민간임대주택조합이라는 단어가 최소한의 법 규정에 해당하는 만큼만 표기되고 있음을 알 수 있다. 이들에 대한 구별이 어렵다면, 미분양 주택이 아님에도 불구하고 청약시스템을 통하지 않고 선착순으로 동호수를 지정해 계약한다는 현장이라면 일단 주의할 필요가 있다. 해당 사업에 관해 전혀 구체적인 내용을 인지하지 못하고 있다면, 민간임대주택조합과 조합에 투자하는 것은 피하는 것도 안정성을 추구하는 한 가지 투자 기법이 될 수 있다.

이상, 부동산 투자 유형별 특징과 장단점을 살펴보았다.

투자에는 늘 수익과 리스크가 공존하며, 부동산 시장은 사이클에 따라 급변하기 때문에, 어떤 투자 방법을 선택하든 충분한 공부와 준비가 필수다. 성공한 실제 사례에서 기회 포착과 철저한 준비의 중요성을 배울 수 있으며, 실패 사례들은 경고 신호와 교훈을 제공한다. 이 부분을 반드시 숙지해 부동산 투자를 고민하는 분들께 객관적인 인사이트와 실용적 점검표가 되기를 바란다.

임대 수익률과 레버리지

같은 지역에 있는 동일한 목적의 부동산이라면 수익률이 높을수록 좋다. 그런데 수익률은 어떻게 계산할까? 일반적으로 수익률 계산은 투자금 대비 이익을 구함으로써 계산한다.

대표적으로 투자 현금 대비 1년간의 임대료로 계산해볼 수 있다. 예를 들어, 10억 원의 현금으로 연간 7,000만 원의 임대 소득이 예상되는 매물이라면 '(7,000만 원/10억 원) × 100'으로 그 수익률을 계산할 수 있다. 만약, 같은 부동산에 금리 5%짜리 6억 원의 대출이 있다면, '(실수익/실투자금) × 100'으로 구해볼 수 있는데, '((7,000만 원 - 3,000만 원)/(10억 원 - 6억 원)) × 100'으로 계산할 수 있다. 물론, 이는 대략적인 수익률이다. 명확히 계산하자면 임대료 수입이 모두 순이익으로 귀결되지 않고 그에 상응해 발생하는 비용은 제외해야 한다. 예를 들면, 유지 보수비, 중개보수, 일정 정도의 공실 위험 등이 대표적이다.

모든 투자는 수익률로 그 성패가 좌우된다. 부동산 투자는 특성상 그 금액이 너무 크기 때문에 대부분 대출을 활용하게 된다. 타인으로부터 빌린 자본을 지렛대로 삼아, 자기자본이익률을 높이는 것을 레버리지(leverage) 효과 또는 지렛대 효과라고도 한다. 앞의 투자 사례의 레버리지 효과를 예를 들면, 다음 표와 같이 나타낼 수 있다.

	A.자기자본으로만 매입	B.정(+)의 레버리지	C.부(-)의 레버리지
① 총매매가격	10억 원	10억 원	10억 원
② 대출 금액	-	6억 원	6억 원
③ 연간 대출 이자액(%)	-	3,000만 원(5%)	6,000만 원(10%)
④ 연간 임대료	7,000만 원	7,000만 원	7,000만 원
수익률 ((④-③)/(①-②)) X 100	7%	10%	2.5%

   A의 경우, 순수한 자기자본 100%인 10억 원으로 매수했다면 연간 7%의 수익이 예상되는 부동산이다. B의 경우, 대출 6억 원을 이용해 자기자본 4억 원을 투입하는 경우인데, 이때 대출금의 이자율은 현금 수익률 7%보다 낮은 5%를 적용한 경우다. 결국, 수익률은 대출을 이용함으로써 증가한 10%로 나타났다. 대출을 이용해 원래의 투자안보다 수익률을 높이는 결과를 가져왔고, 이를 정(+)의 레버리지 효과라고 한다. C는 이와 반대되는 경우로 대출을 이용하면 오히려 수익률이 감소하게 되는 부(-)의 레버리지 효과를 나타낸다. 투자를 시작하면서부터 누가 C안을 선택할까 싶지만, 예상치 않게 대출을 실행한 이후 금리가 가파르게 상승하는 경우, 또는 자기 자본이 부족하면 결국 부(-)의 레버리지라도 이용할 수밖에 없게 된다. 따라서, 대출은 부동산 투자를 할 때 수익률과 그 의사결정에 매우 중요한 역할을 하기에 투자 전 구체적인 자금 계획을 수립해야 한다.

제11장
부동산 소비자 금융

앞서 살펴보았듯이 부동산은 다른 재화에 비해 가격이 높은 고가성이라는 특성이 있다. 더군다나 한국 가계의 평균 자산 중 부동산이 차지하는 비중은 약 78.6%로 나타나 미국과 일본의 2배가 넘는다는 조사 결과도 있다. 이런 부동산 거래는 일생에 몇 번 경험하지 않을 정도의 고가 거래이기 때문에, 대부분의 개인은 금융의 도움을 필요로 한다. 이 장에서는 개인 부동산 금융(대출 등)에 대해 살펴본다.

기본 용어의 이해

부동산 시장은 일반 재화와는 달리 부동산의 특성이 반영된 시장이다. 부동산 시장은 부동산의 부동성과 개별성으로 인해 완전경쟁의 조건이 충족되지 못한다. 완전경쟁 시장은 다수의 거래자가 시장에 참여해서 동일한 상품이 거래되어, 수요자와 공급자 그 누구도 상품의 가격에 영향을 줄 수 없는 시장으로, 누구나 상품에 대한 정보를 가지고 시장을 자유롭게 들어오거나 나갈 수 있는 시장이지만, 현실적으로는 존재하지 않는 이상적인 시장이다.

시장은 수요와 공급에 따라 자원이 효율적으로 배분되어야 하는데, 분배 왜곡이 일어나 시장 실패가 발생하고 효율성을 달성하지 못하는 경우가 많아 이를 수정하기 위해 부동산 정책이 필요하다. 또한, 시장의 경제적 기능으로 외부 효과의 제거 등 사적 부동산 시장의 시장 실패를 수정하기 위해 부동산 정책이 필요하다.

이러한 부동산 정책 중 정부가 시장에 직접 개입하는 형태로는 소유권 통제와 공영개발, 도시개발사업 등이 있다. 소유권 통제는 택지 소유 상한제, 농지소유 상한제 등이 있으며 개인 또는 법인이 소유할 수 있는 토지의 규모를 한정하는 직접적인 소유권 통제 방식이다. 이는 개발이익의 공공 흡수, 공공 시설의 입지 원활화, 토지은행 및 토지비축 제도, 공영개발, 도시개발사업 등 공공에 의한 토지개발 등을 위해 막대한 토지 구입비 소요와 무단 점유, 관리행정 등의 부담을 지니고 있다.

부동산 시장에 간접적으로 개입하는 방법으로는 조세와 금융이 대표적이다. 정부가 금융을 통해 시장에 개입하는 대표적인 사례가 주택담보 대출에 대해 일정한 제한을 가하는 것이다. 대표적으로 LTV, DTI, DSR 제한 등이 있다.

LTV(Loan To Value ratio)

담보인정비율을 의미하는 LTV는, 주택 시세 대비 주택담보 대출 비율을 제한하고자 만들어진 제도다. 예를 들어, LTV가 50%로 제한되는 지역에서 집값이 1억 원인 주택을 담보로 빌릴 수 있는 최대 금액이 5,000만 원인 셈이다. 지역별로 LTV를 40~70%로 제한하고 있는데, LTV 규제는 해당 주택담보가치에 초점을 맞추고 있기 때문에 소득이 없는 사람도 많은 돈을 빌릴 수 있다는 문제점이 있다.

DTI(Debt To Income)

LTV 제도를 통해 나타난 문제를 보완하고자 소득금액에 따라 대출을 제한하는 제도가 시행되었는데, 이것이 DTI 제도다. 이는 연소득에서 매년 은행에 갚아야 하는 주택담보 대출 원리금과 기타대출의 이자 상환액이 차지하는 비율을 제한하는 것이다. 즉, 대출을 받는 사람의 총부채상환비율을 제한한다. 다만, 주택담보 대출 외 다른 대출은 이자 상환액만 적용하기 때문에 신용대출을 최대한 발생시켜 주택을 구입한다는 문제점이 생겼다.

DSR(Debt Service Ratio)

주택담보 대출이 아닌 신용 대출로 주택을 구입하는 경우가 늘어나 이를 제한하고자 DSR 제도를 도입했다. 이는, 기존의 총부채상환비율이 아닌 총부채원리금 상환비율을 적용한 것이다. 즉, 신용대출을 포함한 모든 대출의 원리금 상환액이 연간 소득에서 차지하는 비중을 제한하는 것이다. 대출상환 능력을 심사하기 위해 금융위원회가 마련한 대출심사지표로, DSR은 주택담보 대출 이외에 금융권에서의 대출 정보를 합산해서 계산하게 된다. DTI는 주택 담보 대출 및 기타 이자 대출에 대한 상환 능력을 보고, DSR은 주택담보 대출 포함 총 금융 부채에 대한 상환 능력을 보는 것에 그 차이가 있다.

Stress DSR

2024년부터 기존의 DSR 산정 시 '일정 수준 가산금리'를 적용하는 방법으로 스트레스 DSR 제도를 시행하고 있다. 금리 인상 시기의 문제점을 보완하기 위해 시행된 이 제도로 주택담보 대출의 한도가 더 줄어들게 되었다. 2025년 7월부터는 스트레스 DSR 3단계가 적용되어 가계대출 가산금리를 1.5% 상승해 적용한다. 이로 인해 기존 DSR 적용 시보다 대출 금액은 더 줄어들게 되었다.

투기과열지구와 조정대상지역

투기과열지구

주택법 제63조에서는 해당 지역의 주택가격 상승률이 물가 상승률보다 현저히 높은 지역으로서 그 지역의 청약 경쟁률·주택가격·주택 보급률 및 주택 공급계획 등과 지역 주택 시장 여건 등을 고려했을 때 주택에 대한 투기가 성행하고 있거나 성행할 우려가 있는 지역 중 대통령령으로 정하는 기준을 충족하는 곳을 '투기과열지구'라 규정하고 있다.

투기과열지구는 주택가격 상승률이 높은 지역을 선정하는데, 해당하는 지역의 주택가격 상승률이 물가 상승률보다 현저히 높은 지역 중에서 직전 2개월의 월평균 주택청약 경쟁률이 모두 5:1을 초과하거나, 주택 분양계획이 30% 이상 감소된 지역 등을 일차적으로 분류한 뒤 지역의 주택 시장 여건 등을 고려해서 주택 투기가 성행하고 있거나, 그러한 우려가 있는 지역을 국토교통부 장관 또는 시·도지사가 투기과열지구로 지정한다.

투기과열지구를 확인하는 가장 정확한 방법은 국토교통부의 공고다. 다만, 이를 일일이 확인하기에는 조금 어려움이 있다. 국가법령정보 홈페이지에서 '투기과열지구'를 검색, 상단의 '행정규칙' 메뉴의 '규칙명'

을 확인해서 선택된 투기과열지구에 관한 공고를 확인할 수 있다. 또는 청약 홈의 '청약 제도 안내', '규제지역 정보'를 통해서는 확인할 수도 있다. 만약, 청약하려는 주택이 투기과열지구 내 주택인지 확인하려고 한다면 해당 주택의 입주자 모집 공고문을 통해 쉽게 확인할 수 있다.

투기과열지구로 지정되면 주택청약 시 1순위자라 하더라도 '세대주가 아닌 자'와 '과거 5년 이내 다른 주택에 당첨된 자의 세대에 속한 자' 등은 청약이 불가능하다. 또한 해당지역은 주택담보 대출 시 LTV와 DTI의 규제가 강화되어 대출 한도가 축소되고 대출이 실행되어도 거주 의무가 부여된다. 그 외 분양권 전매가 제한되고, 청약 규제가 강화된다.

조정대상지역

주택법 제63조의2에서는 주택가격, 청약 경쟁률, 분양권 전매량 및 주택 보급률 등을 고려했을 때 주택 분양 등이 과열되어 있거나 과열될 우려가 있는 지역이나 주택가격, 주택거래량, 미분양주택의 수 및 주택 보급률 등을 고려해서 주택의 분양·매매 등 거래가 위축되어 있거나 위축될 우려가 있는 지역 중에서 일정한 심의를 거쳐 조정대상지역을 지정할 수 있다고 규정하고 있다.

조정대상지역은 투기과열지구보다 상대적으로 완화된 규제를 적용한다. 선정 조건은 직전 3개월간 주택가격 상승률이 물가 상승률의 1.3배를 초과한 지역 중에서, 추가로 다음 세 가지 중 한 가지 이상 조건을 만족해야 한다. 직전월부터 주택 공급이 있었던 2개월간 청약 경쟁률이 5:1을 초과했거나, 직전월부터 3개월간 분양권 전매 거래량이 전년 동기 대비 30% 이상 증가했거나, 시도별 주택 보급률 또는 자가주택 비율이 전국 평균 이하인 곳 중 한 가지 이상 조건을 만족해야 한다.

해당지역은 국토교통부 홈페이지와 청약홈, 그리고 입주자 모집공고를 통해 확인할 수 있다. 2025년 5월 현재 트기과열지역과 조정대상지역은 서울시 용산구, 강남구, 서초구, 송파구 네 곳이다.

6·27 대책 (대출 규제를 통한 부동산 안정 대책)

2025년 6월 27일 정부는 강력한 주택담보대출 규제 제도를 발표하였다. 수도권 주택수요의 증가와 주택가격 상승으로 인해 가계 대출이 폭등하였고 정부는 향후 시장의 안정을 위해 대출규제를 대폭 강화한 것이다. 이는 이재명 정부의 첫 부동산 대책으로, 향후 어떤 변화가 있을지 모르지만 부동산 시장의 안정을 추구하는 매우 강력한 신호다. 그 주요 내용을 정리해보면 다음과 같다.

수도권 지역의 주택담보대출 한도 6억 원

서울, 경기, 인천 등 수도권과 투기과열지구내 주택담보대출 한도를 6억원으로 제한하였다. 이는 주택 가격이 10억 원을 상회하는 지역에는 매우 직접적이고 강력한 효과를 가져올 것으로 보인다. 주택담보대출 만기도 30년으로 제한해 DSR 적용 시 대출 금액이 상당히 줄어들 수 있음을 의미한다.

다주택자 등의 대출 전면 금지

수도권과 규제지역내에서 2주택 이상 보유자가 추가 주택을 구입하거나, 1주택자가 기존 주택을 처분하지 않고 추가 주택을 구입하는 경우에는 추가 주택구입 목적의 주택담보대출을 금지해 실거주 목적 등이 아닌 추가 주택구입 수요를 차단한다. 지역과 주택 수에 따른 규제 방안은 다음과 같다.

구분		현행		개선 방안
		규제	자율관리 (은행별 상이)	
2주택자 이상 / 1주택자	비규제지역	LTV 60%	수도권 0%	수도권 LTV 0%
	규제지역	LTV 30%	규제지역 0%	규제지역 LTV 0%
처분 조건부 1주택자 (무주택자 포함)	비규제지역	LTV 70%	–	LTV 70%
	규제지역	LTV 50%		LTV 50%

이때 처분 조건부 1주택자는 기존 주택을 6개월 이내에 처분한다는 약정을 해야 한다. 또한, 수도권·규제지역 내 보유주택을 담보로 해서 생활비 등의 조달 목적으로 대출받는 생활안정자금 목적 주택담보 대출 한도를 1주택자는 최대 1억 원으로 제한하고, 다주택자는 전면 금지된다.

정책 자금 대출 한도의 축소

3절에 소개하는 부동산 관련 정책 자금의 한도도 전반적으로 다음의 표와 같이 감소했다.

구분		디딤돌 대출(구입)		버팀목 대출(전세)	
		현행	개선 방안	현행	개선 방안
정책 대출 최대 한도	일반	2.5억 원	2억 원	수도권 1.2억 원 지방 8,000만 원	현행 유지
	생초(디딤돌) 청년(버팀목)	3억 원	2.4억 원	2억 원	1.5억 원
	신혼 등	4억 원	3.2억 원	수도권 3억 원 지방 2억 원	수도권 2.5억 원 지방 1.6억 원
	신생아	5억 원	4억 원	3억 원	2.4억 원

매 시기 정부는 공약과 정책 목표 달성을 위해서 다양한 부동산 정책을 펼친다. 다만, 그 정책의 방향이 한결같은 흐름이 아니라 정권마다 다른 방향으로 나타나기도 한다. 국민의 입장에서는 정책을 신뢰할 수 있도록 정부가 일관된 흐름으로 정책을 만들기를 기대한다. 또한, 시장 참여자는 이처럼 금융과 세금을 통한 부동산 정책이 언제든지 바뀔 수 있다는 점을 염두에 두고 이를 주의 깊게 살펴야 할 것이다.

대표적인 정책자금 대출

 모든 대출이 마찬가지지만, 통산 1금융권 대출의 이자가 가장 낮고, 그다음 2금융권, 그다음 3금융권 순으로 이자가 낮다. 다만, 대출금액은 반대의 순으로 더 많이 나오는 경향이 있다. 따라서, 해당 부동산의 담보가치 대비 자금이 많이 필요한 경우 금리가 높더라도 3금융권을 선택할 수밖에 없고, 상대적으로 낮은 이자를 원한다면 대출금액이 적더라도 1금융권을 선택하게 된다.

 주택담보 대출의 경우, 이와는 조금 다른 경향을 보이는데, 그 이유는 앞서 살펴본 LTV와 DTI의 적용을 받게 되기 때문에 대출 한도는 큰 차이가 없어, 대부분 1금융권을 이용한다. 다만, 공공 기금 등을 이용해서 보다 좋은 조건으로 대출을 활용할 수 있다. 그 대표적인 상품을 확인해 본다.

내 집 마련 디딤돌 대출(주택도시기금)

 흔히 이를 줄여 '디딤돌' 대출이라 표현한다. 부부 합산 연소득이 6,000만 원 이하(생애 최초 주택 구입자, 2자녀 이상 가구는 연소득 7,000만 원, 신혼가구는 연소득 8,500만 원 이하)여야 하고, 순자산가액이 4억 6,900만 원 이하 무주택세대주만 대출 상품을 이용할 수 있다. 대출금리가 연 2.65~

3.95%로 시중은행의 주택담보 대출보다 저렴한 특징이 있다. 다만 대출한도 금액이 정해져 있는데, 일반 2억 원(생애 최초 일반 2억 4,000만 원), 신혼가구 및 2자녀 이상 가구 3억 2,000만 원 이내다. 대출 기간은 10년, 15년, 20년, 30년 중 선택이 가능하다.

버팀목 전세자금 대출(주택도시기금)

전세로 주택을 계약하고자 할 때는 대부분 전세자금 대출을 이용한다. 사실 전세자금 대출은 부동산 담보 대출이 아니라 엄밀한 의미로는 신용 대출이다. 전세보증금의 경우 전세권 설정을 하지 않는 이상 물권이 아닌 채권이고, 주택임대차법에서 인도와 전입신고를 한 경우 대항력을 부여하고, 여기에 확정일자를 부여받으면 경매나 공매 시 후순위 권리자나 일반 채권자보다 우선해서 변제받을 수 있는 권리를 부여하고 있다. 다만, 전세보증금은 일반 신용 대출보다 금액은 크면서 대항력과 우선변제권으로 인해 회수 가능성이 더 크기 때문에 상대적으로 저렴한 금리로 대출이 가능하다. 요건을 갖춘다면 시중은행의 전세자금 대출보다 기금 대출을 활용하는 것이 더 유리하다.

대표적인 상품이 버팀목 전세자금 대출이다. 대출금리가 상대적으로 낮아서 대출대상을 부부 합산 연소득 5,000만 원 이하, 순자산가액 3억 4,500만 원 이하 무주택세대주로 한정하고 있다. 대출금리는 연 2.3~3.3% 이내다. 또한, 일반 전세자금 대출의 경우 보증금의 80%까지 대출이 가능하나 버팀목 전세자금 대출은 그 한도액이 수도권 1억 2,000만 원, 수도권 외 8,000만 원 이내다. 대출 기간은 2년(4회 연장, 최장 10년 이용 가능)이고, 다자녀가구, 청년가구, 중소기업 취업(창업) 청년 등에게 추가 대출 우대금리가 부여된다.

보금자리론

주택금융공사의 보금자리론은 6억 원 이하 주택의 매매 시 본건 담보주택을 제외하고 무주택이거나 1주택자로, 부부 합산 연소득 7,000만 원 이하만 이용할 수 있는 대출 상품이다. 이때, LTV는 최대 70%가 적용되고, DTI는 최대 60%가 적용된다. 일반 대출과 마찬가지로 대출 만기는 10년, 15년, 20년, 30년이고 상환 방식은 원리금 균등, 원금 균등, 체증식 분할상환 등이 있다.

주거 안정 월세 대출

사회 초년생과 주거 약자는 매매나 전세보다 월세로 거주하는 경우가 많다. 특별히 주거 약자의 월세 보증금에 대해 주택도시기금으로 주거 안정 월세 대출을 이용할 수 있다. 이는 일반형과 우대형으로 나뉘는데, 일반형의 조건은 부부 합산 연소득 5,000만 원 이하로, 우대형에 해당하지 않는 경우 부부 합산 순자산가액이 3억 4,500만 원 이하다. 우대형은 취업준비생, 희망키움통장가입자, 근로장려금 수급자, 사회 초년생, 자녀장려금 수급자, 주거급여 수급자가 해당되고 마찬가지로 부부 합산 순자산가액 3억 4,500만 원 이하여야 한다. 대출금리는 연 1.8% 이내이다. 대출 한도는 월 60만 원 이내 2년 1,440만 원이내이다. 기본 대출 기간은 2년이나 4회까지 연장 가능하고 최장 10년 동안 이용 가능하다. 이 상품은 혜택이 커서 생애 1회만 신청할 수 있다.

주택도시기금을 통한 다양한 대출

이번 장에서 실무적으로 가장 중요한 파트를 꼽으라면 이 파트. 주택도시기금 홈페이지(https://nhuf.molit.go.kr)에서 개인 상품을 통해 주택 전세자금 대출, 주택 구입자금 대출, 기타 주택자금 대출 등의 조건 및 혜택을 일일이 확인해볼 수 있다. 앞서 가장 대표적인 상품만을 확인해 보았지만, 해당 홈페이지에서 직접 확인해보면, 구입자금 대출은 신혼부부 전용 구입자금, 신혼희망타운 전용 주택담보장기 대출, 내집마련 디딤돌 대출, 전세사기 피해자 전용 디딤돌 대출, 신생아 특례 디딤돌 대출, 수익공유형모기지, 손익공유형모기지, 오피스텔 구입자금 등이 있고, 전세자금 대출 관련 중소기업취업청년 전월세보증금 대출, 청년전용 보증부월세 대출, 청년전용 버팀목 전세자금, 신생아 특례 버팀목 대출, 비정상거처 이주지원 버팀목 전세자금, 전세피해 임차인 버팀목 전세자금, 전세피해임차인 대상 버팀목 전세 대출대환, 전세사기피해자 최우선변제금버팀목 전세자금 대출, 주거 안정 월세 대출, 신혼부부전용 전세자금, 버팀목 전세자금, 갱신만료 임차인 지원 버팀목 전세자금, 전세보증금 반환보증 등의 다양한 상품이 있다.

또 하나, 각 지방자치단체마다 청년의 주거복지 관련해서 다양한 혜택을 마련하고 있다. 서울시의 경우 일정 요건을 갖추면 2년간 매월 20만 원까지 월세를 무상으로 지원해주는 제도가 있다. 이러한 혜택은 대동소이하게 대부분의 지방자치단체에서 청년을 위해 마련한 제도이고, 이는 예산의 범위가 정해져 있으니 가급적 연말보다 연초에 더 혜택이 많다.

대출 관련 검토사항

은행으로부터 돈을 빌렸는데, 약속한 날짜 이전에 돈을 갚으면 어떻게 될까? 돈을 빌리는 사람 입장에서는 앞당긴 기간만큼 이자를 지불하지 않아서 좋고, 은행에서는 돈을 회수하지 못하는 위험에서 벗어나 좋을 수도 있다. 그러나 현실에서 은행은 예금 받은 돈을 대출해주고, 싼 예금 이자와 비싼 대출 이자의 차이로 이윤을 발생시킨다. 이를 예대마진이라고 한다. 연 1%의 이자를 주고 예금을 받아 2%를 받고 빌려주면 사고로 인한 손실 등을 모두 감안해도 이익이 남게 되어 은행은 대출 시 가산금리를 통해 이를 적절히 조정해서 상품을 운영한다.

다만 30년 만기를 예상하고 돈을 빌려주는 자금 운영 계획을 세웠는데 대출받은 사람이 1년 만에 대출을 갚아버리면 은행 입장에서는 예상외의 이자 감소분이 발생하는 것이다. 그 때문에 일정 기간 안에 돈을 먼저 갚으면 일정한 금액의 수수료를 부과시킨다. 이를 중도상환수수료라 한다. 중도상환수수료는 은행과 정책에 따라 달라지는데, 통상 3년 이내에 갚을 경우 일할 계산해서 상환되는 금액의 1% 내외의 중도상환수수료를 부과한다. 주택담보 대출은 특성상 대출 금액이 커서 중도상환수수료가 생각보다 크다. 따라서 주택담보 대출을 이용할 때, 1~2년 이내에 상환 계획이 있다면 중도상환수수료가 없거나 작은 상품을 선택해야 한다. 대출 이자율이 조금 높더라도 중도상환수수료가 훨씬 더 클 수 있기 때문이다. 주로 보험회사에서 운영하는 대출 상품의 경우 중도상환수수료가 없거나 1금융권보다 상대적으로 더 낮다.

10억 원짜리 주택을 보유 중인 사람이 해당 주택을 담보로 대출을 받으려고 하면 어느 정도 대출을 받을 수 있을까? 앞서 살펴본 LTV와 DTI는 주택을 매매할 때 대출을 제한하는 제도이다. 그래도 10억 원짜리인데, 5억 원 정도는 대출이 가능하지 않을까? 거주주택을 담보로 대출을 하는 경우 주택 구입자금 대출과는 달리 실제는 생활안정자금이라고 해 1년간 1억 원이 대출 한도다. 즉, 올해 1억 원 내년에 1억 원, 이렇게 1년에 1억 원까지만 대출이 가능하다. 더군다나, 2주택자는 아예 대출이 불가능하다. 주택가격 상승기에는 사람들이 모든 대출을 끌어모아 직접 사용하지 않음에도 불구하고 주택을 매수하고 이로 인해 주택가격이 상승한다고 판단해 정부에서 정책적으로 이를 막아두었기 때문이다. 내 집을 담보로 대출을 받는데, 너무 한다고 생각하는 사람과 주택을 구입할 예정이 아니라 대출이 필요한 사람에게도 적용되어 수정이 필요하다는 의견도 많다.

일부는 주택담보 대출이 아닌 사업자금 대출 명목으로 활용해 주택가격의 80~90% 이상 대출을 받기도 한다. 즉, 개인의 주택담보 대출이 아닌 사업자가 사업자금을 위해 필요로 하는 자금을 확보하고자 주택을 담보로 대출을 받는 것이다. 거주 주택을 담보로 사업자 대출을 하는 기관은 1금융권이 아닌 2금융권 또는 3금융권에서 많이 운영한다. 상대적으로 일반 주택담보 대출보다 이자가 높은 특징이 있다. 이러한 사업자금 대출의 특징은 주로 3년 정도의 기간 동안 이자만 납입하고 3년 후 갱신하거나 상환하는 방식이다. 문제는 3년 후 대출금리가 급격히 상승하거나 대출 연장이 안 되는 경우도 있다. 따라서, 필자 입장에서는 별로 권하고 싶지도 소개하고 싶지도 않은 상품이다. 하지만 이를 활용하고자 한다면 반드시 3년 후의 이자율 상승과 상환 위험에 대해 미리 고려해야 할 것이다.

앞서 LTV는 주택가격에 대한 담보인정 비율을 의미한다고 했다. 1억 원의 주택에 LTV 60%를 적용하면 6,000만 원까지만 대출이 가능하다는 것은 이제 충분히 이해했을 것이다. 그렇다면 주택가격은 누가 정하는 것일까? 시세는 1억 원인데 급매로 9,000만 원에 사면 LTV를 계산할 때 1억 원을 기준으로 계산해야 할까? 9,000만 원을 기준으로 계산해야 할까? 대부분의 은행에서는 실거래가를 기준으로 LTV를 정하게 된다. 즉, 이 사례에서는 9,000만 원의 60%인 5,400만 원이 대출 한도다. 다만 1금융에서는 주택가격의 10% 이내의 범위에서 주택가격보다 낮게 거래되었어도 주택가격을 시세 기준으로 대출해주기도 한다. 이때의 주택가격은 아파트는 대부분 'KB시세'를 기준으로 한다. KB 국민은행에서 아파트가격을 매주 공시하는데, 이를 주택가격의 기준으로 보는 것이다. 간혹 일반 거래가격보다 KB시세가 월등히 높은 아파트 단지도 있다. 일부 은행에서는 거래가보다 KB시세를 기준으로 대출해주기 때문에 실거래가격과 KB시세가 많이 차이 나는 아파트 단지는 여러 은행에서의 주택담보 대출 한도와 금리를 비교해볼 필요가 있다.

마지막으로, 주택담보 대출도 집을 담보로 하는 엄연한 '대출'이다. 따라서, 대출 계획을 세울 때 매월 상환하는 원리금의 부담 여부 등도 반드시 체크해야 한다. 당장 한두 달은 버틸 수 있지만, '장기적으로 꾸준히 상환 가능한가' 또는 '금리가 상승할 우려는 없는가' 등도 반드시 되짚어볼 필요가 있다.

부동산의 특성

일반 재화와는 다른 부동산의 대표적인 특성은 다음과 같다.

부동성(不動性)

토지 그 자체는 움직일 수 없고 지리적인 위치도 바꿀 수 없는 특성을 '부동성'이라 한다. 같은 개념으로 '위치의 고정성' 또는 '비이동성'이라고 표현하기도 한다. 이는 부동산을 동산과 구별하는 가장 중요한 근거가 되고, 부동산 활동을 임장 활동화시킨다. 그 때문에 감정평가는 탁상 분석에 그치지 않고, 현장 확인 등 임장 활동을 할 수밖에 없는 것이다. 또한, 이러한 부동성의 특징으로 대상 부동산 인근에서 일어나는 변화가 부동산 가격 결정에 영향을 주는 '외부 효과'를 발생시킨다. 대표적인 정(+)의 외부 효과로는 지하철역의 신설이다. 지하철역이 새로 생기게 되면 인근지역의 주택가격은 상승하게 된다. 반대로 부(-)의 외부 효과는 쓰레기 매립장 등 기피 또는 혐오시설의 설치다. 꼭 필요하지만, 인근 주민은 싫어하는 이러한 시설들이 들어섬으로써 주택가격의 하락을 가져올 수 있다.

부증성(不增性)

부증성은 말 그대로 증가하지 않는 성질이다. 토지는 일반 재화처럼 물리적으로 생산할 수 없는데, 이를 부증성 또는 비생산성이라 한다. 바다를 메워 간척지를 만드는 것은 토지를 생산하는 것이 아니라 토지의 용도를 변환한 것이라 볼 수 있다. 이러한 토지의 부증성과 관련해 건물은 '생산의 장기성'의 특징이 있다. 건물은 만들어낼 수 있는데, 일반 재화보다 훨씬 만들어내는 데 많은 시간이 필요하다는 의미다.

개별성

토지는 부동성으로 인해 움직일 수 없어서 각각의 토지마다 다른 특성을 갖는다. 이러한 토지의 특성으로 인해 위치, 지형, 면적 등 개별적인 특성을 고려할 때 동일한 토지는 없음을 의미한다. 이를 '비대체성', '이질성'이라고도 한다.

영속성

일반 재화는 사용하다 보면 언젠가는 마모되어 없어진다. 반면, 토지는 시간이 아무리 흘러도 닳아 없어지지 않는 특성이 있다. 이러한 특성을 '영속성' 또는 '불변성'이라고 한다. 건물의 경우, 시간에 따라 언젠가는 철거되므로 감가상각의 개념이 적용되지만, 토지는 감가상각이 되지 않는다.

제12장
부동산과 세금

고가성의 특성을 가지는 부동산 관련 세금은 적게는 면제되어 0%가 되기도, 많게는 70%를 초과하기도 해 상당한 금액이 부과되기도 한다. 부동산 거래를 할 때, 매우 중요한 세금은 매수하기 전에 전체 과정에 대한 세액을 산출해보아야 한다. 이 장에서는 부동산 취득과 보유, 양도 시 발생하는 세금의 종류 및 특징에 대해 살펴본다. 또한, 세금 관련 제도는 정부의 시기별 부동산 정책에 따라 자주 변경될 수 있으므로, 해당 시기에 적용되는 세금 관련 사항을 반드시 확인해야 한다.

세금의 분류

세금은 과세권자(세금을 부과하는 권리가 있는 기관)에 따라 국세와 지방세로 나누어볼 수 있다. 부동산 관련 대표적인 국세는 양도소득세, 종합부동산세, 교육세, 농어촌특별세 등이 있고, 지방세는 취득세, 재산세, 지방교육세, 지방소득세 등이 있다.

또한, 과세 방식에 따라 소득이나 재산을 보유하는 자에게 직접 부과되는 재산세와 물건이나 서비스를 구매할 때 가격에 포함되어 부과되는 간접세가 있다. 직접세는 납세의무자와 담세자(세금을 부담하는 자)가 일치하는 것으로, 양도소득세, 재산세 등이 이에 속한다. 간접세는 실제 세금 부담이 최종 소비자에게 귀착되는 부가가치세 등이 있다.

또한, 세금의 용도에 따라, 사용 용도를 정하지 않고 일반 행정서비스를 제공하기 위해 사용되는 보통세와 특정 목적을 위해 부과되는 목적세가 있다. 보통세는 취득세, 재산세, 양도소득세, 부가가치세 등이 있고, 목적세에는 그 용도가 법률로 정해진 교육세, 농어촌특별세 등이 있다. 이러한 목적세는 해당 분야를 위한 재원으로 활용된다.

취득세

취득세는 원시·승계취득, 유상·무상의 모든 취득 행위에 부과하며 거래 단계별 납세의무가 성립하는 유통세의 성격을 지닌 조세다. 과세 대상은 토지·건축물, 차량, 기계 장비, 선박, 항공기, 입목, 광업권, 어업권, 골프·콘도·종합체육 시설 이용·승마·요트회원권 등이 해당된다. 납세 대상은 과세 대상 물건을 취득한 자로, 등기·등록을 하지 않은 경우라도 잔금 지급 등 사실상 취득한 경우가 포함된다.

과세표준은 취득자가 신고한 취득 당시의 가액이나, 신고가액이 없거나 신고가액이 시가표준액보다 적을 때에는 그 시가표준액으로 한다. 다만, 국가 등과 거래, 수입, 공매, 판결문·법인장부, 실거래가 신고·검증 등으로 사실상 취득가격이 입증되는 경우는 그 가격을 과표로 바로 적용하게 된다.

부동산 취득세는 부동산을 매수하거나 상속, 증여를 통해 취득할 때 부과되는 세금으로, 부동산 거래 시 반드시 사전에 확인해야 하는 중요한 세금 항목이다. 이는 주택의 취득세와 주택 외 부동산의 취득세로 분류할 수 있다. 주택의 경우 취득세는 주거의 안정을 기본으로 거래 활성화와 시장 안정화를 고려해 정책적으로 세율이 조정된다. 따라서, 주택의 취득세는 모든 주택 소유자에게 동일하게 적용되지 않고, 취득지역, 취득가격, 취득자의 주택 소유 현황, 주택임대사업자 여부 등에 따라 다르게 적용된다. 특히, 취득하게 된 원인에 따라 아래 표와 같이 1%에서 최대 12%에 해당하는 세금이 부과된다.

취득원인	구분	조정지역	非조정지역
유상	1주택	6억 원 이하 : 1% 6억 원 초과~9억 원 이하 : 1~3% 9억 원 초과 : 3%	
	2주택	8%(일시적 2주택 제외)	1~3%
	3주택	12%	8%
	법인·4주택~	12%	12%
무상 (상속 제외)	3억 원 이상	12%	3.5%
	3억 원 미만	3.5%	3.5%

또한, 주택의 취득세는 정부 정책에 따라 변동되기도 한다. 취득세의 계산은 과세표준 금액에 세율을 곱해 산출된다. 예를 들어, 3억 원의 주택을 무주택자가 취득하게 되면 3억 원×1%로 계산해 취득세는 300만 원이 된다. 이때 산출 근거인 과세표준 금액은 실제 거래가격이 기준이 된다. 또한, 일부 조건에 해당하면 취득세는 감면되거나 면제될 수 있다. 예를 들어, 신혼부부가 생애 최초로 주택을 구입할 경우 감면되고, 농촌지역에서 거주 목적으로 주택을 구입하는 경우에도 감면될 수 있다. 저소득층이나 거주 목적의 주택 구입 시에도 감면되고, 주택임대사업자의 경우에도 취득세가 감면된다. 지방세법 제4조에 따른 시가표준액이 1억 원 이하인 주택은 주택 유상 거래 취득 중과세에서 예외가 된다. 정확한 감면 혜택은 취득지역의 관할 지방세 담당 부서에 확인하면 된다.

주택 외 모든 부동산의 취득 시 부과되는 취득세는 유상 여부와 그 종류에 따라 다음 표와 같이 그 세율이 정해진다.

구분		세율
주택 외 유상 매매(토지, 건축물)		4%
원시 취득, 상속(주택 포함, 농지 제외)		2.8%
무상 취득(증여)	비영리사업자	2.8%
	그 외	3.5%
농지	매매	3.0%
	상속	2.3%
공유물 분할		2.3%

　취득세 납부는 취득 후 60일 이내에 해야 하지만, 일반적으로 취득 시 소유권이전등기를 동시에 하므로 소유권이전등기 신청일에 납부하게 된다. 그래서 매매의 경우 잔금일에 취득세 납부가 이루어진다.

　세금은 카드 납부도 가능하다. 지방세에 해당하는 취득세는 카드 납부 시 수수료가 부과되지 않지만, 국세인 양도소득세 등은 신용카드로 납부 시 납부 세액의 0.8%(체크 카드는 0.5%)의 수수료를 추가 납부해야 한다. 또한, 카드사마다 카드 포인트 및 실적 적용을 달리하고 있으니 이는 직접 해당 카드 이용약관을 확인한다.

　취득세를 납부하려다 보면 취득세 외 추가적인 세금이 있다는 것을 확인할 수 있다. 바로 지방교육세와 농어촌특별세다. 지방교육세는 과세표준과 세율을 각각 따로 정하고 있는데, 대표적으로 주택은 과세표준에 취득세 세율의 10%를 곱해 산출한다. 즉, 취득세의 10%에 해당한다고 보면 된다. 단, 다주택자의 취득세율 8~12%에 해당하는 경우 0.4%가 일괄로 적용된다. 농어촌특별세는 주택 중 85㎡ 이하에는 과세되지 않는다. 85㎡ 초과 주택에 대해서는 0.2%가 일괄 적용되고, 다주택자 중과세율에는 취득세율이 8%인 경우 0.6%가 적용되고, 12%인 경우에는 1%가 적용된다.

재산세와 종합부동산세

　재산세는 납세자가 소유한 재산의 경제적 교환가치에 담세력을 두어 과세하는 조세다. 과세 대상은 토지, 건축물, 주택, 선박, 항공기 등이다. 재산세는 과세기준일인 매년 6월 1일 현재 사실상 재산을 소유하고 있는 자가 세금을 부담하게 된다. 즉, 부동산을 매매해 5월 31일에 잔금을 치르고 소유권이전등기를 하면 6월 1일은 매수한 사람의 소유이기 때문에 매수자가 해당 부동산의 재산세를 부담하는 것이다. 그 때문에 실무에서는 5월과 6월에 잔금일이 있는 경우, '재산세 부담의 주체를 누구로 할 것이냐'를 고려해 잔금일을 정하기도 한다. 6월 1일 전에 잔금일을 정하면 매도자에게 유리하고, 6월 1일 이후에 잔금일을 정하면 매수자가 유리해진다.

　재산세는 부동산 실거래를 하는 상태가 아닌 보유 단계에서 부담하는 세금이기 때문에 별도로 과세표준을 산출하게 된다. 토지, 건축물, 주택의 경우 취득세, 등록세 등 각종 지방세의 과세기준을 정하기 위해 공시된 부동산 가액인 '시가표준액'에 공정시장가액비율(이 장의 마지막에 자세히 설명했다)을 곱해 산출한다.

　이렇게 산출된 금액에 재산세 세율이 적용되어 세금이 부과되는데,

토지의 경우 0.2~0.5%로 종합합산·별도합산·분리과세 대상에 따른 3단계 누진세율이 적용되고, 건축물은 0.25% 단일세율이나 골프장·고급오락장용은 4%, 주거지역 등에 소재하는 공장은 0.5%가 적용된다. 주택은 0.1~0.4%의 4단계 누진세율이 적용되고, 1세대 1주택자 등도 특례세율이 적용된다. 별장 등은 이와 별개로 4%의 세율이 적용된다.

해당연도의 재산 세액이 전년도 재산 세액 대비 일정 비율을 초과해 증가하지 않도록 한도를 설정하는데, 이를 세부담상한제라 한다. 예를 들어, 지난해에 비해 공시가격이 2배로 오른다거나 공정시장가액비율의 감면 조항이 없어져 갑자기 세금이 2배로 오를 수도 있는데, 이때 일정 비율 이상으로 세금이 인상되지 않도록 그 상한을 두어 적용하는 것이다. 토지와 건축물은 세부담상한제 150%가 적용되고, 주택의 경우 공시가격 3억 원 이하는 105%, 3억 원 초과 6억 원 이하는 110%, 6억 원 초과는 130%가 적용된다. 세부담상한제의 비율도 정책에 따라 시기별로 변동이 있을 수 있다.

정리해보면 재산세의 세액 결정은 다음과 같은 과정을 통해 정해진다.

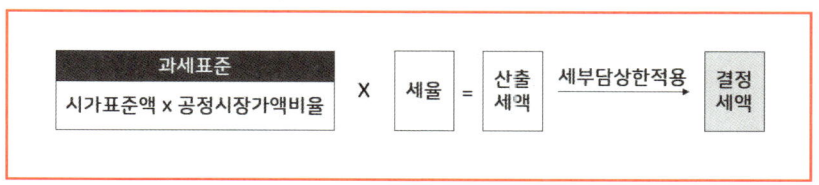

재산세의 세액 결정 구조

종합부동산세는 과세기준일인 매년 6월 1일 현재 국내에 소재한 재산세 과세 대상인 주택 및 토지를 유형별로 구분해, 인별로 합산한 결과 그 공시가격 합계액이 유형별로 공제금액을 초과하는 경우 그 초과분에 대해 과세되는 세금이다. 1차로 부동산 소재지 관할 시·군·구에서 관내 부동산을 과세 유형별로 구분해서 재산세를 부과하고, 2차로 유형별 공제액을 초과하는 부분에 대해 주소지(본점 소재지) 관할세무서에서 종합부동산세를 부과하는 것이다.

종합부동산세는 주택의 경우 부속 토지를 포함해 9억 원 초과(1세대 1주택자는 12억 원 초과)한 부분에 대해 부과되고, 나대지나 잡종지 등 종합합산 토지는 5억 원을 초과한 부분에 부과된다. 또, 상가나 사무실 부속토지 등 별도합산 토지는 80억 원을 초과하는 부분이 과세 대상이 된다. 각 유형별 과세표준에 따른 종합부동산세의 세율은 다음 표와 같다.

주택(2주택 이하)		주택(3주택 이상)		종합합산 토지분		별도합산 토지분	
과세표준	세율(%)	과세표준	세율(%)	과세표준	세율(%)	과세표준	세율(%)
3억 원 이하	0.5	3억 원 이하	0.5	15억 원 이하	1.0	200억 원 이하	0.5
6억 원 이하	0.7	6억 원 이하	0.7	45억 원 이하	2.0	400억 원 이하	0.6
12억 원 이하	1.0	12억 원 이하	1.0	45억 원 초과	3.0	400억 원 초과	0.7
25억 원 이하	1.3	25억 원 이하	2.0				
50억 원 이하	1.5	50억 원 이하	3.0				
94억 원 이하	2.0	94억 원 이하	4.0				
94억 원 초과	2.7	94억 원 초과	5.0				

양도소득세

　양도소득세는 개인이 토지, 건물 등 부동산이나 주식 등과 파생상품의 양도 또는 분양권과 같은 부동산에 관한 권리를 양도함으로써 발생하는 이익(소득)을 과세 대상으로 해서 부과하는 세금이다. 과세 대상 부동산 등의 취득일부터 양도일까지 보유 기간 동안 발생된 이익(소득)에 대해 양도 시점에 과세하므로 부동산 등의 양도로 인해 소득이 발생하지 않았거나 오히려 손해를 본 경우에는 과세되지 않는다.

　부동산 관련 양도소득세가 과세되는 자산의 범위는 부동산은 토지와 건물이고, 무허가나 미등기 건물도 과세 대상에 포함된다. 부동산에 관한 권리로서, 부동산을 취득할 수 있는 권리(분양권 등), 지상권, 전세권, 등기된 부동산임차권 등도 양도소득세가 과세 대상이다. 양도소득세는 조세의 정책적 목적으로 비과세되거나 감면되기도 한다. 1세대가 양도일 현재 국내에 1주택만 있는 경우, 2년 이상 해당 주택을 보유하면 양도소득세가 과세되지 않는다. 다만, 양도 당시 실지 거래가액이 12억 원을 초과하는 고가주택은 12억 원 초과분에 대해 양도소득세가 과세되고, 2017년 8월 3일 이후 취득 당시 조정대상지역에 있는 주택은 보유 기간에 더불어 거주 기간이 2년 이상이어야 1가구 1주택 비과세 혜택이 적용된다. 또한, 주택에 딸린 토지가 도시지역 안에 있으면 주택 정착 면적의 5배(수도권 내 주거·상업·공업지역은 3배)까지, 도시지역 밖에 있으면 10배까지를 양도소득세가 과세되지 않는 1가구 1주택의 범위로 보게 된다.

양도소득세는 세금을 납부하는 자가 직접 세금을 계산해서 신고 납부해야 하는데, 부동산을 양도한 경우에는 양도일이 속하는 달의 말일부터 2개월 이내에 주소지 관할세무서에 예정신고·납부를 해야 한다. 당해연도에 부동산 등을 여러 건 양도한 경우에는 그다음 해 5월 1일부터 5월 31일 사이에 주소지 관할세무서에 확정신고를 해야 하는데, 1건의 양도소득만 있는 자가 예정신고를 마친 경우에는 확정신고를 하지 않아도 된다. 예정신고나 확정신고를 하지 않은 때는 정부에서 결정·고지하게 되는데, 신고·납부를 하지 않은 경우 무신고가산세 20%(또는 40%), 납부지연 가산세 1일 당 0.022%를 추가 부담하게 된다.

부동산 양도소득세의 계산은 다음과 같은 흐름으로 계산하게 된다.

양도가액	부동산 등의 양도 당시 실지 거래가액
− 취득가액	부동산 등의 취득 당시 실지 거래가액
− 필요경비	취득 시 소요된 실비(예 : 중개보수, 취득세, 설비비 등)
= 양도차익	양도가액−취득가액−필요경비
− 장기보유 특별공제	3년 이상 보유한 1가구 1주택, 토지건물 조합원 입주권 등
= 양도소득금액	양도차익−장기보유 특별공제
− 감면대상 소득금액	미분양, 신축 등 조세특례제한법에서 규정한 경우
− 양도소득 기본공제	1인당 1년 250만 원 한도
= 양도소득 과세표준	양도소득 금액−(감면대상 소득금액+양도소득 기본공제)
× 세율	양도소득세율표 참조
= 산출세액	양도소득과세표준×세율
− 세액공제 + 감면세액	전자신고 세액공제, 조세특례제한법상 감면세액 등
= 자진 납부할 세액	산출세액−(세액공제+감면세액)

앞의 표에 적용되는 장기보유 특별공제는 장기간 부동산을 소유한 자에게 양도 시 일정 부분 세금을 감면해주는 제도다. 주택의 경우 3년 이상 보유한 1가구 1주택일 때 보유 기간과 거주 기간에 따라 중복 적용된다.

보유 기간		2년 이상 ~ 3년 미만	3년 이상 ~ 4년 미만	4년 이상 ~ 5년 미만	5년 이상 ~ 6년 미만	6년 이상 ~ 7년 미만	7년 이상 ~ 8년 미만	8년 이상 ~ 9년 미만	9년 이상 ~ 10년 미만	10년 이상
공제율	보유 기간	–	12%	16%	20%	24%	28%	32%	36%	40%
	거주 기간	8%	12%	16%	20%	24%	28%	32%	36%	40%

예를 들어 9년을 보유해 양도한 주택에서 5년을 거주했다면 보유 기간에 따른 36%와 거주기간의 20%를 더해 56%의 장기보유 특별공제가 적용된다. 또한, 주택 외 토지와 건물, 조합원 입주권의 경우에는 거주 기간이 없어 보유 기간에 따라 다음 표와 같이 공제율이 정해진다.

보유 기간	3년 이상 ~ 4년 미만	4년 이상 ~ 5년 미만	5년 이상 ~ 6년 미만	6년 이상 ~ 7년 미만	7년 이상 ~ 8년 미만	8년 이상 ~ 9년 미만	9년 이상 ~ 10년 미만	10년 이상 ~ 11년 미만	11년 이상 ~ 12년 미만	12년 이상 ~ 13년 미만	13년 이상 ~ 14년 미만	14년 이상 ~ 15년 미만	15년 이상
공제율	6%	8%	10%	12%	14%	16%	18%	20%	22%	24%	26%	28%	30%

양도소득세 계산에서 중요한 부분이 적용되는 세율이다. 양도소득세의 기본 세율은 다음 표와 같다.

과세표준	세율	누진공제
1,400만 원 이하	6%	-
5,000만 원 이하	15%	126만 원
8,800만 원 이하	24%	576만 원
1.5억 원 이하	35%	1,544만 원
3억 원 이하	38%	1,994만 원
5억 원 이하	40%	2,594만 원
10억 원 이하	42%	3,594만 원
10억 원 초과	45%	6,594만 원

예를 들어, 양도소득 과세표준이 1억 원이라면 세율 35%가 적용되어 35,000,000원이 계산되고, 여기에서 누진공제 15,440,000원을 뺀 19,560,000원이 산출세액이 된다. 조금 복잡한 양도소득세는 국세청 홈택스 홈페이지에서 모의 계산을 해볼 수 있다.

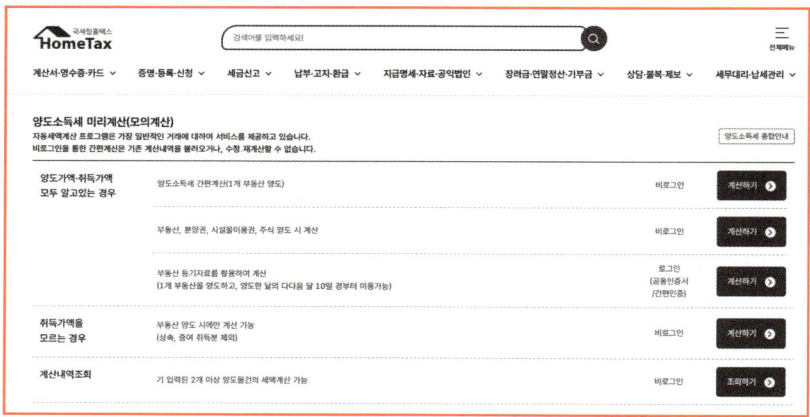

양도소득세 모의 계산 (출처 : 국세청 홈택스 홈페이지)

정책적으로 다주택자 등에게는 세금을 더 무겁게 부과하는 중과세율이 적용되는데, 다음 표와 같다.

구분			보유 기간	세율	비고
주택	2주택	조정 대상지역	1년 미만	70%	이 중 큰 세액
			2년 미만	60%	
				기본 세율+20%p	
			2년 이상	기본 세율+20%p	
		일반지역	1년 미만	70%	
			2년 미만	60%	
			2년 이상	기본 세율	
	3주택 이상	조정 대상지역	1년 미만	70%	이 중 큰 세액
				기본 세율+30%p	
			2년 미만	60%	이 중 큰 세액
				기본 세율+30%p	
			2년 이상	기본 세율+30%p	
		일반지역	1년 미만	70%	
			2년 미만	60%	
			2년 이상	기본 세율	

부동산 관련 조세는 그 부과 금액의 적용 세율이 상당히 높다. 예를 들어, 주택을 취득해 1년 이내에 양도하면 양도차익의 70%에 해당하는 세금을 납부해야 한다. 따라서 이 장에서는 부동산 관련 세금의 체계와 흐름을 이해하고, 부동산 취득 시 취득세뿐만 아니라 보유세와 양도소득세 등 부동산의 처분 시기에 부과되는 세금까지도 고려해야 한다는 내용을 다뤘다. 부동산 관련 세금은 정책에 따라 매우 유동적이다. 정확한 세액의 산출은 반드시 해당 시점에 조세 전문가와 상의하기를 바란다.

공정시장가액비율

공정시장가액비율은 재산세나 종합부동산세 등 부동산 관련 세금을 부과할 때, 과세표준을 산정하기 위해 정부가 결정해서 고시하는 비율로 다음과 같은 특징이 있다.

① **역할** : 정부는 매년 공시되는 주택 또는 토지의 공시가격에 이 비율을 곱해 세금 계산의 기준이 되는 '과세표준'을 결정한다(과세표준=공시가격×공정시장가액비율)

② **목적** : 공시가격이 실제 시장가격을 100% 반영하지 못하는 점을 고려하고, 급격한 가격 변동에 따른 세 부담 충격을 완화하거나 조정하기 위한 정책 수단으로 활용되는데, 정부는 경제 상황이나 부동산 시장 상황, 세수 상황 등을 고려해 이 비율을 조정할 수 있다.

③ **법적 근거** : 지방세법 및 종합부동산세법에 근거하며, 시행령을 통해 구체적인 비율 범위가 정해지는데, 일반적으로 주택에 대한 재산세 및 종합부동산세, 토지와 건축물에 대한 재산세 등에 적용된다.

공정시장가액비율은 정책의 유연성 확보(부동산 시장 상황이나 경제 여건 변화에 정부가 신속하게 대응해 세 부담을 조절할 수 있는 유연한 정책 수단으로 활용되는데, 국회 입법 절차 없이 정부 시행령 개정만으로 조정이 가능해 대응이 빠르다), **세 부담 완충 작용**(공시가격이 급등했을 때, 공정시장가액비율을 낮춰 세 부담이 급격하게 늘어나는 것을 완화하는 완충 역할을 할 수 있다), **탄력적 조세 정책**(1주택자 등 특정 계층이나 특정 구간의 부동산에 대해 차등적으로 적용함으로써 정책 목표 달성에 기여할 수 있다)이 가능하다는 장점이 있지만, 예측 가능성 저하(매년 정부가 비율을 조정할 수 있기 때문에 납세자 입장에서는 자신의 세 부담을 미리 정확히 예측하기 어렵다는 단점이 있다)와 **조세 형평성 논란**(공시가격 현실화율과 공정시장가액비율이 복합적으로 작용하면서 특정 가격대나 유형의 부동산에 대해 세 부담 형평성 문제가 제기될 수 있다), **시장 신호 왜곡 가능성**(시장 가격 변동과 세금 부담 간의 괴리가 커지면서 조세 제도의 투명성과 일관성이 저해될 수 있다는 비판도 있다), **단기적 처방의 한계**(근본적인 문제는 공시가격 산정의 적정성이나 세금 체계 자체일 수 있는데, 공정시장가액비율 조정은 단기적인 세 부담 완화 효과는 있으나 근본적인 해결책이 되기 어렵다는 지적도 있다)의 단점도 가지고 있다.

또한, 공정시장가액비율 역시 정책에 따라 매우 민감하게 변동된다. 토지와 건축물은 70%가 적용되고, 주택의 경우 60%가 적용된다. 2023년 한시적으로 1세대 1주택자의 경우 공시가격이 3억 원 이하이면 43%, 3억 원 초과 6억 원 이하 44%, 6억 원 초과 시 45%가 적용되었는데, 2024년에도 제도가 연장되어 시행되었다. 이는 시기별 변동 가능성이 있어 반드시 별도로 확인해야 한다.

제13장
알아두면 쓸모 있는 부동산 상식

지금까지 '부동산'에 관한 다양한 분야의 기초 지식과 사례에 대해 살펴보았다. '부동산'은 '동산'의 반대 의미로 움직이지 않는 자산이라는 의미의 표현과 '개업공인중개사 사무소', 즉 동네 부동산인 개업공인중개사 사무소를 중의적으로 표현하기도 한다. 이 장에서는 '개업공인중개사 사무소'인 동네 부동산과 잘 알려져 있지 않은 부동산 상식에 대해 살펴본다.

공인중개사 제도

부동산과 관련된 대부분의 문제는 동네에서 유능한 부동산 사장님을 만나면 거의 해결된다(여기에서 부동산은 '개업공인중개사 사무소', 사장님은 '대표 공인중개사'가 정확한 표현이다). 부동산을 거래할 때 누구나 유능한 공인중개사를 만나기를 원하지만, 공인중개사의 실력 여부가 간판에 표시되어 있는 것은 아니기에 유능한 공인중개사를 확인하기는 생각처럼 쉽지 않다. 그렇기에 외부에서 보이는 현상으로 판단할 수밖에 없다.

공인중개사 제도는 전문자격사법인 공인중개사법으로 규정하고 있다. 공인중개사법 제9조에서는 중개업을 영위하려는 자는 국토교통부령으로 정하는 바에 따라 중개사무소를 두려는 지역을 관할하는 시장·군수 또는 구청장에게 중개사무소의 개설 등록을 해야 하고, 공인중개사 또는 법인이 아닌 자는 중개사무소의 개설 등록을 신청할 수 없도록 규정하고 있다.

국민 자격증이라 불릴 정도로 응시자가 많은 공인중개사 시험은 국토교통부의 의뢰로 한국산업인력관리공단에서 매년 10월 마지막 주 토요일에 실시된다. 응시 자격에는 제한이 없어 미성년자도 응시 가능하지만(다만 미성년자는 공인중개사 자격이 있어도 중개업을 할 수 없다) 시험 부정행위자는 5년, 공인중개사법에 따라 자격이 취소된 자는 3년간 응시가 제한된다. 시험은 1차와 2차로 나뉘어져 치르는데, 1차는 부동산학개론(부동산 감정평가론 포함)과 민법 및 민사특별법 중 부동산 중개에 관련되는 규정의 2과목을 치르고, 2차는 공인중개사의 업무 및 부동산 거래신고 등에 관한 법령 및 중개 실무, 부동산 공법 중 부동산 중개에 관련되는 규정, 부동산 공시에 관한 법령(부동산 등기법, 공간정보의 구축 및 관리 등에 관한 법률) 및 부동산 관련 세법으로 세 과목을 치르게 된다. 매 차시 과목별 100점 만점으로 환산해 매 과목마다 40점 이상 득점해야 하고, 전 과목 평균 60점 이상 득점해야 한다. 1차와 2차를 동시에 치르는 경우 1차에 합격해야만 2차 성적이 유효하게 된다. 즉, 1차와 2차를 동시에 응시했는데 1차는 불합격하고 2차에만 합격하면 모두 불합격 처리된다.

공인중개사 자격을 취득해서 공인중개사사무소를 개설 등록하려면, 개설 등록에 관한 실무교육을 이수하고, 중개사무소를 확보한 후, 공제 가입 등의 업무보증(개인은 2억 원, 법인은 4억 원)에 가입해야 한다. 추가로 법인인 개업공인중개사사무소의 개설은 대표자는 공인중개사이어야 하고, 대표자를 제외한 임원 또는 사원의 3분의 1 이상 공인중개사일 것과 자본금이 5,000만 원 이상일 것의 조건을 갖추어야 한다.

이렇게 개업공인중개사 사무소를 개설하면 본격적인 부동산 중개업을 시작하는데, 개업공인중개사는 다음의 9가지 사항에 대해서는 법으로 하지 못하도록 '금지행위'로 규정해 제한하고 있다.

① **중개 대상물의 매매를 업으로 하는 행위** : 중개를 하는 당사자가 매매를 업을 영위하는 경우 중립적인 중개를 한다고 보기 어려워 이를 금지하고 있다. 다만, 부동산 임대업은 금지행위에 해당하지 않아 임대를 업으로 할 수는 있다.

② **다른 중개사무소의 개설 등록을 하지 않고 중개업을 영위하는 자인 사실을 알면서 그를 통해 중개를 의뢰받거나 그에게 자기의 명의를 이용하게 하는 행위** : 부동산 중개업을 하려면 반드시 등록기관에 등록해야 하는데 등록하지 않고 중개업을 하는 자와 협조하는 행위 등을 금지하고 있다.

③ **사례·증여 그 밖의 어떠한 명목으로도 보수 또는 실비를 초과해 금품을 받는 행위** : 시도별 규정으로 중개보수의 범위를 정하고 있는데, 이를 초과하는 부분은 부당이득으로 반환해야 한다. 분양 대행이나 컨설팅, 임대관리 등은 부동산 중개에 해당하지 않으므로 중개보수가 적용되지 않는다. 다만, 실질적으로 중개행위를 하고 컨설팅의 명목으로 수수료를 받는다고 하면 이는 중개보수에 해당한다. Npay 부동산 등 부동산 관련 포털 또는 앱에서 중개보수를 직접 계산해볼 수 있다. 시도별 중개보수 규정은 대부분 동일한데 대표적으로 서울시의 부동산 중개보수 요율표는 다음과 같다.

서울특별시 부동산 중개보수 요율표

• 주택(주택의 부속토지, 주택분양권 포함) (서울특별시 주택중개보수 등에 관한 조례 제2조 별표1) (2021. 12. 30 시행)

거래내용	거래금액	상한요율	한도액
매매·교환	5천만원 미만	1천분의 6	25만원
	5천만원 이상 ~ 2억원 미만	1천분의 5	80만원
	2억원 이상 ~ 9억원 미만	1천분의 4	없음
	9억원 이상 ~ 12억원 미만	1천분의 5	없음
	12억원 이상 ~ 15억원 미만	1천분의 6	없음
	15억원 이상	1천분의 7	없음
임대차등 (매매·교환 이외)	5천만원 미만	1천분의 5	20만원
	5천만원이상 ~ 1억원미만	1천분의 4	30만원
	1억원 이상 ~ 6억원 미만	1천분의 3	없음
	6억원 이상 ~ 12억원 미만	1천분의 4	없음
	12억원 이상 ~ 15억원 미만	1천분의 5	없음
	15억원 이상	1천분의 6	없음

• 오피스텔 (공인중개사법 시행규칙 제20조제4항) (2015. 1. 6 시행)

적용대상	거래내용	상한요율
전용면적 85㎡이하, 일정설비(전용입식 부엌, 전용 수세식 화장실 및 목욕시설 등)를 갖춘 경우	매매·교환	1천분의 5
	임대차 등	1천분의 4
위 적용대상 외의 경우	매매·교환·임대차 등	1천분의 9

• 주택·오피스텔 외(토지, 상가 등) (공인중개사법 시행규칙 제20조제4항) (2015. 1. 6 시행)

거래내용	상한요율
매매·교환·임대차 등	거래금액의 1천분의 9

부동산 중개보수 적용기준

1. 중개보수는 거래금액 × 상한요율 이내에서 중개의뢰인과 개업공인중개사가 서로 협의하여 결정 (단, 한도액 초과 불가)
   ➡ 「공인중개사법 시행규칙」 제20조제1항, 제4항
2. 중개보수의 지급시기는 개업공인중개사와 중개의뢰인간의 약정에 따르되, 약정이 없을 때에는 중개대상물의 거래대금 지급이 완료된 날로 함 ➡ 「공인중개사법 시행령」 제27조의2
3. 보증금 외 차임이 있는 거래금액 : 보증금 + (월차임×100) 단, 합산한 금액이 5천만 미만일 경우 : 보증금 + (월차임×70)
   ➡ 「공인중개사법 시행규칙」 제20조제5항
4. 건축물 중 주택 면적이 1/20이상인 경우 주택의 중개보수, 주택 면적이 1/2 미만인 경우 주택 외의 중개보수 적용
   ➡ 「공인중개사법 시행규칙」 제20조제6항
5. 분양권 거래금액 : 거래 당시까지 불입한 금액(융자 포함) + 프리미엄
6. 중개보수의 부가가치세는 별도임.
7. 개업공인중개사는 주택 외의 중개대상물에 대하여 중개보수 요율의 범위 안에서 실제 자기가 받고자 하는 공인중개사법 시행규칙 제10조제2호에 따른 중개보수, 실비의 요율 및 한도액표를 게시하여야 함 ➡ 「공인중개사법 시행규칙」 제20조제7항

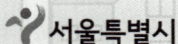

부동산 중개보수 요율표 (출처 : 서울특별시 홈페이지)

④ 해당 중개 대상물의 거래상의 중요사항에 관해 거짓된 언행, 그 밖의 방법으로 중개의뢰인의 판단을 그르치게 하는 행위 : 거래상의 중요 사항이란 중개의뢰인이 그 사항을 정확하게 알았더라면 적어도 그 조건으로는 거래하지 않았을 것으로 인정될 수 있는 사항이고, 거짓된 언행이란 있는 것을 없다고 하거나 없는 것을 있다고 해서 중개의뢰인을 속이는 언행을 의미한다.

⑤ 관계 법령에서 양도·알선 등이 금지된 부동산의 분양·임대 등과 관련 있는 증서 등의 매매·교환 등을 중개하거나 그 매매를 업으로 하는 행위 : 청약통장 등의 거래를 중개하는 행위를 금지하고 있다.

⑥ 중개의뢰인과 직접 거래를 하거나 거래 당사자 쌍방을 대리하는 행위 : 개업공인중개사는 중개를 의뢰한 의뢰인과 개업공인중개사 자신이 당사자가 되어 직접 거래를 하면 안 된다. 예를 들어 개업공인중개사사무소에 고객이 찾아와 매매를 의뢰했는데, 가격이 저렴하거나 매물이 너무 좋아 중개사 자신이 매수하는 행위를 금지하는 것이다. 이는, 매매뿐만 아니라 임대차, 교환 등 모든 중개 행위를 포함해서 금지하고 있다.

⑦ 탈세 등 관계 법령을 위반할 목적으로 소유권보존등기 또는 이전등기를 하지 아니한 부동산이나 관계 법령의 규정에 의해 전매 등 권리의 변동이 제한된 부동산의 매매를 중개하는 등 부동산 투기를 조장하는 행위 : A의 부동산을 B가 매수해 C에게 다시 파는 경우, 원래는 B의 명의로 소유권이전등기를 하고 C에게 다시 소유권이전등기를 해야 한다. 하지만 세금 등을 탈루할 목적으로 B명의의 등기를 생략한 채, A에서 바로 C에게로 소유권이전등기를 하는 것을 '전매'라 하고, 이를 조장하는 행위를 금지하고 있다. 또한, 분양권의 전매를 금지함에도 불구하고 분양권 전매를 중개하는 등 법률로 권리변동이 제한된 부동산임에

도 이를 중개하는 것을 금지하고 있다.

⑧ 부당한 이익을 얻거나 제삼자에게 부당한 이익을 얻게 할 목적으로 거짓으로 거래가 완료된 것처럼 꾸미는 등 중개 대상물의 시세에 부당한 영향을 주거나 줄 우려가 있는 행위: 예를 들어, 한 아파트 단지의 시세를 끌어올리고자 거짓으로 높은 가격으로 실거래 신고를 한 뒤, 다른 매도인들이 이에따라 호가를 인상하면 이를 다시 해제하는 방법 등으로 시세를 조작하려는 행위를 금지하고 있다.

⑨ 단체를 구성해 특정 중개 대상물에 대해 중개를 제한하거나 단체 구성원 이외의 자와 공동중개를 제한하는 행위: 해당 지역에서 친목회 등 단체를 구성해 몇 동 몇 호 매물은 중개하지 않기로 하거나, 친목회 등의 회원이 아닌 개업공인중개사와 공동거래를 하지 못하도록 일정한 제한을 하는 행위를 금지하고 있다.

이러한 금지사항을 위반한 경우, ①~④에 해당하는 금지행위를 한 경우에는 1년 이하의 징역이나 1,000만 원 이하의 벌금에 처해지고, ⑤~⑨에 해당하는 금지행위를 한 경우에는 3년 이하의 징역 또는 3,000만 원 이하의 벌금에 처하도록 규정하고 있다.

또한, 공인중개사법에서는 부동산 거래와 관련해 대한민국 국민 모두에게 다음의 행위를 하지 못하도록 금지하고 있다.

① 안내문, 온라인 커뮤니티 등을 이용해 특정 개업공인중개사 등에 대한 중개 의뢰를 제한하거나 제한을 유도하는 행위
② 안내문, 온라인 커뮤니티 등을 이용해 중개 대상물에 대해 시세보다 현저하게 높게 표시·광고 또는 중개하는 특정 개업공인중개사 등에

게만 중개 의뢰를 하도록 유도함으로써 다른 개업공인중개사 등을 부당하게 차별하는 행위

③ 안내문, 온라인 커뮤니티 등을 이용해 특정 가격 이하로 중개를 의뢰하지 않도록 유도하는 행위

④ 정당한 사유 없이 개업공인중개사 등의 중개 대상물에 대한 정당한 표시·광고 행위를 방해하는 행위

⑤ 개업공인중개사 등에게 중개 대상물을 시세보다 현저하게 높게 표시·광고하도록 강요하거나 대가를 약속하고 시세보다 현저하게 높게 표시·광고하도록 유도하는 행위

이러한 행위는 본인이 거주하는 아파트 단지의 주택가격 하락을 막고, 정상가보다 높은 가격으로 유지하기 위해 임의로 시세를 조정하려고 부녀회 등 특정 입주자 대표가 개업공인중개사 등에게 부당하게 강제하는 것으로, 전반적으로 부동산 매물의 가격을 높이기 위해 시세를 조작하려는 등의 행위로 보아 이를 위반하면 누구든지 3년 이하의 징역 또는 3,000만 원 이하의 벌금에 처해질 수 있다.

동네 부동산 활용

　이른바 동네 부동산을 잘 활용하기 위해 먼저 잘못된 용어를 바로 잡고자 한다. 일반적으로 부동산 중개사무소 사장님은 당연히 등록한 개업중개사만 가능하기 때문에 공인중개사이겠고, 실장님 또는 이사님이라 호칭하는 사람은 자격의 유무에 따라 '공인중개사' 또는 '중개보조원'으로 구분된다. 중의적 의미로 사용하는 '부동산'이라는 용어는 아주 오래전에는 복덕방이라 불리었지만, 현재는 '개업공인중개사 사무소'로 칭하고 있다. 또한 부동산 중개의 대가로 지불하는 금원을 과거에는 복비 또는 중개수수료라 칭했는데, 2014년 공인중개사법 개정으로 현재는 '중개보수'로 규정하고 있다.

　공인중개사법에서는 개업공인중개사 사무소 내부에 잘 보이도록 중개사무소 등록증 원본과 중개보수·실비의 요율 및 한도 액표, 개업공인중개사 및 소속공인중개사의 자격증 원본, 보증 설정을 증명할 수 있는 서류, 사업자등록증을 게시하도록 규정하고 있다. 개업공인중개사 사무소에 방문할 때 상호와 대표자를 확인해 국토교통부의 브이월드 홈페이지에서 등록사항을 확인할 수 있다. 특히 중개사무소 등록증에는 계약서 작성 시 반드시 서명하고 날인해야 하는 대표자의 이름과 이때 사용해야 하는 등록인장이 나타나 있다.

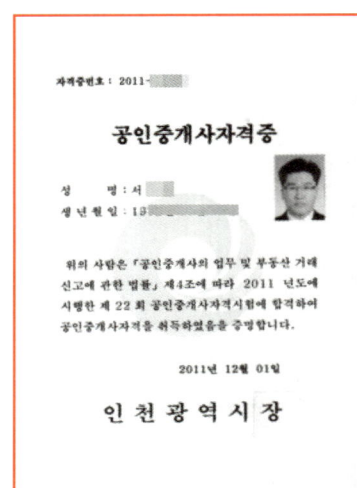

공인중개사 자격증   중개사무소 등록증

부동산 중개업 조회 (출처 : 브이월드 홈페이지)

정상적으로 등록된 중개사무소를 넘어, 누구나 상대적으로 더 경력이 많고, 더 매물이 많고, 더 친절하고, 더 능력 있으며, 중개보수는 더 저렴한 공인중개사 사무소를 원한다. 하지만 언제든, 어떤 일이든 원하는 조건을 모두 다 갖추는 경우는 거의 불가능한 일이다. 적어도 최악의 중개사무소를 피하고 싶다면, 먼저 브이월드를 통해 등록일자가 오래된 업체를 찾는 것이 한 가지 방법이다. 한자리에서 오랜 시간 동안 영업을 했다면, 적어도 기본은 하는 중개사무소라고 추측해볼 수 있다. 또한, 찾고자 하는 매물 종류를 한방 부동산이나 Npay 부동산에 많이 등록하고 노출한 업체를 찾는 것도 한 가지 방법이 될 수 있다.

허위 또는 과장 광고로 고객을 유인하는 개업공인중개사 사무소를 거르는 요령도 필요하다. 예를 들어, 동네 원룸 월세 시세가 40~50만 원인데, 경쟁이 심하다 보면 간혹 20만 원에 나오는 매물이 있다. 임대인이 마음이 넓어 시중가격의 절반 이하라면 좋겠지만, 이런 경우 대부분 관리비가 30만 원이라든지, 화장실이 없어 공용 화장실을 사용해야 한다든지 하는 매물이다. 물론 엄밀히 말하면 이는 허위 매물이라기보다 고객을 우롱하는 매물로 볼 수 있다. 이런 매물을 선택해 시간을 낭비하고 마음 상해 허위매물이다 아니다를 다투지 말고, 인터넷상으로 면밀히 살펴 시세보다 월등하게 저렴한 매물이라면 일단 경계하는 것도 요령이 필요하다.

사실 동네 부동산을 가장 잘 활용하는 방법은 평생 나와 함께할 수 있는 공인중개사를 만나는 것이다. 단순한 전·월세뿐만 아니라, 매매와 투자에 이르기까지 내 생애 전반에 관한 부동산 문제를 함께 고민하고 해결해나갈 수 있는 동반자를 만드는 것이다. 물론 생각처럼 쉬운 일은 아니다. 다만, 모든 사람 관계가 그러하듯 지속적인 노력과 상호 간의 신뢰를 기반으로 만들어가는 관계라면, 더할 나위 없이 좋다. 최근, 사회문제화되는 전세사기 등도 주변에 이런 공인중개사가 있었다면 상당수 줄일 수 있었을 문제라고 생각한다.

업무보증(공제증서 등)의 의미

공인중개사법에서는 공인중개사의 업무로 인한 손해배상에 관해 규정하고 있다. 개업공인중개사는 중개행위를 하는 경우 고의 또는 과실로 인해 거래 당사자에게 재산상의 손해를 발생하게 한 때는 그 손해를 배상할 책임이 있다고 규정하고 있고, 개업공인중개사는 자기의 중개사무소를 다른 사람의 중개행위의 장소로 제공함으로써 거래 당사자에게 재산상의 손해를 발생하게 한 때는 그 손해를 배상할 책임을 부여하고 있다. 또한, 손해배상 책임을 보장하기 위해 개업공인중개사는 업무를 개시하기 전에 손해배상책임을 보장하기 위해 대통령령으로 정하는 바에 따라 보증보험 또는 공제에 가입하거나 공탁을 해야 한다고 규정하고 있다. 그리고 이 업무보증의 금액을 개인인 개업공인중개사 사무소는 2억 원, 법인인 개업공인중개사 사무소는 4억 원 이상으로 규정하고 있다. 그리고 중개계약서 작성 시 이러한 업무보증 증서의 사본을 지급받게 된다.

그런데 업무보증은 개업공인중개사의 중개행위로 인한 손해 시 무조건 보장해주는 것이 아니다. 업무보증인 공제증서에도 보장하지 않는 손해의 범위가 정해져 있다.

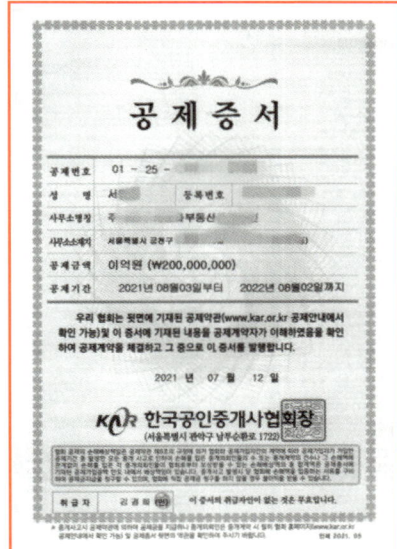 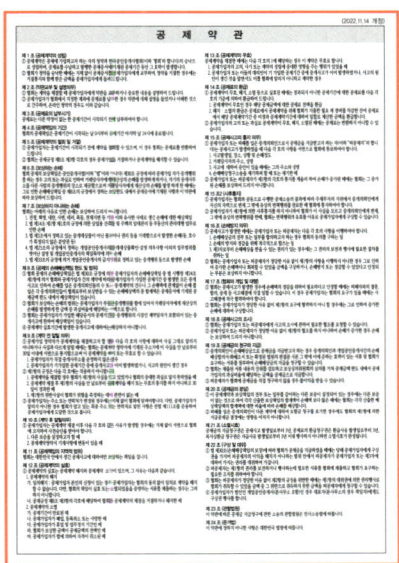

업무보증 증서 (출처 : 한국공인중개사협회 공제증서)

제 7 조 (보상하지 아니하는 손해)
협회는 아래의 사유로 인한 손해는 보상하여 드리지 아니합니다.
1. 전쟁, 혁명, 내란, 사변, 테러, 폭동, 천재지변 등 기타 이와 유사한 사태로 생긴 손해에 대한 배상책임
2. 법 제14조 제1항 제1호의 규정에 의한 상업용 건축물 및 주택의 임대관리 등 부동산의 관리대행 업무로 인한 손해
3. 법 제3조에서 정하고 있는 중개대상물이 아닌 물건이나 권리 등을 거래함으로서 발생한 손해(동, 호수가 특정되지 않은 분양권 등)
4. 법 제25조의 규정에서 정하는 개업공인중개사의 중개대상물확인·설명 의무사항 이외의 업무범위를 벗어난 설명 및 개업공인중개사의 책임특약에 의한 손해
5. 법 제33조의 규정에 의거 개업공인중개사의 금지행위로 정하고 있는 중개행위 등으로 발생한 손해

보장하지 않는 손해 (출처 : 한국공인중개사협회 공제증서)

위의 보장하지 않는 손해 제7조 제2항에서는 상업용 건축물 및 주택의 임대관리 등 부동산의 관리대행 업무로 인한 손해는 보장하지 않는다고 규정하고 있다. 이는, 부동산 중개업의 범위가 아닌 다른 업무에 따른 손해라 보기 때문이다. 제3항에서는 중개 대상물이 아닌 물건이나 권리의 거래 시 발생하는 손해 또한 보상하지 않는다고 규정하고 있다.

역시 중개 대상물이 아니기에 부동산 중개업의 범위로 보지 않는 것이다. 권리금 또는 동호수가 특정되지 않은 조합원 입주권 등이 이에 해당한다. 제4항에서는 업무 범위를 벗어난 개업공인중개사의 책임특약에 의한 손해도 보상하지 않는다고 규정하고 있다. 흔히 부동산 중개를 하면서 '이 부분은 중개사인 제가 책임지겠습니다'라고 했는데, 실제 손해가 발생했을 때, 이는 중개사에게 민사적 손해배상을 물을 수는 있어도 업무보증을 통해 보상받지 못한다는 내용이다. 마지막으로 개업공인중개사가 금지행위로 정한 중개행위를 해서 발생한 손해는 책임지지 않는다. 예를 들어, 거래가 금지된 분양권의 전매를 해 손해가 발생했다면 업무보증을 통해 그 손해배상을 청구할 수 없다는 것이다.

또한, 한국공인중개사협회 공제약관 제8조는 1년간 설정된 보상 금액의 한도는 공제가입자가 가입한 공제 기간 중 발생한 모든 중개 사고로 인해 손해를 입은 중개의뢰인들의 수 또는 중개계약의 건수나 그 손해액과 관계없이 손해를 입은 중개의뢰인들이 협회로부터 보상받을 수 있는 손해배상액의 총 합계액은 공제증서에 기재된 공제금액 한도 내에서만 배상책임이 있다고 규정한다. 즉, 1년간 해당하는 공인중개사 사무소에서 1억 원씩 10건의 전세사기 사고가 발생해 그 손해를 보상한다면, 1억 원씩 10명에게 손해배상하는 것이 아니라 손해배상 총액의 한도가 2억 원이라서 그 한도 내에서 나눠서 보상받거나 이미 앞서 누군가가 2억 원 전액을 보상받아갔다면 협회에서 보상해주는 금액의 한도가 없다. 업무보증 제도는 최소한의 손해를 보상하기 위한 제도이기 때문에 거래 당사자 스스로가 거래에 관한 모든 부분을 꼼꼼하게 확인하고 챙겨서 본인의 재산권을 명확하게 지켜야 한다.

알아두면 쓸모 있는
부동산 상식

 아파트 모델하우스를 운영하는 목적은 새집을 지어서 팔기 위해 사려는 사람에게 미리 집을 보여주려고 하는 것이다. 누구나 모델하우스를 방문하면 본인이 사는 집보다 더 깔끔하고 세련된 집이라는 것을 느끼게 된다. 왜냐하면 지금 사는 집은 중고 주택이고 게다가 모든 살림살이가 다 들어 있는 집인 반면 모델하우스는 새집이고 불필요한 살림살이 없이 필수적인 가구들만 배치되어 있기 때문이다. 또한, 아주 예쁜 인테리어 소품이 있고, 몇 가지 최신 시스템이 적용되어 있기 때문에 당연히 좋아 보일 수밖에 없다.

 따라서 모델하우스 방문 시에는 이와 같은 점을 고려해 두 번 이상 방문하는 것이 좋다. 처음 한 번은 오픈 초기에 사람들의 반응을 살펴 경쟁률을 예상해 원하는 타입과 면적의 주택을 결정하는 것이고, 두 번째는 자재와 구성 등 내부를 확인하고 이를 중심으로 사진 촬영을 해두는 것이 좋다. 왜냐하면 모델하우스 방문 후 실제 입주까지 빨라야 2~3년이고 길면 4년 이상이 걸릴 수도 있는데, 그 시간 뒤에는 기억하지 못하기 때문이다.

 또 하나, 모델하우스는 실제 거주 주택보다 넓어 보이는 경향이 있다.

이 부분은 실측을 통해 사이즈를 기록해두어야 나중에 가구 배치 등에서 유리하다. 모델하우스에는 생필품이 모두 구비되어 있는 것이 아니다. 인테리어 소품, 침대와 책상, 소파 같은 가구 사이즈도 실제보다 작게 맞춤 제작하는 경우가 많다. 모델하우스에는 싱글 사이즈보다 작은 침대가 있는데, 실제 우리가 살 방에는 슈퍼싱글 사이즈의 침대가 놓이는 경우가 많아 차이가 크게 날 수밖에 없다.

앞서 부동산 실거래가를 활용하는 방법에 대해 살펴보았다. 2020년 2월부터 부동산 매매계약을 하면 30일 이내에 실거래가를 신고하도록 의무를 부여하고 있다. 개업공인중개사의 중개가 있는 경우 개업공인중개사가 실거래신고 의무자이다. 하지만 우리가 확인하고 활용하는 실거래가 데이터는 늘 현재의 시세보다 후행한다. 즉, 부동산 가격이 상승하는 시기에는 실거래가가 가장 낮은 가격이고, 하락하는 시기에는 가장 높은 가격이 된다. 대부분 가격 상승기에 주택을 매수하려고 하는데 이때 과거의 데이터를 기준으로 그 가격 이하의 주택을 매수하고자 하는 사람들이 있다. 다행히 가격 상승의 흐름이 멈추거나, 누군가 급매로 내놓은 주택을 매수하면 이전 가격의 수준이겠지만, 상승기에는 대부분 이전 가격보다 높은 금액대로 거래가 형성되는 경향이 있다.

또한, 하락기에 본인의 주택을 매도하려고 한다면 이를 감안해야 한다. 예를 들어, 한 아파트 단지에 한 달에 두 채의 아파트가 거래되는 시기라면 적어도 전체 매물 중에 매도하려는 본인의 주택이 두 번째 이내로 메리트 있는 집이어야 한다. 모든 매물이 단일 가격이라면 층 또는 향, 인테리어가 좋은 집이 거래되겠지만 현실적으로는 가격이 저렴해야 거래된다.

어딘가로 여행하고자 할 때 한 번쯤 항공권 가격을 직접 검색해본 적이 있을 것이다. 그런데 항공권은 같은 시간대 같은 지역을 계속 검색하면 가격이 오른다. 항공사 시스템이 여러 곳에서 동 시간대의 항공권을 검색해 들어오면 찾는 사람이 많은 것으로 인식해 가격을 올리는 것 같다. 매물이 없는 아파트의 경우, 여러 곳의 개업공인중개사 사무소에 같은 매물을 계속 문의하게 되면, 집 주인은 '우리 집이 좋아서 사람들이 몰리는 것'으로 착각해 가격을 올리기도 한다. 그렇기에 가능한 한 같은 매물은 한 곳의 개업공인중개사 사무소에만 문의하는 것이 좋다.

간혹 언론 기사에 어딘가는 최고가 대비 반 토막으로 거래되었다는 뉴스를 접할 때가 있다. 이런 기사를 제공하는 언론사나 통신사는 공통으로 새로운 정보를 전한다기보다 인터넷상에서 주의를 끌어 클릭 수를 늘리려고 하는 경향이 있다. 물론 가격 하락기에는 최고가 대비 많은 금액이 하락해서 거래되기도 한다. 그러니, 이러한 기사는 경향을 살펴보는 도구로만 활용하는 것이 좋다. 1,000세대가 넘는 아파트 단지에서 단 한 채의 주택이 급락 또는 급등한 가격으로 거래되었을 뿐, 해당 단지의 모든 주택이 그 가격으로 변동된 것은 아니라는 것이다. 이는 특수관계인 간의 거래일 수도 있고 여러 변수가 작용했을 수 있으니, 이때는 계속해서 거래되는 몇 개의 흐름을 살펴보는 것이 시세를 파악하는 현명한 방법이다.

상권(商圈)

상권은 상업 활동이 활발히 이루어지는 지역적 범위로, 소비자가 상업 시설을 중심으로 소비 행위를 반복적으로 하는 지리적 공간을 의미한다. 상권 특성에 따라 중심상권, 부심상권, 근린상권, 특수상권 등으로 구분할 수 있다.

중심상권은 도심 중심부로 접근성과 유동 인구가 많아 대규모 상업시설과 유명 브랜드, 고급 서비스가 밀집된 상권이다. 백화점 등이 위치한 시내 상권이 가장 활발한 지역이다.

부심상권은 중심상권 주변에서 형성되어 중규모 점포와 편의시설이 모여 있으며, 인근 주거지의 생활수요를 충족하는 상권이다.

근린상권은 주거지역 내부에서 형성된 소규모 상권으로, 생활필수품 위주의 점포들이 많아 주민들의 일상적 소비를 담당한다. 이곳에는 주로 편의점과 과일가게 등이 위치해 있다.

특수상권은 특정 목적에 따라 형성된 상권으로, 대학가, 관광지, 역세권 등이 있으며 각 목적에 특화된 점포가 집중된 상권이다.

상권은 형성된 지역에 따라 그 특성이 매우 다르게 나타난다. 예를 들어, 아파트 상가의 경우, 주로 거주자가 이용하고 생필품 위주의 소비가 이루어지는데 이들의 생활패턴과 구매 형태는 일정하게 나타난다. 그 때문에 입점하는 업종은 주로 생활 밀착형 업종이 주를 이루고 있다. 안정적인 수요가 있기 때문에 초보 사업가들에게 적당하나 매출 증대 및 확장성의 한계가 있다.

오피스 상권의 경우 직장인이 주 이용 대상이다. 따라서, 이들에게 점심과 저녁을 제공하는 외식 업종이 주를 이룬다. 특히 점심보다 저녁의 매출이 성패를 좌우하기도 한다. 주말과 휴일 공휴일에는 매출이 거의 발생하지 않기 때문에 이를 감안한 영업 전략이 필요하다.

대학가 상권의 경우, 대체로 학기가 시작되는 3월과 9월이 가장 성수기다. 또한 일반 상권에 비해 방학이 길어 대학생만을 대상으로 하는 경우, 비수기가 거의 1년의 절반에 이를 수 있다. 특히, 모든 업종에 걸쳐 가격이 낮아 박리다매의 전략이 필요한 상권이다. 대학가 상권이 성장하려면 필수적으로 외부에서 사람들이 유입되어야 한다. 서울의 활발한 대학가 상권은 모두 외부 이용객이 유입되어 그 시너지가 발생한다.

간혹, 지나가다 괜찮은 자리가 매물로 나와 있으면 '여기에서 장사해 볼까' 하는 예비 창업자도 있다. 이는, 창업 실패로 가기 쉬운 방법 중 하나가 된다. 특히 초보 창업자라면, 먼저 본인의 업종과 단가 등을 고려해 가장 적합한 상권을 찾고, 해당 상권에서 가장 입지 경쟁력 있는 점포를 선택해야 한다.

초보 창업자는 상권과 입지분석을 위해 앞서 설명한 소상공인시장진흥공단의 상권분석(소상공인 365, https://bigdata.sbiz.or.kr) 프로그램을 적극적으로 활용할 필요가 있다. 신뢰할 수 있는 빅데이터 기반의 상권분석 프로그램으로, 이것만 잘 활용해도 예상 매출과 어느 정도의 사업 성패를 예측해볼 수 있기 때문이다.

생애 처음 만나는
부동산 교과서

제1판 1쇄 2025년 7월 31일

지은이 서영천
펴낸이 허연　　　**펴낸곳** 매경출판㈜
기획제작 ㈜두드림미디어
책임편집 최윤경　　**디자인** 김진나(nah1052@naver.com)
마케팅 한동우, 박소라

매경출판㈜
등록 2003년 4월 24일(No. 2-3759)
주소 (04557) 서울시 중구 충무로 2(필동 1가) 매일경제 별관 2층 매경출판㈜
홈페이지 www.mkbook.co.kr
전화 02)333-3577
이메일 dodreamedia@naver.com(원고 투고 및 출판 관련 문의)
인쇄·제본 ㈜M-print 031)8071-0961

ISBN 979-11-6484-794-5 (03320)

책 내용에 관한 궁금증은 표지 앞날개에 있는 저자의 이메일이나
저자의 각종 SNS 연락처로 문의해주시길 바랍니다.

책값은 뒤표지에 있습니다.
파본은 구입하신 서점에서 교환해드립니다.